경건과 영성에 대한 변증적 연구

경건과 영성

Godliness and Spirituality

이동희 지음

쿰란출판사

서론

　　카터 린드버그(Carter Lindberg)가 에큐메니컬 리서치 협회(Institute for Ecumenical Research)를 통하여 발간한 책은 《세 번째 개혁》(The Third Reformation)으로, 부제목은 "카리스마적인 운동과 루터교의 전통"(Charismatic Movements and the Lutheran Tradition)이다.[1] 카터는 이 책에서 첫 번째 개혁은 16세기의 개혁이라고 전제한다. 두 번째 개혁은 경건주의 개혁이었고 세 번째 개혁은 카리스마적인 개혁이라고 한다. 현대는 성령의 카리스마적인 개혁의 시대라고 한다. 그는 근대신학을 배경으로 루터를 조명하여 말하기를, 루터의 사상을 이어가는 영성은 경건에 기초를 둔 카리스마적인 영성이기 때문에 현재 교회는 카리스마적인 개혁이 필요하다고 말한다. 그는 사도행전 2장의 오순절 사건과 독일의 신비주의와 루터의 신학을 통합하는 카리스마적인 개혁을 세 번째 개혁이라고 한다. 그러나 그의 결론은 슐라이어마허(Schleiermacher)의 '절대 의존 감정'(feeling of absolute dependence)[2]으로 이뤄지는 하나님에 대한 경험을 성령의 은사로서의 방언과 루터의 십자가 신학과 칭의와 인간론에서 찾아야 한다고 제시하고 책을 마친다. 카터가 생각하고 있는 영성은 과연 성경적인가 질문하게 된다.

　　현재 전세계 교회는 영적인 문제로 혼돈에 빠져 있다. 불신자 사회는 그 나름대로 영적인 것을 창작하고 정의하느라 분주하다.

그리고 교회는 전통이라는 명칭 아래 역사성을 찾느라고 분주하다. 현재 교회들은 로마 가톨릭교회에서, 또는 그리스 동방교회에서, 또는 종교개혁에서 영성의 전통성을 찾고 있다. '영성'이라는 용어는 성경적인가? 또한 영성 운동과 영성을 받침하고 있는 사상은 성경적인가? 이 같은 질문이 우리에게서 떠나지 않는다. 요즘 세계 교회는 영성(spirituality)이라는 것 때문에 혼돈 속에 있다. 영성이라는 말이 사용되는 것을 보면 모든 종교의 개념을 섞어 놓은 장터(market place)와 같다. 목회자마다, 신자마다, 신학교마다, 교회마다 제 나름대로의 영성의 청사진을 제시한다. 기준은 없어졌고 분별력은 잊어버린 지 오래다. 영성이 신학을 대표하는 학문같이 생각되었고, 사역자의 영적인 면의 자질과 능력을 알아보는 척도로 사용되고 있다. 그야말로 이대로 있다가는 마치 항해하던 배가 뒤집히듯이 신앙과 신앙생활에 대변혁이 오지 않을까 하는 염려가 앞서게 된다.

영성이라는 개념이 교회에 들어온 것은 2세기로 거슬러 올라가야 하지만,[3] 특별히 신교의 교회가 보편적으로 사용하기 시작한 때는 1960년대로 보는 것이 일반적인 견해이다. 그리고 한국 교회에 소개된 것은 1990년대로 볼 수 있을 것이다.[4]

서론

교회들이 영성에 관하여 눈을 뜨게 된 계기가 있었다. 《하나님을 앎》(*Knowing God*)의 저자인 제임스 패커(James I. Packer)가 1989년 12월 11일 캐나다에 있는 리전트(Regent) 대학의 신학 교수로 취임하는 날, "조직적 영성에 대한 서론"(An Introduction to Systematic Spirituality)에 관하여 발표하면서 신학과 영성을 통합하려는 의도를 제시했었다.5 그는 취임 연설에서 지금까지의 신학과 윤리학과 변증론은 사람들에 대한 진리를 포함하고 있다고 전제하지만, 지금까지의 신학 교육이 진리를 적용하는 것을 신자들이 느끼지 못하고 있다고 지적했다. 그는 하나님께서는 그가 만드신 피조물들을 통하여, 또는 피조물 안에서 인간과 능동적으로(actively) 관계를 이뤄 가신다고 말했다.6 패커는 자연주의 신학을 바탕으로 하는 영성의 활동을 구상한 것이라고 보인다. 패커가 일반은총의 사상을 근거로 성령의 사역을 연결시킨 데에는 영성에 있어서의 다양성과 심지어는 다원론적인 사고에 대한 동기를 갖게 하는 틀을 만들어 주었고, 실존 안에서의 초절주의의 위험을 상상해 내는 계기를 만들어 준 것이라고 할 수 있다.

제임스 패커 교수에게 직접 영향을 받은 사람들은 여럿이지만, 패커 교수가 추천하는 사람은 앨리스터 맥그래스(Alister E. Mc

Grath)이다. 맥그래스는 영성에 있어서 기독교인의 사상과 실천을 가장 잘 발전시킨 사람으로 소개되고 있다. 맥그래스는 루터의 신학을 '십자가의 신학'이라 이름하고, 십자가에서 상상력(imagination)의 과정을 통하여 기도를 이끌어 내는 작업을 하고 있다. 또한 그는 칼 바르트(Karl Barth)의 말씀의 신학과 기독론 신학의 전제를 가지고 동방교회와 서방교회의 전통을 이어 가는 영성을 구상하고 있다.7 현재 영성에 관심을 갖는 신학교와 교회는 로마교와 신교 할 것 없이 맥그래스의 접근을 비판 없이 따르는 경향을 보이고 있다. 뿐만 아니라 의도적이든 그렇지 않든, 맥그래스의 영향을 받았든 받지 않았든, 영성에 있어서 맥그래스의 접근이 타당한 것으로 이해되고 있다는 것이다.

'현재 교회와 신학교, 목회자, 신학자들, 그리고 대학의 교수들이 구상하는 영성은 과연 성경적인가? 패커와 맥그래스가 시도하는 신학과 영성의 통합은 합당한 것인가?' 하는 질문을 갖게 된다. 계시 의존 사색과 자율 의존 사색 사이에서 공통점을 찾을 수 있을까? 과연 영성은 신학의 최고의 영역인가? 영성을 로마 가톨릭과 동방교회뿐만 아니라 어떤 신앙을 고백하든 상관없이 모든 교회와 모든 종교, 그리고 모든 사상과의 대화의 창구로 인정하는

서론

사상의 조류는 합당한 것인가? 우리들은 분리주의자가 되어서는 안 된다. 쉐퍼 박사가 말한 대로 서로 사상이 다르다는 이유로 사람을 적대시하지 말고 사랑하는 것은 당연한 것이다. 그러나 진리에 대해서는 당당하게 말해야 하며, 설득력을 가지고 주님을 섬기는 것이 우리들의 사명이라고 확신한다.

맥그래스는 16세기에는 '경건'이 신자의 신앙과 생활을 의미했듯이 20세기에 와서는 '영성'이 경건을 대신하였다고 가르치고 있다. 현재는 영성이 강조되고 있으며, 신앙과 생활을 대표하는 신학적인 용어로 신앙생활의 척도로 사용되고 있는 것이 일반적인 현상이다. 뿐만 아니라 영성(spirituality)을 신비주의(mysticism)가 함께하는 경건(godliness)으로 이해하는 사람들도 있다. 우리들은 이 같은 현상들에 대해 '성경이 가르치는 것인가?'라는 질문을 갖는다. 본 저자의 글인 《경건과 영성》은 맥그래스의 영성에 관한 내용을 근거로 하여 현재의 영성 이론이 성경적이지 않음을 성경에 근거하여 변증하고, 성경이 가르치는 경건에 관하여 성경에서 깊이 탐구한 책이다. 본서에서 저자는 경건의 다른 형태로 사용된 영성의 역사적인 배경과, 영성이 갖는 신학적이며 철학적인 내용들을 성경에 근거하여 깊이 있게 살펴보고자 한다. 그리고 "성경으로 돌아가라"고 외쳤던 16세기 개혁의 신앙을 다시 회복해야 한다고 생각한다. 이 같은 의도로 본서는 네 부분으로 구성되었다.

제 1장 "역사의 틀을 다시 짜라." 현재 사람들은 기독교의 역사를 로마 가톨릭에서 파생된 것으로 생각하고 있으며, 이 역사를 비판 없이 받아들이고 있다. 과연 '이같이 보는 역사의 틀은 바른 것인가?' 하는 질문을 갖는다. 영성을 연구하는 저술가들은 영성의 역사를 보편교회(Catholic Church)와 로마교회(Roman Church), 또는 동방교회(Greek Orthodox Church)에 기인된 것으로 보고 있다. 어느 교회가 사도적 보편교회를 이어받는 교회인가가 논증의 핵심이 되고 있다. 이것으로 영성의 타당함을 주장하고 있기 때문이다. 제1장에서는 기독교 역사의 바른 역사를 다시 발견하려고 한다.

제2장 "잘못된 설계도." 항해를 하려면 배가 있어야 하고, 배를 만들려면 만들 배를 구상하고 배의 골격을 놓아야 한다. '영성이 성경적인가' 하는 대명제를 다루려면 '영성에 있어서 성경적이지 않는 것은 무엇인가?' 하는 질문에 대한 성경적인 답이 있어야 한다. 삼위일체는 서로 분리되어 있는 성부, 성자, 성령인가? 신론에

서론

있어서 창조론에 뿌리를 두는 영성은 바른 것인가? 말씀의 신학, 그리스도의 신학, 성경의 권위, 칭의와 성화, 영성이 가지고 있는 실존적인 의미에 대한 성경적인 답변은 무엇인가? 이러한 여러 가지 문제를 다루고자 한다.

제3장 "거슬러 가야 할 항해." 영성 자체가 가지고 있는 문제점들의 근본 뿌리를 찾아 갈아엎는 작업을 해야 한다. 영성은 동방교회의 수도원을 중심으로 금욕주의와 함께 발전했다. 수도원을 중심으로 이뤄진 영성은 매개체인 '화상'(icons)을 통하여 이뤄졌다. 화상을 직시하고 화상에 자아를 주입하여 동질감을 갖고 상상력(imagination)을 사용하여 묵상하며 대화하는 영성의 뿌리는 무엇인가? 묵상(meditation)과 관상(contemplation)의 기도는 무엇인가? 영성의 근본 동기는 성경을 읽고 예배하며 기도함에도 불구하고 달라지지 않는 신자들의 삶에 있어서 진정한 변화를 체험하기 위한 것이었다. 뿐만 아니라 영성은 기도할 때 들어오는 온갖 잡념을 이기는 방법으로 제시되기도 한다. 성경이 말씀하시는 '하나님의 거룩'에 참여하는 경건의 삶은 영성과 대치될 수 있는 것인가? 영성과 관계된 문제들의 잘못된 것들의 성경적인 해답을 찾아보려고 한다.

제4장 "순조로운 항해." 맥그래스는 영성은 경건과 거룩과 같은 의미라고 한다. 그러면 현재 사용되고 있는 영성을 성경이 말씀하시는 경건과 거룩과 같은 의미로 사용할 수 있는가? 영성이 신자들의 거룩의 삶을 인도할 수 있는가? 제4장에서는 성경이 말씀하시는 경건에 관하여 중점적으로 알아본다.

'부록'에서는 영성을 이룬 철학의 근거에 관하여 서술하였다.

이제 비로소 우리들은 바른 항해를 하게 된다. 다른 섬에 들를 필요는 없다. 강한 물결이 일어나도 염려할 것이 없다. 성경으로 돌아왔기 때문이다. 성령님께서 우리들의 신앙과 삶을 인도하시기 때문이다.

끝으로 이 책이 완성되도록 자료를 보내준 Westminster Theological Seminary(Glenside, PA, U.S.A) 도서관 사서 Grace Mullen 에게 큰 감사를 드린다.

2011년 8월 12일
이동희

각주
(Notes)

1. Carter Lindberg, *The Third Reformation: Charismatic Movements and the Lutheran Tradition*, Macon, Georgia: Mercer University Press, 1983.
2. Lindberg, *Ibid*, p. 299.
3. Larry S. McDonald, *The Merging of Theology and Spirituality: An Examination of the Life and Work of Alister E. McGrath*, Lanham: University Press of America, 2006, p. 1.
4. 라은성 교수는 그의 글 "한국교회 영성신학 비판: 관상신학을 중심으로"에서 한국교회에서 영성이 소개된 시기를 1990년으로 기록하고 있다. http://kr.blog.yahoo.com/yoonhtec/4129.
5. McDonald, *Ibid.*, p. 1.
6. McDonald, *Ibid.*, pp. 1-2.
7. John Glyndwr Harris, *Christian Theology: The Spiritual Tradition*, Brighton: Sussex Academic Press, 2001, p. 36. Richard H. Schmidt는 Irenaeus(c. 130-c. 200)에게서 영성의 시작을 찾는다. See *God Seekers: Twenty Centuries of Christian Spiritualities*, by Richard Schmidt, Grand Rapids: Eerdmans, 2008.

※ 본서에 인용된 성경 구절은 개역개정을 기준으로 하였습니다.

차례

서론 02
    각주(Notes) ··· 10

제1장 역사의 틀을 다시 짜라 14
    역사란 무엇인가? ··· 14
    초대교회의 성립과 발전 ································ 17
    두 종류의 교회 ·· 26
    그루터기(The Stump)의 역사 ······················· 28
    그루터기의 교회 역사 개념 ·························· 32
    사도적 교회를 이어가는 교회 ······················ 35
    각주(Notes) ··· 44

제2장 잘못된 설계도 46
    하나님의 형상과 하나님의 모양 ··················· 47
    하나님의 형상에 관한 성경의 가르침 ············ 50
    하나님의 형상에 대한 잘못된 견해 ··············· 57
    영이 몸에 주입되었는가? ···························· 59
    하나님의 형상과 명상(contemplation, 관상) ··· 61
    삼위일체 ·· 63

차례

창조와 영성 ·· 101
각주(Notes) ·· 104

제3장 거슬러 가야 할 항해 110

명칭부터 잘못된 영성 ································· 110
아이콘과 영성 ·· 124
영성에서의 비유와 이미지 ··························· 137
전통(Tradition) ··· 148
신격화(Deification)와 영성 ·························· 161
묵상 기도와 관상 기도 ································ 170
성경은 묵상에 관하여 무엇이라고 가르치는가? ······ 193
각주(Notes) ·· 201

제4장 순조로운 항해 209

영성의 적용: 과거와 현재 ···························· 209
영성이 추구하는 내면의 삶과 내적 치료 ········ 212
프랜시스 쉐퍼와 영성 ································· 233
영성과 신앙과 삶의 관계 ····························· 267
영성 대신에 사용할 성경의 용어와 개념 ········ 269

주의할 사항들 ………………………………… 307
　　각주(Notes) ………………………………… 318

결론 328
　　각주(Notes) ………………………………… 335

참고도서 336

부록 341
　　영성의 철학적인 근거 ………………………… 341
　　영성과 자연신학 ……………………………… 354
　　각주(Notes) ………………………………… 358

제1장
역사의 틀을 다시 짜라

역사란 무엇인가?

역사란 무엇인가? 1911년에 출판된 《대영 백과사전》(*Encyclopedia Britannica*)은 넓은 의미에서의 역사란, 발생하고 있는 모든 것으로서 인간 삶의 모든 현상뿐 아니라 본질 세계에 대한 현상이라고 정의한다. 1세기 로마(Rome)의 역사의 서술은 역사적 기록의 형태였으며, 수사학적인 표현으로 되어 있는 예술과 같은 형식이었다. 4세기부터는 과거에 있었던 사건에 관심을 가지면서 역사의 기록은 중세시대(the Middle Age)를 위한 지침서가 되는 자료가 되었다. 특별히 4세기와 5세기에 와서 역사의 기록에 대변혁이 이루어졌다. 역사의 기록이 사실의 연대적인 기록에서 기록자의 철학에 근거하여 역사를 재구성하게 된다. 이것이 4세기와 5세기의 기독교 역사의 기록이었다. 1세기부터의 기독교 역사를 기록하는 사람들의 역사 철학으로 재구성하였고, 이는 사람들이 성경 진리에 근거한 사고를 할 수 있도록 하는 역할을 하였다. 여러 종교회의를 거치면서 16세기 종교개혁과 18세기 계몽주의를 지나 현재에 이르게 되었다.

기독교 역사는 분명한 철학을 가지고 있었으며 지금도 역시 그러하다. 철학은 분명한 전제와 과학을 바탕으로 하여 형성된다. 이 둘은 서로 협조하여 사상을 구성하여 가고 있다. 과학은 관찰을 통하여 반복되는 사건과 결과를 보게 된다. 그리고 철학은 관찰과 결과에서 얻는 정리된 결론이다. 기독교 역사를 보자. 기독교 역사를 이루는 전제와 기준은 성경 이외에는 없다. 기독교의 역사 기록은 성경에 근거하여 변증론적인 견해로 역사를 구성해 나갔다. 그래서 역사를 하나님께서 당신의 주권을 인간의 시간 안에서 행하시는 하나님의 사역으로 보았고 이를 기록하는 것으로 족했다. 그러나 역사의 중심을 인간에게 두는 사고의 틀이 짜여지면서부터 역사는 하나님의 주권에서 분리하게 되었고 인간의 행함이 역사로 여겨지게 된 것이다.

어거스틴(Augustine, AD 354-430)의 《신국》(*City of God*)은 기독교 역사 철학의 대표적인 것으로, 하나님 나라와 세상 나라는 분명히 구별이 있으며 이 둘은 평행선을 그을 수밖에 없다는 것이다. 하나님 나라의 백성들은 세상 나라를 다스리고, 세상 나라의 시민으로 살아가며, 세상 나라 시민들과 함께 생활하고 있지만, 결코 세상 나라에 속하거나 혼합될 수 없는 백성들이다. 마침내 세상 나라는 하나님의 심판을 받게 되고 하나님 나라의 승리를 선포하게 된다. 이것이 기독교 역사의 틀이다.

그러므로 기독교 역사는 성경에 근거하여 기술되어야 한다. 성경에 근거한다는 것은, 우리의 기준 문서인 성경의 창으로 인간이 행한 행적을 보아야 하고, 성경의 기준으로 비판되고 변증되는 역사를 말한다. 특별히 기독교 역사는 인간을 죄에서 구원하시는 하나님의 열심과 사역에서 하나님의 주권이 어떤 방면으로 행사되었는지를 관찰하고, 그 얻은 결과에서 내려진 하나님의 사역의 기록이어야 한다. 하나님의 주권(God's sovereignty)은 하나님의 섭리(God's providence)로 인간 세계에 표현되는 것이다.

기독교 역사의 기록이 하나님의 섭리에 나타난 하나님의 주권에 관한 서술이 아니라면, 인간이 기록하는 기독교 역사는 하나님을 버리고 인간이 주체가 되어 만든 인간 주권의 행적이 된다. 이것은 기독교의 역사라고 할 수 없다. 일반 학문에서 표현한 기독교 역사의 기록은 성경에 근거한 하나님의 주권에서의 하나님의 사역의 기록이라기보다 세상의 현상에서 생긴 한 부분으로 보인 기독교라고 하는 하나의 종교에 대한 기록이라는 것이다. 이와 같은 전제로 기록된 역사는 사실에 대한 객관성을 가진 기록이라는 것에 대한 기준에 미치지 못한다. 왜냐하면 기독교의 본질에서 관찰된 기록이 삭제되었기 때문이다. 《대영 백과사전》에 기술된 "본질 세계에 대한 현상"이라는 정의를 따른다면, 기독교의 본질은 하나님의 말씀인 성경에 기록되어 있다. 죄인을 구원하시는 구원의 사역에서 찾아야 한다. 그러므로 기독교 역사는 죄인을 구원하시는 하나님의 구원의 역사이며, 천국 백성을 인도하시며 보호하시는 하나님 행적의 기록이어야 한다. 본질 세계에 대한 현상인 복음의 선포로 말미암은 천국 확장은 인간의 시간 세계에서 이루어져 간다. 그리고 복음의 선포로 이루어지는 구원의 역사가 기독교의 역사이며, 그것을 기록으로 남긴 것이 교회 역사 기록이다. 이제 우리들이 할 작업은 하나님께서 자신의 주권을 역사의 측면에서 어떻게 행사하시는지를 성경에서 살펴보는 일이다.

초대교회의 성립과 발전

1. 초대교회의 성립

초대교회는 예수님께서 살아 계실 때 성령을 받기까지 예루살렘을 떠나지 말고 기도하라고 하신 말씀에 순종하여 예수님께서 죽으시고 부활하시고 승천하신 후에 120명이 모여 마음을 같이하여 기도한 것에서 시작된다. 사도행전 2장에 보면 사도들과 그때의 신자들은 예수님의 명령에 순종하여 한 곳에 모여 성령을 받기 위해 마음을 같이하여 기도에 전념하였다. 예수님의 약속대로 오순절에 성령께서 임하셨고 여러 말로 방언하였으며, 특히 거기에 모인 15나라에서 온 사람들이 사도들과 신자들이 하는 방언을 듣게 되었다. 이들 15나라에서 온 사람들은 자신들의 언어로 '하나님께서 하신 큰 일'을 들었고, 이 가운데에는 로마에서 온 사람들도 있었다. 이로써 복음은 모체 교회로서의 예루살렘에만 머물러 있는 것이 아니라 예루살렘에서 유다 지역으로, 사마리아와 땅 끝까지 전해지게 되었다. 예수 그리스도를 구주로 믿고 회개하여 세례를 받으면 성령을 선물로 받는 원칙에서 하나님께서는 초대교회의 근거를 세우셨다. 그리고 예수 그리스도를 믿는 유대 기독교인들은 '예수는 그리스도'라고 증거했는데, 이것이 오순절의 성령 강림으로 이루어진 전도 사역이었다. 이로써 복음은 예루살렘에서 유다로, 그리고 사마리아로, 그리고 더 먼 지역으로 퍼져나갔다. 하나님은 베드로를 세우셔서 초대교회의 예루살렘 모체 교회를 이루도록 하셨고, 사도 바울의 회심을 통해 그를 사도로 세우시고 땅 끝까지 이르는 복음 전도의 사역을 바울에게 맡기셨다. 우리들은 베드로와 바울의 사역을 성경에서 읽게 된다. 이 같은 초대교회의 형성과 복음 전도의 원동력은 당연 오순절의 성령 강림에 있다.

사도행전 15장의 예루살렘 종교회의의 결정은 사도들의 복음 전도를 받은 모체 교회인 예루살렘 교회의 결정이었다. 특별히 사도 바울은 소아시아 여러 지방에 다니면서 복음을 전했고 상당한 열매를 얻었다. 특별히 바울과 실라, 바나바, 디모데, 누가, 에바브로디도, 빌립, 브리스길라와 아굴라 등의 복음 전도를 생각하게 된다. 스데반 집사의 순교로 신자들은 여러 지방으로 흩어지게 되었다. 이들은 여러 지방으로 다니면서 주의 복음을 전했고, 멀리는 헬라와 페르시아까지 생각해 볼 수 있겠다. 또한 복음은 로마와 인근 지역에까지 퍼져 있었다.

바울(회심 전의 이름은 사울)은 바리새인으로 그리고 가말리엘의

학생으로 율법에는 흠이 없는 사람이었다는 것이 그의 생활의 슬로건이었으며 삶의 방법이었고 자랑이었다. 그는 율법에 흠 없이 행하는 것이 하나님을 바로 믿는 것이라는 잘못된 생각에 이끌려 스데반 집사의 순교 때에 찬성표를 던졌을 뿐만 아니라 그의 옷을 맡고 있을 정도로 율법에 옳게 살려고 했던 사람이었다. 바울은 그것이 하나님을 대항하는 것이며 예수 그리스도를 모욕하는 것임을 알 리가 없었다.

이번에는 다메섹에 사는 그리스도를 믿는 신자들을 잡아 가두려고 대제사장에게 허락을 받고 그의 수행원들과 함께 다메섹으로 내려간다. 바울을 사랑하셔서 그를 미리 사도로 선택하신 하나님께서는 그의 무지를 그냥 보고 계실 수 없으셨다. 이제 바울을 부르셔서 이방 선교의 사역을 맡기실 시간이 되었다. 부활하신 예수님께서는 다메섹으로 내려가는 길에서 바울을 부르셨다. 밝은 빛이 바울을 둘러 비추었다. 그리고 사울은 예수님의 위엄 있는 목소리를 듣는다. 사울은 밝은 빛 때문에 눈이 멀었다. "사울아! 사울아!" "주여, 뉘시오니까?" "나는 네가 핍박하는 예수라!"

율법은 무엇을 말하는가? 이웃에 거짓 증거하지 않아야 된다. 그런데 자신이 하는 행동이 예수를 핍박하는 것이라니! 이 얼마나 엄청난 이야기였던가? 이 이야기를 듣는 순간 그는 주님께 항복하고 만다. 지금까지의 자신의 행동은 하나님을 위하는 것이었고 예수님의 부활에 관하여는 바리새인의 가르침을 따라 하지 않았던가! 예수님의 시체를 제자들이 훔쳐갔을 것이라고 생각하며 행하지 않았던가? 그런데 예수님은 죽음을 이기시고 다시 살아나셔서 우리들의 죄를 사하시고 구원을 이루시며 하나님의 우편에 계셔서 탄식함으로 우리들을 위해 기도하고 계신다는 사실을 확인한 순간, 그는 과거의 알지 못했던 자신의 수치와 어리석음이 떠올랐다. 부끄러움이 그에게 밀려온다. 교회를 핍박했고 예수 그리스도를 구주로 믿는 주님의 백성들을 가두고 심지어는 죽이는 데에 찬성까지 하다니······. 이 엄청난 죄를 주님 앞에 자백한다. 지금까지는 잘못된 열심에 종이 되어 자신감 있게 살았던 자신의 가치관이 모조리 무너져 버린다. 눈에는 비늘 같은 것이 덮고 있어 앞이 보이지 않는다. 사람들의 부축을 받아 성으로 들어갔다. 예수님께서는 하나님의 사람 아나니아에게 말씀하셔서 사울을 찾아가 안수하도록 하셨다. 아나니아가 주님의 명령에 순종하여 사울에게 안수하니 그가 보게 되었다(행 9:1-18).

사울의 회심은 철저한 것이었고 완벽한 것이었다. 이때부터 사울의 방식과 생각과 행동의 원칙은 이전의 것이 아니었다. 지난날에는 율법의 열심을 가지고 살았지만, 이제는 예수님의 부활의 사실에 근거한 확신과 열심으로 주님을 섬겼다. 그의 담대함을 상상해 볼 수 있겠는가? 이전에 핍박했던 예수는 그리스도라고 분명히 확신을 가지고 전하는 사울을 생각해 보라. 하나님께서는 사울에게 '바울'이라는 새 이름을 주셨다. 예수님은 하나님의 아들이었음을 외친다. 그리고 바로 그 예수는 자신의 무시무시한 죄를 용서하시고 구원하신 구주이심을 전한다. 사도 바울은 이방 나라에 예수 그리스도의 복음을 전하는 전도자로 부르심을 받았다는 확신을 가지고 복음을 전한다. 가는 곳마다 교회는 복음 위에 굳게 세워져 간다. 그리고 로마가 준비해 둔 길을 따라 복음은 땅 끝까지 전파되었다(행 13:46-52).

초대교회 때에 성경을 달리 해석하고 하나님을 믿지 않는 사상과 사람들이 세력을 키우고 있었다. 플라톤(Plato)의 영향을 받은 필로(Philo, BC 20-AD 50)는 요한복음 1장 14절의 "말씀이 육신이 되셨다"고 하신 '말씀'(Logos)을 '이데아'(Idea)로 해석하여 사용했다. 그리고 요한서신에서 요한 사도는 영지주의(Gnosticism)의 이단성을 지적한다. 골로새서에서 바울은 당시에 있었던 골로새 교회에 침입하던 영지주의와 천사 숭배와 의식주의를 경고했다. 필립 샤프(Philip Schaff)에 의하면 AD 1-100년 때에 이교도들의 종교가 자라고 있었는데, 피조물의 신격화(a deification)가 있었고 그리스의 종교(the religion of Greek)는 예술적인 형상(the imagination)을 만들어 내었다.[1] 반면 도덕의 타락과 함께 예술품들의 형상과 모양이 훼손되었다. 그리스는 자연문화와 철학을 교회를 위해 사용할 준비를 갖추었고, 로마는 복음의 영적 보편성(spiritual universality)을 위해 황제의 힘을 빌려 법을 만들고 문화를 구성했다.[2] 그리스 사람들의 철학은 신학에 영향을 미치게 되었는데, 영향을 준 대표적인 사람으로 플라톤과 아리스토텔레스(Aristoteles)를 들 수 있다. 특별히 그리스를 중심으로 한 동방교회 신학에 플라톤의 영향은 중심 사상을 이루게 했다. 로마는 그리스보다 실제적이었고 정치적인 면을 발달시켰다.[3] 그리스 교회(The Greek church)는 그리스 사람들의 민족의식을 근거로 하여 일어났고 라틴 교회(The Latin Church)는 옛 로마에서 일어나게 되었다.

2. 초대교회의 발전

초대교회는 예수 그리스도의 부활의 목격자인 예수님의 사도들이 복음의 전도자로서 사역을 수행함으로 초대교회가 형성되었고 사도들의 신앙 위에 교회가 성장했다. 그런데 사람들이 갖는 질문이 있다. 과연 초대교회는 어떻게 발전되었는가? 또한 초대교회를 세운 사도들의 직분과 사도성은 누가 계승하였는가에 대한 것이다. 성경에 사도의 직분은 예수님의 12사도 외에는 없다. 사도의 직분이 예수님의 부활의 목격자여야 한다는 원칙은 성경에 근거된 정의이기 때문이다(눅 24:48). "우리는 예수님의 부활의 증인"이다(행 1:22, 4:33). 이것은 예수님의 사도들의 설교였다. 사도성(apostolicity)이란 "우리는 예수님의 부활의 증인이다"에 있으며, 사도적 교회(apostolic church)란 부활의 증인들인 예수님의 사도들의 복음 전도로 세워진 교회를 뜻하는 것으로 제한해야 한다. 예수 그리스도의 복음의 전파로 세워진 지금의 교회는 예수 그리스도가 교회의 진리와 기둥의 터가 되는 교회이다. 그러므로 진리와 기둥의 터(딤전 3:15)인 그리스도의 교회는 예수님의 부활의 증인인 사도들의 고백 위에 세워진 교회를 말한다. 그리고 이 진리는 예수님께서 다시 오실 때까지 변할 수 없다. 이 같은 근거에서 볼 때 현재의 기독교는 사도의 고백 위에 세워진 교회이다. 앞에서도 생각해 보았지만 초대교회의 발전은 예루살렘 교회를 시작으로 시작되었다. 그 당시의 신자들이 여러 지역으로 흩어져 복음을 전했다는 것은 이미 알고 있는 사실이다. 어떤 이들은 타 지방에 가서 장사하며 복음을 전했다. 이들이 가는 곳에 그리스도의 복음도 함께 갔다. 또한 사도 바울의 회심과 함께 복음은 유럽을 덮었고 아시아 지역에도 복음의 불이 붙었으며 계속 타오르고 있었다. 사도 바울은 스페인까지 복음 전도의 계획을 세웠다. 뿐만 아니라 로마의 핍박을 피해 비교적 조용했던 헬라 지역으로 피난했던 사람들도 그곳에서 복음을 전했다.

교회 역사가 필립 샤프(Philip Schaff)는 그의 책 《크리스천 교회의 역사》(History of the Christian Church)에서 "기독교의 역사는 외형으로 나타난 현상만을 기독교의 역사라고 단정지을 수 없다"고 말하고 있다. 다시 말하면 외형적으로 알려져 있는 로마 가톨릭이 현재의 신교의 원조라고 하는 것과 현재 교회의 성령의 역사의 근원을 동방교회에서 찾는 것 자체를 다시 생각해야 한다는 것으로 샤프의 글을 생각하게 된다. 마틴 루터(Martin Luther)의 개혁은 가톨릭교회(Catholic Church)가 말하는 인간의 행위와 공로로 구원을 받는다는 가르침에 반기를 들고, 구원은 오직 예수 그리스도를 믿음으로만 받을 수 있는 것이라고 주장하였다. 칼빈(John Calvin)은 가톨릭교회가 주권은 교회와 교황의 결정에 있다고 하는 것에 반대하고 하나님의 주권을 말하여 로마 교회를 개혁하였다. 필립 샤프의 견해대로 우리들은 기독교의 본질을 충족시키는 것과 외형적인 현상의 양면을 충족시키는 교회의 역사를 다시 생각해 보아야 한다.

동방교회와 서방교회의 시작부터 생각해 보자. 안디옥의 이그나티우스(Ignatius of Antioch)가 구상한 교회는 그리스도는 보이지 않는 머리이시고 그 밑에 전체 교회의 대표로 하나의 감독(Bishop)을 세우고 인간 감독이 전 우주적 보편 교회의 단합의 중심이 되도록 하는 교회였다.4 인간 감독에게 순종하는 것은 곧 그리스도에게 순종하는 것이라고까지 생각했다. 그러나 성경은 감독에 관하여 말할 때 감독은 그리스도와 동등한, 흠이 없는 사람이 아니며 절대 권위자도 아니라고 하셨음을 기억하자. 디모데전서 3장 1-13절에 보면 감독직에 대한 기록이 나온다. 여기에 보면 감독은 장로와 같은 직분으로 치리자의 일을 하는 사람을 가리킨다(딛 1:5-9). 감독은 예수님과 동등한 것이 아니라 예수님의 이름에 무릎을 꿇어야 한다. 아무튼 AD 100-300년의 시기에 교회가 확장되어 갈 때에 성경적이지 않은 요소들이 끼어들었다. 그리고 감독을 그리스도의 사도로서의 자리에까지 올려놓았다. 감독이 없이는 교회와 연결될 아무것도 없었다. 감독이 있는 곳에 백성들이 있고, 교회가 있는 곳에 보편교회가 있었다. 점차 감독은 교회를 대표한다는 생각을 갖게 되면서 권세를 갖게 되었고 지역 교회까지 통제하게 되었으며 마침내 법황주의가 발생하였다. 서방교회에서 감독이 권한을 가지고 권리를 행사하고 있을 때 동방교회에서는 총주교(Patriarch)가 모든 감독들 위에 명예직의 명칭을 가지고 있었다.

특별히 안디옥의 이그나티우스(Ignatius of Antioch)의 노력으로 동방교회와 서방교회는 보편적 교회(Catholic church)로 단합을 이루게 된다. 교회의 단합으로 '거룩한 보편적 교회'(the Holy Catholic Chruch)라는 이름으로 불리게 되는데, 이것은 사도신경 (the Apostles' Creed)을 가지고 있는 교회라는 의미에서 불린 것이다. '신앙의 규칙'(rule of faith)으로 사도신경이 받아들여졌다. 이 때의 보편 교회는 예수 그리스도가 있는 교회로 생각했다. 니케아 이전 교부(The ante-Nicene fathers)로서 알렉산드리아(Alexandrians)의 대표적인 교부들로는 이그나티우스(Ignatius), 이레니우스(Irenaeus)와 키프리안(Cyprian)을 들 수 있다. 키프리안은 교황을 반대하고5 로마의 사법권의 우월성을 부인하였다. 그가 한 "교회 밖에는 구원이 없다"(Out of the (visible) church there is no salvation)는 말은 "로마교회 밖에는 구원이 없다"는 말의 오류를 지적한 말이었다. 우리는 루터교의 역사학자인 라스 큐알벤(Lars P. Qualben)의 사도적 교회와 가톨릭 교회의 구분에 흥미를 갖는다. 그의 책 《기독교 교회의 역사》(*A History of the Christian Church*)6 에서 사도적 교회는 마태복음 18장 20절의 "두세 사람이 내 이름으로 모인 곳에는 나도 그들 중에 있느니라"인데, 이에 반하여 가톨릭교회는 감독이 사도를 계승한 그 교회 밖에는 구원이 없다고 했다.

그러나 불행하게도 이 단합(union)은 깨어지고 동방교회와 서방교회로 나뉘게 된다. 1054년 교황 레오 9세(Leo IX) 때의 일이었다.7 이 두 교회가 분리된 이유는 동방교회가 교황의 주권(supremacy)에 반대하고, 총주교(Patriarch)의 지도 아래 있다는 것과 계급이 낮은 사제의 결혼 허용, "성령이 아버지에게서 나오며 아들에게서도 나온다"에서 '아들에게서'(filioque)의 삭제를 주장하는 것과 성찬예식 때 평신도에게도 잔을 허용하는 것 때문이었다.8 1054년 서방교회와 동방교회가 분리된 후에도 여전히 로마 황제의 영향 아래 있는 지역은 로마 가톨릭교회에 예속되어 있었다. 동방교회는 동방이라는 지역이 이야기하는 대로 동방교회(the Eastern Curch) 또는 그리스 정통교회(the Greek Orthodox Church)로 지칭되었다. 유럽의 동쪽 지역, 아프리카 북동쪽 지역과 러시아 지역에서 정통교회는 독자적인 교회였다. 콘스탄티노플(Byzantine 지역) 대주교의 관할 구역(patriarchate)에 있는 교회, 알렉산드리아(Alexandria) 대주교의 관할 구역에 있는 교회, 안디옥(Antioch) 대주교의 관할 구역에 있는 교회, 예루살렘(Jerusalem) 대주교의 관할 구역에 있는 교회, 사이프러스(Cyprus) 대감독 관할 구역에 있는 교회와 시나이(Sinai) 대수도원장(abbotship)의 관할 아래 있는 교회들로 발전하였다. 동방교회는 비잔틴(Byzantine) 문화를 매체로 하여 형상(icons) 문화를 발달시켰다.

두 종류의 교회

현재 보편적으로 생각하는 기독교 역사는 구약에서 신약으로 그리고 예수님께로 이어지고 사도들의 복음 전도로 초대교회를 이루게 된다. 교회에 있었던 핍박으로 그 당시 기독교인들은 여러 지역으로 흩어져 복음을 전하였다. 로마에 복음이 전파되고 교회가 성장하게 되었다. 로마교회는 교황(Pope) 중심의 정치 형태를 가지고 발전해 나갔다. 로마가 황제를 중심으로 유럽에서 세력을 확장하고 있을 때, 로마교회는 교황을 중심으로 유럽을 로마교회의 교황 세력 안에 넣게 되었다. 이때 교황 중심의 로마교회와 생각을 달리하는 무리들을 중심으로 로마 지역과 헬라 지역으로 나뉘게 된다. 헬라 지역에 있는 무리들의 모임을 동방교회(Orthodox Church)라고 부르고, 로마교회를 중심으로 하는 라틴 지역의 교회를 서방교회(Roman Catholic Church)라고 부른다. 이 역사의 체계를 가지고 있는 사람들 가운데 서방교회를 현재의 기독교의 기초로 보는 사람들은 신교를 로마 가톨릭교회에서 개혁된 하나의 종파로 보고 있다. 이 견해가 현재 우세한 견해라고 생각하고 가톨릭교회를 현재 프로테스탄트(Protestantism)의 근거로 생각한다. 이 견해가 상당히 설득력을 가지고 있는 것은 사실이다.

또 다른 견해는 동방교회가 정통성을 가진 교회라고 생각하는 무리들이 있다. 동방교회가 초대교회의 사도직을 이어가는 교회라고 생각하고 동방교회의 전통(tradition)을 이어 가는 것이 현재의 교회라고 주장하고 있다. 최근에 들어서는 동방교회에 대한 고찰을 다시 하게 되었다. 이유는 현재의 후근대주의 사상이 보다 영적인 것을 강조하고 있기 때문이라는 것이다. 그래서 현재를 사는 사람들은 무엇이든 신비로우며 영적인 것을 생각하고 추구하고 창작하려 하며, 찾고자 하는 시대의 현상과 맞기 때문일 것이다. 후에 논하겠지만 이 두 교회의 공통점은 성경에 절대 권위를 부여하는 것에 미달한다는 점이다. 필립 샤프(Philip Schaff)에 의하면 2세기 중엽에 교회 정치가 구성되었던 동방교회와 서방교회를 보편교회라는 의미에서 가톨릭 교회(Catholic Church)라고 부른 사람은 안디옥의 이그나티우스(Ignatius of Antioch)였다고 한다.9 이

그나티우스는 이 두 지역의 교회를 하나로 통합한다는 의미에서 불렀다. 그러나 얼마 가지 못하여 두 지역의 교회는 생각을 달리하면서 두 지역의 교회로 나뉘게 된다.

그루터기(The Stump)의 역사

이제 우리들은 성경으로 돌아가서 교회에 대한 하나님의 섭리적인 사역과 역사를 이루어 가시는 하나님의 의도를 살펴보아야 한다. 구약과 신약성경에서 보여 주신 대로 하나님 교회에 대해 '그루터기'의 역사를 쓰고 계시다는 것을 우리들은 생각해야 한다. 성경에 그루터기(the stump, NIV)라는 단어는 이사야 6장 13절과 이사야 11장 1절에 나온다.

> "그 중에 십분의 일이 아직 남아 있을지라도 이것도 황폐하게 될 것이나 밤나무와 상수리나무가 베임을 당하여도 그 그루터기는 남아 있는 것같이 거룩한 씨가 이 땅의 그루터기니라 하시더라"(사 6:13).
>
> "이새의 줄기에서 한 싹이 나며 그 뿌리에서 한 가지가 나서 결실할 것이요"(사 11: 1).

유대 백성들이 회개하지 않으므로 하나님께서 그들을 바벨론에 포로가 되게 하신 역사적 사실이 이사야 6장 13절의 배경이 된다. 많은 사람들이 죽고 모든 소유물을 잃게 되었다. 그러나 하나님께서는 이 같은 비극 가운데서도 하나님이 택하신 백성의 그루터기는 남아 있도록 하셨다. 그리고 이사야 선지는 그루터기로서 예수 그리스도로 말미암아 하나님이 택하신 백성이 구원받을 것을 말씀한 것이다. 사람들은 바벨론의 침략으로 유대 백성이 없어졌을 것이라고 생각했을 것이다. 그러나 하나님께서는 택한 자를 남겨 두셨다.

로마서 11장 1절부터 5절을 보면, 하나님께서는 '남은 자'(remnant)를 택하시고 그 남은 자를 통하여 하나님의 나라가 확장되도록 하신다. 사도 바울은 로마서 11장 1절부터 택함을 받은 소수의 무리를 통하여 하나님의 계획을 이루신다고 말한다. 그러면서 자신을 예로 들고 있다. 바울 자신은 예수님을 구주로 믿지 않던 사람이었지만, 하나님께서는 자신을 택하시고 회개시키셔서 복음 전도자로 사용하셨음을 말하면서, 바울은 남은 자에 대한 하나님의 섭리와 하나님의 계획을 적어 내려갔다. 엘리야도 자기 외에는 주님을 아는 자가 없는 줄 알았지만(왕상 19:10) 하나님께서는 바알에게 무릎을 꿇지 않는 사람 칠천 명을 남겨 주셨고 보호하셨다. 사람의 생각으로는 소망이 없고 밖으로는 볼 모양도 없고 또한 숫자로도 얼마 되지 않아 힘이 없어 보이는 무리들이기 때문에 사람들은 기억조차 하지 않는다. 마치 잎이 다 시들고 줄기도 말라 버릴 수밖에 없는 나무를 생각해 보라. 그러나 뿌리가 남아 있는 것을 사람들은 알지 못하고 버리게 되는 것이 아닌가! 뿌리가 살아 있다면 물을 주고 환경을 조절해 주면 다시 싹이 나오는 것을 우리는 알고 있다. 이것이 그루터기의 진리이다.

지난 부활주일에 교우들이 백합을 가지고 와서 교회 강대상 앞에 두었다. 백합의 은은한 향기가 온 교회에 가득했다. 그러나 그 향기도 얼마 가지 못하고 시들기 시작했다. 우리들은 원하는 가정에 백합을 주기도 하고 얼마는 교회 앞에 두었다. 완전히 시들어 줄기도 말라 버리고 이제 백합이라고 구별조차 할 수 없게 되었다. 우리는 살 가망이 없다고 생각했다. 그 가운데 두 그루를 집으로 가지고 갔다. 형태도 없는 백합에 물을 주고 선선한 그늘에 두었다. 몇 주가 지났다. 가망이 없어 보이는 뿌리에서 작은 싹이 나는 것을 발견하고 매우 기뻐했던 것을 기억한다. 뿌리는 흙 밖으로는 나오지 않고 계속 땅속에 잘 박혀 있다. 해가 지나면서 다시 싹이 나오고 자라서 백합 향기가 은은히 퍼졌다.

이사야 11장 1절은 그루터기의 진리를 구체적으로 표현한 말씀이다. '이새의 줄기'는 이새의 그루터기이다. 다윗의 왕통을 생각해 보자. 다윗의 왕통은 경건한 왕 몇을 제외하고는 하나님의 거룩을 범한 왕들이었다. 마침내 하나님께서는 바벨론에 포로가 되게 하시고, 외형적으로는 다윗의 왕통이 끊어진 것같이 보이게 된다. 그러나 하나님께서는 아모스 9장 11절에 이스라엘의 회복을 약속하셨다. "그날에 내가 다윗의 무너진 장막을 일으키고 그것들의 틈을 막으며 그 허물어진 것을 일으켜서 옛적과 같이 세우고." 그 남은 그루터기에서 새로운 싹이 돋아 오르도록 하셨다. 그 싹은 예수 그리스도이시다.

델리취(F. Delitzsch)는, 이사야 주석에서 이새의 줄기에서 나온 것은 선택된 왕의 가족의 남은 자에게서 나온 것과 같은 의미라고 기록했다.10 그는 계속 쓰기를, 하나님의 계획이 이루어지는 역사적인 성취에 있는 것이라고 했다.11 그리고 이사야의 예언의 성취는 마태복음 1장 1절부터 시작되는 예수님의 족보에 나타나 있다. 마태복음 1장 1절은 "아브라함과 다윗의 자손 예수 그리스도의 계보라"고 되어 있다. 예수님은 이새의 줄기에서 한 싹이 나서 결실한 것이며, 다윗의 왕통을 이어 가신 것이다. 사실상 하나님께 범죄한 다윗의 왕통은 이 땅에서 사라져 버렸다고까지 생각했다. 그러나 하나님의 계획은 전혀 달랐다. 하나님의 계획은 이새의 줄기인 그루터기에 나타나 있는 것이다. 그루터기에서 자란 싹을 누가 귀하다고 하겠는가? 그러기에 인간의 몸을 입고 태어나신 예수님을 보는 사람들은 그야말로 그루터기에서 움튼 한 싹으로 보았다. 그래서 세상 나라 사람들은 예수님을 나사렛 사람이라고 불렀다(마 2:23). 예수님은 그루터기에서 나온 싹처럼 모양이 없고 힘도 없는 것과 같이 보였기 때문이었다. 그러나 예수님의 순종으로 하나님께서는 예수님을 높이시고 부활케 하시고 예수님의 이름에 모든 무릎을 꿇게 하시고 예수 그리스도를 주로 시인하여 하나님께 영광을 돌리도록 하셨다(빌 2:5-11).

지금까지 살펴본 대로 예수님의 탄생은 인간의 역사 세계 안에서 이루어진 그루터기의 역사로, 하나님께서 남은 자로 택하신 사람의 역사임을 알았다(왕하 19:30-34). 예수님의 구원주로서의 33년의 사역은 '하나님 나라의 도래'의 사역이며, 천국 복음 선포의 사역이었다. 마태복음 13장에서 예수님께서 천국에 대한 비유를 말씀하심에서도 그루터기의 개념 안에서 복음의 선포와 하나님 나라의 확장을 말씀하시고 계심을 볼 수 있다. 그리고 예수님께서는 열두 명의 제자를 선택하시고 3년 동안 함께하셔서 이들을 예수님의 사도로 가르치시며 훈련시키셨다. 예수님의 열두 명 제자들의 사회적인 신분은 남은 자요 그루터기였다. 예수님께서는 복음을 땅 끝까지 전하는 천국 확장 운동을 위해 사도들을 복음의 첫 사역자로 쓰시려고 준비시키셨다. 예수님의 사도들은 3년의 훈련을 통하여 복음을 알았고, 천국 백성의 삶을 예수님에게서 배웠다. 사도들의 자격은 바로 여기에 있다. 예수님과 함께 생활했다는 것이다. 뿐만 아니라 이들은 예수님의 수난의 목격자들이었다. 예수님께서 십자가에 못 박히시기 전에 겟세마네 동산에 가셔서 기도하실 때에 베드로와 요한과 야고보가 함께 동행하였다. 실로 예수님의 사도들은 예수님의 생활의 목격자들이다. 그리고 요한은 예수님의 십자가 밑에 있었다. 그리고 이들은 예수님의 부활의 목격자들이었다(요 20:24-29). 수난과 부활과 승천의 목격자들인 것이다. 그러므로 그루터기 역사의 개념으로 교회의 역사를 살펴보는 것은 자연스러운 결론이다.

그루터기의 교회 역사 개념

루터가 말한 구원은 행위가 아니고 믿음으로 구원받는 것이고, 칼빈이 말한 주권은 교회의 주권이 아니라 하나님의 주권이었음을 선포한 것으로, 성경으로 방향을 돌리는 개혁이 루터와 칼빈의 개혁이었다. 이때까지는 성경에 근거한 여호와의 종교는 그루터기와 같이 밖으로 나타나지 않았다. 예수님은 다시 회복될 가능성이 전혀 없어 보이는 다윗의 씨에서 태어나신 것이다. 쿠알벤(Qualben)의 견해대로 사도적 교회에서 가톨릭교회가 분리되어 나온 A.D. 170년에서부터 A.D. 1517년 루터의 종교개혁까지 여호와의 종교는 그루터기와도 같이 '보이지 않는 교회'(invisible church)로 있었다. 그리고 마침내 1517년에 교회는 '보이는 교회'(visible church)의 형태를 갖게 된다. 보이지 않는 교회는 보이는 교회 안에 존재하게 된다. 그리고 1536년에 칼빈을 통하여 그루터기는 싹을 맺기 시작한다. 칼빈이 말한 대로 성경적이지 않은 로마 가톨릭교회 안에 하나님께서 선택하신 백성을 두셨고, 마침내 때가 되었을 때에 사도의 신앙을 가진 교회가 회복되었던 것이다. 이것이 성경의 그루터기 사상을 이어가는 하나님의 역사이다. 이러한 측면에서 쿠알벤의 역사의 견해는 바른 것이다(See 도표참조, p. 42).

그러므로 '신교 교회'(Protestantism)라는 명칭이 현재의 교회를 부르는 명칭은 될 수 없다. 이 명칭은 루터가 가톨릭교회의 비성경적인 일들에 대하여 95개 조항을 내걸고 지적했을 때에 루터를 중심으로 이뤄진 교회에 붙여진 이름으로 족한 이름이다. 그러나 엄밀히 말하면 루터의 종교개혁이 사도의 신앙을 고백하는 것이었기 때문에 계속적으로 붙이는 것은 맞지 않다. 그렇다면 현재의 교회가 사도의 신앙을 고백하는 교회일진대 현재의 교회가 무엇에 대하여, 그리고 누구에 대하여 이의를 제기했다는 것인가! 칼빈은 《기독교 강요》에서 "교황이 지배하는 교회는 거짓 교회이다.

진리의 말씀을 선포하지도 않으며 듣지 않는 교황이 지배하는 교회는 교회라고 할 수 없다"고 말한다. 우상인 교황이 앉아 있는 교회는 교회가 될 수 없는 것이다.[12] 칼빈은 예레미야 선지자의 글을 인용한다. "너희는 이것이 여호와의 성전이라, 여호와의 성전이라, 여호와의 성전이라 하는 거짓말을 믿지 말라"(렘 7:4). 그러므로 로마 가톨릭교회는 사도의 신앙을 고백하는 현재의 교회와는 어떤 관계도 있을 수 없다.

그러면 동방교회는 문제가 없는가? 동방교회는 헬라 철학과 신비주의와 형상(icons)을 통한 우상숭배를 더하는 죄를 범한다. 뿐만 아니라 동방교회는 로마교회와 같은 뿌리에서 나온 것이기에 동방교회도 현재 교회와 관계를 맺을 수 없다. 가톨릭교회(동방교회와 서방교회)는 자기들의 전통(tradition)과 여러 가지 전통을 구분하였다. 또한 동방교회는 성경과 교회와 감독이 말한 전통은 성경과 같이 절대적이며 변경될 수 없다고 주장했다. 거기다가 헬라철학에서 근거를 갖는 영성(spirituality)은 구약성경과 신약성경과는 어떤 근거도 없는 것이다. 그러므로 사도의 고백 위에 세워진 현재 교회의 근원을 가톨릭교회에서 찾는 것은 어떤 근거도 없는 것임을 알 수 있다.

교회 역사의 바른 개념은 그루터기 역사의 개념 외에 다른 것으로는 구성할 수 없음에 도달하였다. 또한 하나님의 깊은 섭리 가운데 여호와의 종교가 외형적으로 가톨릭교회의 정치 형태와 함께 있었음은 부인할 수 없다. 분명한 것은 가톨릭교회가 사도의 신앙고백 위에 세워진 교회가 아닌 것은 칼빈이 그의 책 《칼빈의 기독교 강요)에서 길게 논한 바 있다. 확인하는 것은 사도의 신앙고백 위에 세워진 여호와의 종교는 루터에게 와서야 비로소 그루터기가 흙 위에 나타나게 되었고, 칼빈에게 와서 성경으로 돌아와 우리의 구원주이신 예수 그리스도의 죽으심과 부활을 고백하는 신앙고백을 하게 된다. 이런 이유로 우리는 로마 가톨릭교회에서 분리되어 나온 것이 아님이 분명한 것이다. 여호와의 종교는 마태복음 1장 1-17절까지의 예수 그리스도의 족보를 사도들이 이었고, 성경에 기록된 사도들의 신앙을 고백하는 교부들로 이어지고, 16세기의 종교개혁과 17세기, 18세기의 개혁 신앙을 이은 주님의 사람들로 이어가는 종교이다. 그러므로 우리의 종교는 헬라 정통교회와도 연관을 가질 수 없는 사도의 신앙에 근거한 여호와의 종교 – 하나님의 계시인 성경에 의존하며 사색하는 종교이며, 하나님의 주권의 신앙을 가지고 주님을 섬기는 여호와의 종교임을 확실하게 하는 바이다.

사도적 교회를 이어가는 교회

1. 어느 교회가 초대교회를 이어가는 교회인가?

우리의 질문은 로마 가톨릭교회가 구약과 신약을 이어가는, 그리고 예수와 사도들을 이어가는 진정한 교회인가? 성경을 하나님의 말씀으로 믿으며 성경의 무오성을 의심 없이 받아들이는가? 성경의 권위를 받아들이는가? 기독교의 본질인 예수 그리스도를 믿음으로 구원받는 것을 로마교회는 받아들이고 있는가? 하나님의 주권에 복종하는가? 하는 것이다. 이것을 받아들이지 않는다면 진정한 교회는 될 수 없다.

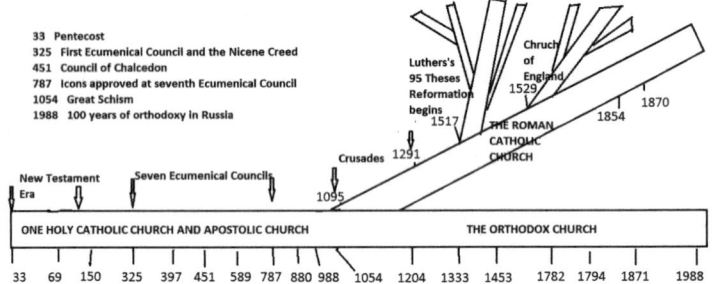

동방교회(그리스정교회)가 만든 교회 역사 계보13

또 다른 견해는 동방교회가 전통성을 가진 교회라고 생각하고 있는 무리들이 있다. 그들은 동방교회가 초대교회의 사도직을 이어가는 교회라고 생각하고 동방교회의 전통을 이어가는 것이 현재의 신교라고 주장하고 있다. 동방교회에서는, 종교개혁은 가톨릭교회와 로마교에 대한 개혁이지만 동방교회가 보편적 교회와 사도적 교회를 이어간 것이라고 생각한다.13, 14 그래서 동방교회

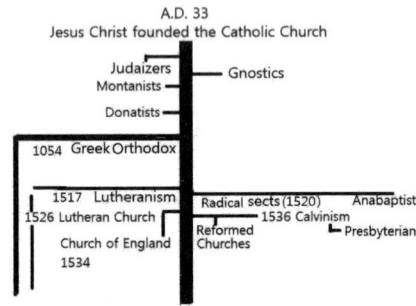

The History of the Catholic Church(서방교회 역사 계보)14

가 현재 세계 교회 안에서 행해지고 있는 영성의 근거를 이루고 있다고 주장한다. 그래서 영성을 행하는 사람들은 동방교회가 했던 영성이야말로 영적이며 성령이 행하시는 것이므로 현재의 교회가 본받아야 할 것이라고 생각하고 있다. 이제 우리가 분명히 하고자 하는 것은 기독교의 역사를 성경의 기준에서 분명히 하는 작업이다. 동방교회는 플라톤 철학의 영향으로 인간의 내면 세계의 개념을 발전시켰다. 그리고 신비주의와 금욕주의 안에서 관상(contemplation)으로 신의 성품(벧후 1:4)에 참여하려고 노력하는 것을 신앙과 삶을 위한 교회의 전통으로 삼고 발전시켰다. 그러면 이것이 사도성을 이어가는 교회의 표식인가 하는 의문을 갖는다.

그러면 동방교회와 서방교회는 성경을 하나님의 말씀이며 절대 무오한 하나님의 말씀으로 받아들이고 있는가? 그리고 성경에 근거한 신앙을 고백하고 있는가? 성경이 말씀하시는 예수 그리스도를 진정한 구주로 고백하고 있는가? 서방교회든 동방교회든 모두 한 줄기인 가톨릭 전통을 함께 공유하고 있다. 또한 동방교회는 헬라 철학의 영향을 받아 신학과 성경 해석을 발전시켜 나갔다. 그러나 인간의 내면 세계와 절대자와 관계를 이루는 노력으로 형성된 헬라 철학은 '계시 의존 사색'(revelation-reliance-thought)에 실패하도록 만들고 말았다. 이 두 교회는 심리학적이며 철학적인 인간 중심의 내면 세계의 건설을 위해 신학 철학을 구체화하는 데 주력하였다.

이 두 교회는 신비주의(mysticism)와 금욕주의(asceticism)와 자연신학(natural theology)을 혼합해서 중세 가톨릭 신학 철학을 세워갔다. 이 같은 사상은 성경 해석에 적용되었다. 비유적 해석(allegorical interpretation)의 작업을 통하여 신비의 세계를 창작하게 하고, 독자들의 상상의 세계(imagination)를 자극하여 이끌어 내었다. 특히 필로(Philo)는 플라톤(Plato)의 영향으로 로고스(Logos)[15]를 하나님의 힘(power)이라고 생각하는 잘못을 범하게 된다.[16] 그는 실존의 하나님을 찾기에 이른다. 이 생각은 플라톤의 영향을 받은 것이었다.[17]

이 같은 사상을 앞에 놓고 우리의 문제로 돌아가 보자. 그러면 과연 동방교회와 서방교회가 성경이 말씀하시는 교회인가? 다시 말하면 디모데전서 3장 15절의 "만일 내가 지체하면 너로 하여금 하나님의 집에서 어떻게 행하여야 할지를 알게 하려 함이니 이 집은 살아 계신 하나님의 교회요 진리의 기둥과 터니라"고 하신 하나님의 기준에 조금이라도 허점이 없는 교회인가 하는 것이다. 칼빈은 그의 《기독교 강요》에서 로마 가톨릭교회의 잘못된 점을 지적하면서 특유의 관찰을 하고 있다. 그것은 이같이 하나님의 말씀에 합당치 않은 교회일지라도 이곳에 미세하지만 교회의 흔적이 있게 하셨고, 하나님의 사람을 두셨다고 했다.[18] 칼빈의 관찰에 의문을 가질 필요는 없다고 본다. 이 말은 로마 가톨릭교회가 말씀에 합당하지 않다는 것을 전제로 한 말이기 때문이다. 칼빈은 신교가 교황으로부터 분리해야 할 이유를 분명히 하고 있다. 첫째는 교황교회는 '진리의 기둥'이 아니며, 둘째로는 말씀의 사역(the ministry of the Word) 대신에 불경건함과 모든 잘못이 그 자리에 있

기 때문이라고 했다.[19]

동방교회는 성경이 말씀하시는 교회인가? 동방교회는 콘스탄티노플(Constantinople)을 거점으로 하는 비잔틴(Byzantine) 문화 영역과 함께 성장했다. 그래서 형상(icons)을 그린 그림들이 발달했다. 문제가 되는 것은 '형상'에 대한 것이다. 동방교회에서 형상을 예배의 대상으로 사용하지 않는 것은 우상숭배가 아니라고 생각했기 때문이다.[20] 이들은 형상을 문화적인 표현으로는 허락한 것이다. 그러나 동방교회에서 하나님의 형상(God's image)으로 영화롭게 된 성자의 형상(icon)을 바라보는 것은 일상 있는 것이다. 이 형상을 바라봄으로 마음으로 신적인 형상(the divine image)인 하나님을 존경(veneration)하는 것을 허락했다. 이 같은 의도로써 교회 벽에 형상을 걸어 놓았다. 이 같은 행동은 앞에서는 우상숭배를 부인하지만 뒤로는 교회가 우상숭배를 허용해 놓고 그것이 교회의 바른 예배라고 하나님의 백성들을 잘못 인도하고 있는 것이다.

두 번째로는 교회의 권위이다. 동방교회는 서방교회와 마찬가지로 성경 해석의 최종 권위가 교회에 있다고 했는데, 교회의 최고 직분인 주교들의 전체 회의에서 결정하는 데에 권위를 두었다. 그러면 칼빈은 로마교의 교황 교회는 적그리스도의 독재라고 외쳤는데[21] 동방교회와 서방교회의 공통점은 무엇인가? 대니얼 클렌데닌(Daniel B. Clendenin)은, 전통은 두 교회가 표현을 달리한다 해도 이 두 교회는 교회와 교황 또는 감독 또는 대주교의 가르침에 대해 성경은 아닐지라도 그와 같은 효과를 가질 뿐 아니라 성경과 동등하게 인정했다고 한다.22 필립 샤프(Philip Schaff)도 동방교회의 전통은 성경에 근거한 것이 아님을 분명히 하고 있다.23 이 같은 근거로 볼 때에 동방교회든 서방교회든 성경이 말씀하시는 교회는 아니라는 것을 확인하게 된다.

2. 사도적 교회를 이어가는 교회

루터교 역사학자 라스 쿠알벤(Lars P. Qualben)은 초대교회에서 현재까지의 교회 역사를 다음과 같이 그렸다.24

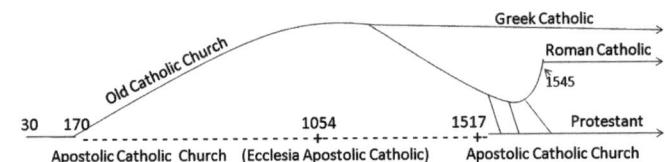

THE GENERAL COURSE FOLLOWED BY THE MAIN CHRISITAN CHURCH BODIES

쿠알벤에 의하면 AD 170년에 가톨릭교회(Catholic Chruch)가 시작되었다.25 1세기의 교회는 성경에 있는 대로 말씀의 선포와 예배와 성찬이 이루어졌다. 그러나 2세기에 들어오면서 교회 정치에 '감독'(bishop)이 선출되고 감독에게만 설교하고 가르치고 성례전을 인도하는 직무가 맡겨지게 되었고, 감독이 교회의 권한을 갖게 되었으며, 감독이 없는 교회는 교회가 아니라고 생각하게 되었다. 쿠알벤은 AD 170년을 기해 사도적 교회와 감독이 사도직을 계승했다고 생각하는 가톨릭교회로 나뉘게 되었다고 한다.26 브루스(F. F. Bruce)는 교회가 사도들의 교훈을 유지하며 '사도들의 표식들'을 보여줄 때에 진정한 사도직을 계승하는 것이라고 기록했다.27 그는 중요한 문제는 신분(status)이 아니라 기능(function)임을 강조한다.28 브루스는 가톨릭교회는 사도직의 계승이 아니며, 사도적 교회의 연속으로 볼 수 없음을 분명히 하고 있다. 이때는 동방교회와 서방교회가 나뉘기 전이어서 하나의 보편교회가 있었다. 그러나 이때부터 헬라교회는 로마교회에 비해 단순함(simplicity)과 영성(spirituality)을 강조하고 있었다.29 이 당시의 교회를 옛 보편 교회(Old Catholic Church)라고 부른다. 브루스의 의견대로 가톨릭교회는 신분(status)을 강조하여, 교황이 사도직을 계승하는 것이라고 생각한 것이다. 이 교회는 성경에서의 사도들의 기능(function)을 말하는 교회는 아니었다. 그러므로 가톨릭교회는 성경적인 교회는 아님을 알 수 있다. 로마교의 교황(pope)은 가톨릭교회를 대표하는 인물로 세력을 갖게 되었고, 교황권은 점점 강세를 띠고 성장하여 전 유럽을 교황권 아래 넣게 된다. 결국 세계는 마치 사도적인 교회로 생각되는 오직 유일한 교회, 로마 가톨릭교회만을 유일한 교회로 생각하게 된다.

루터교의 역사가 쿠알벤(Qualben)의 역사 도해를 주의하여 보도록 하자. 1054년은 동방교회와 서방교회가 나뉜 해이다. 1517년은 마틴 루터(Martin Luther)가 종교 개혁을 한 해이다. 그리고 쿠알벤(Qualben)은 두 번째 개혁을 츠리히(Züich)에서의 츠빙글리

(Zwingli)의 개혁(1519-1531)으로 생각하고, 세 번째는 칼빈(Calvin)의 제네바(Geneva)에서의 개혁(1536-1564)으로 생각한다. 1545년은 트렌트 종교회의(The Council of Trent, 1545-1563)가 열린 해이다. 이때부터 로마 교회는 신교의 모든 형태에 대해 배격하고 가톨릭 교리를 구체화하고 가톨릭교회의 삶을 개혁했는데, 이것은 이단을 억제하기 위한 것이었다.[30] 루터와 칼빈의 종교개혁을 로마 가톨릭교회에 대한 외형적인 고찰에 근거하여 사람들은 신교의 모체는 로마 가톨릭인 것이 맞다고 한다. 이 같은 이유로 신교는 구교의 유산을 본받아야 한다고 주장한다. 더욱이 '신교'라는 이름은 가톨릭교회가 합법적인 교회라는 전제 아래서만 가능한 이름이다.

앞에서 논한 대로 루터와 칼빈이 있을 때 유럽은 외형상 로마 가톨릭교회 하나뿐이었다. 필립 샤프(Philip Schaff)는 루터의 회심에 대하여 말하기를, 루터는 중세 가톨릭의 수도원적이며 율법적인 경건에서 신교의 자유로운 복음적 경건으로 회심했고,[31] 칼빈은 1532년 로마교(Romanism)에서 신교 교회(Protestantism)로 회심했다고 기록했다.[32] 신교 교회(Protestantism)라는 명칭은 루터가 가톨릭교회가 행위로 의롭다 함을 받는다고 가르치는 것에 반하여 예수 그리스도를 믿음으로 의롭다 함을 받는다고 주장하는 것에 붙여진 이름이다.

이와 같은 이유로 여호와의 종교인 기독교에 대한 이해와 역사는 '그루터기 역사'의 개념 안에서 이해해야 한다. 가톨릭교회는 기독교의 모체가 될 수 없으며, 가톨릭교회에서 이어받을 유산은 없다: 역사 안에서 보는 대로 외형적인 가톨릭교회 형태 안에서 성경에 합당치 않은 이단들이 정죄되었고, 성경 신앙을 고백했던 것도 그루터기 역사의 개념에서 이해될 수 있는 계시 의존 사색에 근거한 하나님의 주권에서 이뤄진 하나님의 섭리인 것이다. 또한 교회 역사에 대한 서술은 계시 의존 사색에 근거한 하나님의 주권 신앙에 의해서 되어야 하며, 성경에 근거한 기독교 신앙의 본질에 관한 서술이어야 한다. 그것은 하나님께서 외아들 예수 그리스도를 보내셔서 죄인을 구원하시는 하나님의 구원의 역사에 관한 것이어야 한다. 그것은 가톨릭교회에서 분리된 것이 아닌 독자적인 것이며, 구약의 믿음의 선진들의 고백과 예수님의 사도들의 신앙을 고백하는 여호와의 종교를 이어가는 현재의 기독교에 대한 역사이어야 한다.

각주 (Notes)

1. Philip Schaff, *History of the Christian Church*, March 1988, 8 Vols., Grand Rapids: Eerdmans, 1910, Reprinted, Vol. 2, p. 145.
2. Philip Schaff, *Ibid*., Vol. I, pp. 72f.
3. Philip Schaff, *Ibid*., Vol. I, p. 76.
4. Philip Schaff, *Ibid*., Vol. I, pp. 78-79.
5. Philip Schaff, *Ibid*., Vol. II p. 146.
6. Philip Schaff, *Ibid*., Vol. II, p. 174.
7. Lars P. Qualben, *A History of the Christian Church*, New York: Thomas Nesson and Sons, 1933, p. 95.
8. Philip Schaff, *op.cit*., Vol V, p. 14.
9. Qualben, *op.cit*., pp. 383-384.
10. C.F.Keil and F. Delitzsch, *Isaiah*, in Commentary on the Old Testament in Ten Volumes, tr. by James Martin, vol. vii, Grand Rapids: Eerdmands, 1986, p. 281.
11. F. Delitzsch, *op.cit*., pp. 281-282.
12. Ins. 4.2.1-6.
13. www.orthodoxinfo.com/general/gen_histdoc.aspx
14. www.scborromeo.org/images/fig1.jpg
15. Logos는 요한복음 1장 1절에 "말씀"이며 죄인을 구원하시기 위해 인간의 몸을 입으시고 탄생하시고 십자가에 죽으시고 다시 살아나셔서 구원을 이루신 하나님의 아들 예수 그리스도시다.
16. Deirdre Carabine, *The Unknown God: Negative Theology in the Platonic Tradition: Plato to Eriugena*, Grand Rapids: Eerdmans, 1995, pp. 215-216.
17. Carabine, *op. cit*., p. 196.
18. *Calvin: Institutes of the Chrisitan Religion*, 2 Vols., ed. by John T. McNeill, tr. by and indexed by Ford Lewis Battles, Philadelphia: The Westminster Press, 1973, 4.2.11.
19. *Institutes*, 4.2.10. (본 책에서는 Calvin의 *Institutes*는 "*Ins*."로 표기함.)
20. http://en.wikipedia.org/wiki/Eastern_Orthodox_Church
21. *Ins*. 4.2.12.
22. See Daniel B. Clendenin, "Orthodoxy on Scripture and tradition: a Comparison with Reformed and Catholic Perspectives," *Westminster Theological Journal* 57:383-402 Fall 1995.

23. Philip Schaff, *op. cit.*, Vol. II, p. 527.
24. Qualben, *op. cit.*, p. 134.
25. Qualben, *op. cit.*, p. 93ff.
26. Qualben, *op. cit.*, p. 95.
27. F. F. Bruce, *The Spreading Flame*, Grand Rapids: Eerdmans, 1958, p. 209.
28. Bruce, *Ibid.*, p. 209.
29. Philip Schaff, *op. cit.*, Vol. II, p. 122.
30. Qualben, pp. 342-343.
31. Philip Schaff, *op. cit.*, Vol. VII, p. 113.
32. Philip Schaff, *op. cit.*, Vol. VIII, p. 310.

제2장
잘못된 설계도

영성운동이란 마치 바다에 떠 있는 빙산과 같다고 표현할 수 있다. 우리들이 볼 수 있는 부분은 물 위에 나타난 부분뿐이다. 물속에 잠겨 있는 부분을 알지 못하면 빙산 전체를 알 수 없다. 영성을 구성하고 있는 근본적인 사상이 무엇인지에 대한 질문은 우리들의 호기심을 끈다. 이 장에서는 영성운동의 문제점에 대한 실체를 파악하고자 한다. 앞에서 서술한 대로 영성은 서방교회의 전통과도 관계를 갖고 있지만 동방교회 전통과 더 깊은 관계를 갖고 있다. 그 전통은 헬라 철학이 바탕이 된 수도원 제도, 금욕주의, 신비사상이다. 그것은 플라톤(Plato)의 이데아가 가진 범신론적 철학과 필로(Philo)의 신비사상에 깊은 영향을 받아 형성되었다. 이들 철학은 성경의 사상을 재해석하는 자료를 제공해 주었다. 성경이 말씀하시는 하나님에 대한 지식과 인간에 대한 지식을 버리고, 초월과 내재의 사상으로 인간 내면 세계를 구성하는 신비적 직관(gnosis)인 영적 지식을 바탕으로 영성에 관한 이론이 형성되었다.

하나님의 형상과 하나님의 모양

영성의 문제는 하나님에 대한 지식으로부터 시작한다. 하나님에 대한 지식이란 '하나님의 형상'과 '하나님의 모양'에 대한 것이며, 그것의 의미와 정의에 따라 사상과 적용을 달리한다. 창세기 1장 26절에 하나님께서 아담을 지으실 때에 "우리의 형상을 따라 우리의 모양대로 우리가 사람을 만들고"라고 하신 말씀에서, 하나님의 형상과 하나님의 모양은 무엇을 의미하는가에 대한 성경적이며 신학적인 정의가 필요하게 되었다. 신학적인 정의를 내린 사람 가운데 이레니우스(Irenaeus)는 '형상'(image)과 '모양'(likeness)을 구분하여 말하면서 '모양'이란 '형상'에 대한 또 다른 의미라고 정의했으며, 내면 삶(the interior life)으로 보고 있다.[1]

영성을 주장하는 사람들은 영성이 성립되기 위해서는 형상과 모양이 분명히 구별되어야 한다고 한다. 그 이론을 주장하는 사람 가운데 도노번(Donovan)은 형상이란 육체(flesh)[2] 안에 있는 것이며, 모양이란 성령이 구성하는 것에 따라 만들어지는 것이라고 했다.[3] 그는 형상과 모양이 전 인간을 구성한다고 말하면서 모양을 구성하는 성령이 부족하면 인간은 육체 안에 하나님의 형상을 소유한다고 해도 불완전한 것으로 남는다. 그는 형상을 파괴하고 육체를 부인하면 무슨 상태가 되겠느냐고 말한다. 왜냐하면 육체를 부인하는 것은 인간성의 중심부를 부인하는 것이 되기 때문이다.[4]

창조에 있어서 하나님의 손이 [사람의] 혈관을 만드셨다. 그리고 우리들은 신의 형상(the divine image)으로 들어간다. 마침내 보이지 않는 하나님이 보이게 될 때까지 점점 더 쉽게 자각할 수 있도록 계시를 통하여 말씀(the Word)이 우리에게 다가왔다. 하나님이 보이게 되는 것은 하나님의 말씀이 인간이 되고 우리와 같이 육신을 가진 사람이 될 때를 말한다.5

인간이 하나님의 비전에 들어가기 위해서는 인간도 하나님과 동질의 형상을 가져야 한다고 생각한다. 도노번이 생각하는 모양이란 헬라어의 '형태'(form)에 해당하며6 기독교인의 삶을 가리키는 성장의 원칙을 가리킨다.7 이 성장은 하나님의 자유에 속하는 것으로 인간의 자유로 설명한다. 또한 아들[예수를 말함]은 우리와 같은 인간이기 때문에 우리는 참 신이 가진 선택의 자유를 갖는다.8 도노번은 '하나님의 모양'에 관하여 논하면서 인간은 하나님의 모양이기 때문에 하나님과 동일하게 생각한다. 이같은 생각에서 하나님이 가진 자유와 인간의 자유를 동일시한다. 인간은 자신의 자유로 믿음을 가질 수도 또는 버릴 수도 있다. 뿐만 아니라 인간의 죄도 이 자유에 영향을 주지 않는다고 생각하고 있다. 또한 모양이란 인간이 신적인 속성을 갖는 것이므로 자기 결정의 존재로서도 하나님과 유사한 점이 있다고 도노번은 생각한다.9 인간은 하나님의 형상과 모양이기 때문에 하나님의 속성을 가지고 있으며, 여기에 영성(spirituality)이 가능해지는 것이다.10 이와 같이 하나님의 형상과 모양을 구분지어 인간에게 적용하려는 의도는 영성의 활동이 가능해지는 근거를 만들기 위해서였다. 이 같은 근거에 의해 성령에게 요청함이 가능하게 되었다. 여기에 영성은 성화를 뜻한다는 의미가 형성되는 것이다.

그러나 성경이 말씀하시는 인간이 가진 자유는 오직 하나님의 주권 안에서 인간에게 주어진 자유이지, 창조주 하나님과 동일시 되는 자유는 아니다. 그러므로 인간에게 주어진 자유는 하나님의 말씀 밖에서는 성립될 수 없다. 인간이 자유로운 존재여서 하나님과 같은 마음을 가지며 의지에서도 동일시되고 죄에서도 구별된 완전한 인간을 추구하는 것은 잘못된 사상이다. 인간은 하나님과 유사하기 때문에 기독교인의 삶의 원동력을 성령의 원동력으로 보는 것은 성경적인 바른 접근이 아니다. 인간의 자유와 하나님의 자유를 유사한 자유로 보는 도노번에게 신자가 가진 자유는 아버지(하나님이라고 부르는 대신 부격을 나타내는 아버지로 부름)가 가진 자유와 아들이 가진 자유는 같다고 생각하여 인간을 하나님과 동질로 만드는 사상을 우리는 받을 수 없다. 아들(예수)은 인간이며 우리도 인간이다. 그러므로 아들과 우리가 동질이라고 하는 것은 성경이 말씀하시는 것이 아니다. 이것은 칼 바르트(Karl Barth)의 실존에 의한 변증 신학의 사상이기 때문이다. 하나님의 피조물인 인간이 가진 자유는 '하나님 안에서의 자유'이다. 하나님과 동일시되는 자유를 생각하는 영성이 목표하는 것은 자유 안에서 하나님과 같이 되고자 하는 것이다. 하나님의 형상과 모양을 형태(form)와 자료(matter)의 개념으로 보는 것은 잘못된 것이다.

  존 머레이(John Murray)가 지적한 대로 하나님의 형상과 모양을 구분하는 것은, 인간의 육체는 이성에 비해 낮은(lower) 차원에 있다는 견해에 근거한 것이다. 이 근거에서 육체가 이성(reason)의 지시에 따라 복종하도록 하기 위한 것이다. 인간의 욕구는 높은 것(이성의 지시)에 복종한다는 것이다. 영성주의자들은 이것을 영적인 지식인 '영성'으로만 가능하다고 말한다. 이렇게 주장하는 이유는 인간이 하나님과 교제(communion)하면 인간이 자신의 본질(nature) 위에 있게 되며 하나님의 본질 안에 참여하기 위한 것이다.[11] 영성(spirituality)의 활동에서 특별히 관상(contemplation)에 들어가기 위해서는 인간이 하나님과 같은 신적인 속성에 참여될 수 있다고 생각하기 때문에 영성주의자는 자기들의 마음속에 하나님의 형상과 모양을 상상(imagination)하는 작업을 하고 있는 것이다. 관상으로 하나님의 형상과 모양이 인간 자신에게 회복되어 종국적으로는 "신의 성품"(벧후 1:4)에 참여하게 된다고 생각한다. 이 같은 인간의 마음속의 활동은 피조물이며 원죄로 인해 전적으로 타락되었다고 하는 사도 바울이 인간에 관하여 고찰한 것과는 상반되는 것이다. 뿐만 아니라 인간의 본질에 있어서 타락된 인간인 사실을 여전히 깨닫지 못하고 하나님과 같이 되려고 하는 교만한 행동이다.[12] 그래서 칼빈은 인간들이 창조되었을 때의 상태와 아담의 타락 후의 상태를 알아야 한다고 말한다.

하나님의 형상에 관한 성경의 가르침

창세기 1장 26절은 "하나님이 이르시되 우리의 형상을 따라 우리의 모양대로 우리가 사람을 만들고 그들로 바다의 물고기와 하늘의 새와 가축과 온 땅과 땅에 기는 모든 것을 다스리게 하자 하시고"라고 하신다. 하나님께서는 인간을 흙으로 빚으실 때에 하나님의 형상을 따라 만드셨다. 그런데 늘 문제가 되는 것은 "우리의 모양대로"라는 표현이다. 그래서 철학자들과 철학에 영향을 받은 사람들은 '형상'이라는 것과 '모양'이라는 두 단어를 구별하려고 한다. 그러나 이 두 단어는 하나의 의미를 분명히 하기 위해서 다른 단어를 반복한 것이다. 존 머레이(John Murray)는 성경 어디서도 '하나님의 형상'과 '하나님의 모양'을 대조하거나 차이를 말하고 구분한 곳은 없다고 단정한다.13

'하나님의 모양'이라는 말을 가지고 인간이 하나님의 외적인 형태를 본받았다고 주장하며 하나님의 형체인 그리스도에게서 모양을 찾는 것은 바른 진리 지식의 생각이 아니다. 그리스도는 하나님의 아들이며 인간인 고로 우리들도 하나님을 닮았다고 한다. 이들의 논리는 앞에서 지적했던 칼 바르트(Karl Barth)가 그의 《교회교의학》에서 예수와 인간의 관계를 변증신학으로 접근했던 것과 같다. 인간은 그리스도라는 논리를 전개하는 것은 실존의 초월의 상상의 논리가 아니고는 이해할 수 없다.

그러면 하나님의 형상과 하나님의 모양에 대하여 성경은 무엇이라고 하는가? 첫째로 염두에 두어야 할 것은 히브리 어법에는 반복을 많이 사용한다는 사실이다. 특히 하나님의 인간 창조에 있어서도 같은 말이 반복되었다. 창세기 1장 26절에는 '형상'과 '모양'이라고 되어 있는데 27절에는 '형상'이라는 말을 두 번 사용하고 '모양'이라는 단어는 사용하지 않았다. 그 이유는 형상과 모양은 하나이고, 그것은 형상이기 때문이며, 하나님께서 말씀하시고자 하는 의도는 형상이며 모양이 아니기 때문이다. 모양이라는 말은 형상의 뜻을 더 선명하게 보여주시기 위해 첨가된 것이며, 이 둘에는 차이가 없다.

둘째로 인간은 하나님의 형상으로 창조되었기 때문에 형벌에 대한 생각을 가지고 있으며 도전에 대한 진지함이 있다. 그리고 경건함을 따르며 추구한다. 이것이 '하나님의 모양'을 닮았다는 증거이다. 칼빈은 '모양'에 대해 인간의 내면에서 찾아야 하며 밖에 있는 것이 아니라고 한다. 이것을 인간의 '내적 선'(an inner good)이라고 했다.14 '내적 선'이란 인간의 자아상과 개성과 특성을 가리킨다. 인간은 하나님의 형상으로 창조되었기 때문에 자의식과 추리력과 합리성, 자유와 도덕성과 하나님의 자녀라는 의식과 종교의 행위자이며, 책임을 수행하고 하나님의 공의를 집행하며, 하나님의 거룩을 닮아가고, 하나님의 말씀을 통하여 하나님의 완전함에 이르려고 힘쓰며 생각과 말과 행동을 하나님의 말씀에 조화하는 삶을 산다. 이것이 하나님의 모양(likeness)을 닮았다는 증거이다. 하나님께 예배하고 기도하며 찬양하고 말씀을 사모하여 읽고 들으며 연구하고 암송하는 것은 하나님의 형상으로 지음 받았음을 나타내는 것들이다. 뿐만 아니라 타락 전 아담은 올바른 이해력을 가지고 감정을 이성에게 순응시키고, 감각은 바른 질서로 조절되어 하나님께서 맡겨 주신 하나님의 피조물을 정복하여 다스리는 명령을 수행할 수 있었다.15

에베소서 4장 24절과 골로새서 3장 10절은 하나님의 형상을 지식과 '의와 진리의 거룩함'이라고 정의한다. 그런데 아담의 타락으로 지식과 의와 거룩인 인간의 본성이 타락하였다. 원죄로 말미암아 인간이 가지고 있었던 원래의 의를 상실하게 되었으며, 하나님의 형상이 전적으로 없어져 버린 것은 아닐지라도 남아 있는 형상까지도 훼손되었으므로 하나님의 말씀에 맞는 의를 행할 수 없게 되었다. 훼손된 형상으로 공동 선(common good)을 행할 수는 있겠지만, 성경이 말씀하시는 하나님을 믿고 예배할 수 없게 되었고 하나님에 대한 지식과 진리에서 나오는 의와 거룩을 행할 수 없게 된 것이다.

그러나 이레니우스는 앞에서 말한 대로 모양(likenss)은 근본적인 인간 본질에 더해 신의 선물이라고 말한다. 모양이란 하나님의 도덕의 특성을 구성하는 것이며, 형상(image)은 하나님의 자연적 속성에 관여한다고 생각했다. 뿐만 아니라 아담의 타락으로 모양은 잃어버렸지만 형상은 전적으로 손상되지 않고 고스란히 남아 있다고 가르쳤다. 그러므로 이레니우스는 다음과 같이 결론을 짓는다. "인간은 여전히 완전했다. 그러나 선과 거룩은 훼손되었다."[16] 인간의 불순종의 죄로 말미암아 하나님의 형상이 손상되었다.

이같이 말하는 사람들은 상당한 조심성을 가지고 접근하고 있는 것같이 보인다. 그리고 "우리들은 신과 같지는 않을지라도"라는 말을 덧붙인다. 그러면서 그리스도의 본질과 인간의 본질을 어느 정도 같다고 생각하며,[17] 영성을 통해서 완전함에 이르면 같아진다고 가르치고 있다. 이들은 인간은 영을 가지고 있기 때문에 영성을 통하여 '하나님의 영'과 화합할 수 있으며 교제할 수 있다고 생각한다. 그래서 이들은 영성을 신비적인 것이라고 한다. 신비 사상을 가지고 영적인 것을 창안해서 하나님의 형상과 모양이 서로 다른 것이어야 한다는 생각을 내기 위해 영성을 계발하고 강화시키고 있는 것이다. 영성의 활동을 통하여 피조물인 인간이 창조주 하나님께 접근해 보려는 의도를 가지고 신과의 실존적인 만남을 통해 신과 교제하고 접촉하고 대화하며 음성을 직접 듣겠다는 생각으로 영성 활동을 하고 있다. 영성주의자들은 하나님의 형상과 모양이 서로 다른 것이어야 한다는 생각을 가지고 '영성 형성'(spirituality formation)을 구성하고 있다.

그러나 성경은 전혀 다르게 말씀하신다. 지금까지 논한 대로 첫째, 창세기 1장 26절에 사용된 형상과 모양에서 형상을 모양이라는 단어를 사용함으로 강조한 것이며 둘째, 형상은 아담의 타락으로 훼손되었다. 그래서 사도 바울은 로마서 3장 10-12절에서 "기록된 바 의인은 없나니 하나도 없으며……다 치우쳐 함께 무익하게 되고 선을 행하는 자는 없나니 하나도 없도다"라고 선언한 것이다. 의인이 없다는 하나님의 말씀은 인간의 도덕성만을 말하는 것이 아니다. 인간의 타락으로 인간은 하나님을 알지 못하게 되었으며 구세주로 믿지 못하게 되었다. 그러나 하나님께서는 하나님의 형상이 회복되는 길을 열어 놓으셨다. 그리스도에 의해서만 하나님의 형상이 회복되도록 하신 것이다. 예수 그리스도를 믿음으로만 가능한 것이다. 다시 말하면 성령으로 말미암아 중생함을 얻은 때에 비로소 잃어버린 하나님의 형상이 회복되는 것이다.

칼빈(Calvin)은 중생으로 말미암은 하나님의 형상의 회복을 다음과 같이 설명한다. '그리스도 안에서의 중생은 우리가 그리스도 안에 참여할 때에 일어나는 것이다. 우리들이 그리스도의 죽음에 참여할 때에 우리의 옛 사람이 그리스도의 권능으로 십자가에 못

박히게 되고 죄의 몸은 멸하여 본성의 부패는 더 이상 우리에게 힘을 쓰지 못하게 된다.' 로마서 6장 6절에 "우리가 알거니와 우리의 옛 사람이 예수와 함께 십자가에 못 박힌 것은 죄의 몸이 죽어 다시는 우리가 죄에게 종 노릇 하지 아니하려 함이니"라고 하심은 우리의 옛 사람이 그리스도의 죽으심에 참여됨을 말씀하시는 것이다. 또한 우리가 그리스도의 부활에 참여하게 됨으로 우리는 하나님의 의에 맞도록 생명의 갱신으로 일으킴을 받게 된다.[18] 바울은 로마서 6장 7절에 이어 말씀한다. "이는 죽은 자가 죄에서 벗어나 의롭다 하심을 얻었음이라"(cf. 롬 4:25). 로마서 6장 11-14절에서는 성령의 갱신의 삶에 관하여 말씀하신다. "이와 같이 너희도 너희 자신을 죄에 대하여는 죽은 자요 그리스도 예수 안에서 하나님께 대하여는 살아 있는 자로 여길지어다 그러므로 너희는 죄가 너희 죽을 몸을 지배하지 못하게 하여 몸의 사욕에 순종하지 말고 또한 너희 지체를 불의의 무기로 죄에게 내주지 말고 오직 너희 자신을 죽은 자 가운데서 다시 살아난 자같이 하나님께 드리며 너희 지체를 의의 무기로 하나님께 드리라 죄가 너희를 주장하지 못하리니 이는 너희가 법 아래에 있지 아니하고 은혜 아래에 있음이라."

칼빈에게 있어서 하나님의 형상의 회복이란, 하나님께서 인간을 창조하실 때에는 완전했지만 원죄로 훼손된 형상을 회복하는 것을 가리키며, 중생은 인간 속의 하나님의 형상을 회복해 주는 것을 말한다. 그러므로 칼빈에게 있어서 중생의 유일한 목적은 아담의 범죄로 말미암아 말살되었던 하나님의 형상을 우리 속에 회복시키는 것이다. 따라서 그리스도의 은혜를 통해 중생으로 말미암아 아담으로 인해 잃어버린 하나님의 의 가운데로 회복되는 것이다.[19] 하나님의 형상의 회복은 일시적인 것이 아니다. 또한 정해진 시간만의 것이 아니다. 이것은 계속적이고 지속적인 것으로, 하나님께서 육체의 부패를 씻어 주시는 것이다. 하나님께서 더러움을 정결케 해 주시고, 우리들을 하나님의 전이 되도록 성결케 해 주시고, 우리들의 감각을 순결로 새롭게 하시고, 생각과 판단과 행동까지 하나님의 말씀의 기준에 맞도록 행하게 하시며, 전 생애에 회개하여 죄와 싸우며 거룩하게 되는 하나님의 은혜에 참여시켜 주시는 것이다. 그런데 어떤 이는 죄가 하나님의 형상을 흐릿하게 했다는 표현을 하고 있는데, 그것은 하나님의 말씀을 스스로의 생각으로 각색해 놓은 것에 지나지 않는다. 성경은 구원에 이르는 회개에 관하여 고린도후서 7장 9절-11절에 말씀하신다. 우리들은 예수 그리스도를 믿어 죄의 문제를 완전히 해결받았다. 그리스도께서 우리들의 죄의 값을 십자가에서 남김없이 지불하셨다. 그리고 하나님의 공의를 만족시키셨다. 우리들은 예수 그리스도를 우리의 구세주로 믿어 죄를 완전히 용서받고 구원받아 하나님의 의의 백성이 되었다. 그러나 여전히 우리들에게는 죄의 부패성이 있음을 고백한다. 그래서 루터는 자신은 구원을 받아 하나님의 의의 선언을 받은 죄인임을 고백했던 것이다.

사도 바울은 로마서 7장 24절에서 신자의 탄식의 소리를 잘 표현하고 있다. "오호라 나는 곤고한 사람이로다 이 사망의 몸에서 누가 나를 건져내랴." 이어서 25절에 감사를 외친다. "우리 주 예수 그리스도로 말미암아 하나님께 감사하리로다 그런즉 내 자신이 마음으로는 하나님의 법을 육신으로는 죄의 법을 섬기노라." 이것은 성령의 중생의 역사로 말미암아 하나님의 형상을 회복한 신자만이 갖게 되는 자아상(self-image)이다. 이제 로마서 8장에서 바울은 예수 그리스도로 말미암은 하나님의 은혜를 외치고 있다. 하나님께 최대의 감사와 환희와 찬송를 돌려드린다. "그러므로 이제 그리스도 예수 안에 있는 자에게는 결코 정죄함이 없나니 이는 그리스도 예수 안에 있는 생명의 성령의 법이 죄와 사망의 법에서 너를 해방하였음이라"(롬 8:1-2). 사도 바울이 기쁨으로 확신을 가지고 외친 것에서 우리들은 예수 그리스도를 믿음으로 하나님의 형상이 회복되었다는 증거를 보게 된다. 이제 하나님의 사랑의 법이 '율법의 요구'를 이루게 하신다. 마태복음 22장 37-40절에 말씀하신 "네 마음을 다하고 목숨을 다하고 뜻을 다하여 주 너의 하나님을 사랑하라"고 하신 것과 "네 이웃을 네 자신같이 사랑하라"고 하신 하나님의 사랑의 법을 이루게 되는 것이다. 에베소서 4장 24절과 골로새서 3장 10절에 말씀하신 대로 하나님의 형상은 지식과 의와 진리의 거룩함이며, 예수 그리스도를 구주로 믿음으로 하나님의 형상은 회복되었다. 그리고 하나님의 형상은 신앙과 경건, 하나님을 경외하고 두려워하며 예배하는 신자의 삶에 그대로 반영되는 것이다.

하나님의 형상에 대한 잘못된 견해

영성의 기본 개념이 동방교회에 있다는 것은 바른 판단이다. 그리고 이것은 여러 지방에서 각 사람들에게 특성 있게 표현되었다. 어떤 때는 온건하게 또는 과격하게 표현되었다. 예를 들면 켈틱 영성(Celtic spirituality) 같은 것이다. 그 가운데 공통점은 영성으로 표현되는 모든 것에는 신비주의(mysticism)가 바탕을 이루고 있다는 것이다. 이 같은 근거에서 영성은 인간의 '내면의 세계'에서 이뤄지게 된다. 프랜시스 쉐퍼(Francis A. Schaeffer)는 《진정한 영성》(*True Spirituality*)이라는 책에서 "영성은 인간의 '내면'(inner)의 세계를 가리킨다"고 썼다. 뒤에서 자세히 다루겠지만 이 표현은 매우 혼동할 이유를 제공해 주고 있다. 영성에서의 '내적 삶'은 마음속에 있는 '내면의 빛'을 추구하는 것을 가리키는 것이다. '내면의 세계'가 이뤄지려면 우리 속에 하나님의 자연적 속성인 "하나님의 형상"이 있어야 한다고 가르치고 있는 것이다. 이것은 인간의 신격화(deification)의 길을 만들어 놓는 것이 된 것이다. 플라톤(Plato)의 제자 플로티누스(Plotinus, AD 205-269)의 신 플라톤(Neo-Platonism) 사상을 받은 신비주의에 뿌리를 둔 '신격화'는 인간 속에 있는 하나님의 형상은 인간이 신의 성품(the divine nature, 벧후 1:4)을 가지고 있음을 가리키는 것이라고 생각하게 된 것에서 증거를 찾고 있다. 그러나 이 같은 접근은 성경을 잘못 해석하고 이해한 것에 그 원인이 있다. 신자에게 판단의 근거는 오직 성경이다. 하나님의 형상의 회복에 관하여 성경은 성령께서 우리들을 중생의 은혜에 참여시켜 주시고 하나님의 형상을 회복하셨음을 분명히 하고 있다. 그러므로 영을 분별하라고 하시는 성령님으로 모든 것을 판단할 수 있는 것이다.

영이 몸에 주입되었는가?

칼빈(Calvin)은 인간의 구성 요소를 몸(body)과 영혼(soul)이라고 말한다. 그리고 영(spirit)은 혼(soul)과 상호 대치되어 사용되었다. 예수님께서는 십자가에 달리실 때에 자신의 '영'을 아버지께 부탁하셨다(눅 23:46). 솔로몬은 죽음에 관하여 말할 때에 영이 영을 주신 하나님께로 돌아간다고 했다(전 12:7). 스데반도 마찬가지였다(행 7:59). 성경은 하나님께서 육신을 창조하셨듯이 "영"(혼)도 하나님께서 창조하셨다고 말씀한다. 앞에서도 인용했지만 '육신은 흙으로 돌아가고 영(혼)은 영(혼)을 주신 하나님께로 돌아간다'고 성경은 분명하게 말씀하고 있는 것이다. 스가랴 12장 1절에서는 "여호와 곧 하늘을 펴시며 땅의 터를 세우시며 사람 안에 심령(the Spirit)을 지으신 이가 이르시되"라고 하신다. 이 말씀은 하나님께서 영을 지으심을 말씀하신 것이다. 인간의 영은 하나님으로부터 근원 된 것이다.

그러나 어떤 사람은 생각하기를 영은 신적인 '힘'(force)이 몸 안에 주입(infused)된 것이라고 생각한다. 영은 인간이 태어나기 전에 있었던 것이기에 태어나면서 신의 힘으로 몸 안에 주입되었다는 것이다. 이것은 플라톤(Plato)과 아리스토텔레스(Aristotle)의 철학에 영향받은 사상이며 오리겐(Origen)에 의해 확장되었다.[20] 플라톤에게 있어서 신적인 관념(idea)이란 신의 마음에는 영원한 관념을 가지고 있었는데, 이 관념은 생각(thoughts)만이 아니라 살아 있는 실체(living entities)까지 포함하는 관념이었다. 이 관념은 인간의 외형적인 것뿐만 아니라 본질과 생명(essence and life)을 구성한 것을 포함한다. 플라톤의 관념은 역사 안에서 영적인 형태(spiritual forms)를 실현시킨 것이다. 플라톤은 영적 관념(ideas)을 생각하고 있는 것에 반해, 아리스토텔레스는 개별적 대상 안에 표현된 질료(matter)를 생각했다. 관념으로서의 형태는 영원한 것이며 질료와 형태가 모든 물체를 구성하고 있다고 보았다. 이 질료가 개별적인 본질을 결정하고 특성을 준다고 생각했다. 이것이 영성(spritituality)을 구성하고 있는 근본 철학 사상이다. 이 철학 사상에 근거하여 신으로부터 주입된 영(infused spirit)은 죄와는 무관한 것이어야 한다. 그리고 그 영은 신(God)은 아닐지라도 신과 교통을 가능케 하는 이유가 되는 것이다. 영성이란 관상(contemplation)을 통하여 인간 내면의 자아가 하나님과 교통하는 것을 말한다. 그러기 위해서는 인간의 신격화(deification)가 이뤄져야 하고, 이 근거를 플라톤 철학에서 찾는다. 또한 영혼은 삼위일체(Trinity)를 반영하고 영혼 속에 지성과 의지와 기억이 있다고 생각하는 견해도 플라톤 철학에 영향을 받은 것이다.

한국교회는 명상(contemplation)이라는 단어를 관상(觀想)이라고 번역했다. 이 말은 '보는 것(a view), 또는 사물에 대해 보는 것(an outlook)'을 의미하는 '관'(觀)과 '사고(a thought), 관념(an idea), 또는 개념화(conception)'를 의미하는 '상'(想)이라는 말이 합쳐진 단어이다. 영성이란 신을 '보는' 과정을 통하여 '사고'하고 '관념화' 하고 '개념화' 하여 대상을 마음속에서 생각하는 과정과 결과를 말한다.

하나님의 형상과 명상(Contemplation, 관상)

'하나님의 형상'의 회복이 인간 내면의 존재가 절대자와 대면하는 것에 있다고 생각하는 것은 성경의 가르침과 조화를 이루지 않는다. 이것은 자신을 하나님과 동등의 존재로 생각하는 것이 아니면 있을 수 없는 것이다. 이유는 하나님을 초절의 존재로 생각하고 하나님의 차원으로 초절함으로 하나님과 만날 뿐 아니라 신의 성격을 소유할 수 있다고 생각하는 실존의 세계에서나 가능한 것이기 때문이다. 칸트(Kant)가 실존의 세계를 만들어 가는 것은 인간을 자발적인 존재로 독립시키고자 하는 노력의 표현 외에 다른 것은 없다. 그래서 인간이 자유의 존재라고 한다면 성경이 말씀하시는 인간의 전적인 타락으로 하나님의 영광에 이르지 못하게 되었다(롬 3:23)는 하나님의 선언서에 정면으로 도전하는 것이다. 뿐만 아니라 칼 바르트(Karl Barth)의 초절의 세계는 인간이 만들어 놓은 신비의 세계인 것이다. 또한 폴 틸리히(Paul Tillich)는 내재의 관념을 통하여 본질과 존재 너머에 있는 신적 존재를 추구했다.[21] 이 두 가지를 성립시키는 것은 인간의 정신(nous)이며 정신은 모든 것을 가능하게 하는 '힘'이 된다.

영성에서는 정신의 작용인 고요함(stillness)의 과정을 통하여 영적 활동의 모든 것이 가능하게 된다. 이와 같이 인간의 의식 밖의 세계를 추구하는 것은 신비종교에 있는 것이며, 정상적인 두뇌의 활동 범위를 초월한 세계에서 가능한 것이다. 그러므로 영성은 신비의 세계를 인간 내면의 삶으로 만들어 가는 작업을 일컫는 것을 말한다. 클레르보의 버나드(Bernard of Clairvaux, 1090-1153)는 그의 설교에서 "우리들은 우리가 우리 안에 가지고 있는 하나님의 형상이 죄로 상실되었는데, 하나님의 은혜로 하나님의 형상을 교정하고 있다(repairing)"고 썼다. 하나님의 형상이 죄로 상실되었다는 것은 맞는 말이지만, 우리 속에 있는 상실된 하나님의 형상을 고장난 자동차를 고치듯 수리한다는 생각을 갖는 것은 잘못된 생각이다. 그가 말하는 '하나님의 은혜'란 무엇을 말하는 것인가? 그것은 예수 그리스도를 믿는 믿음이 아니라, 인간의 신격화를 통한 그리스도의 생애 속에서 인간 자신을 깨닫는 과정으로의 하나님과의 교제(communion)를 말한다. 이 같은 과정을 통하여 하나님의 형상이 회복되는 것은 아니다. 인간의 실존의 과정을 통한 자기 인식과 신 인식은 죄인이 자신과 거룩하신 하나님을 동일시하는 관념적인 생각의 차원으로 자신을 끌어다 높이는 결과를 가져오게 되는 것이다. 이 같은 생각은 인간 안에 하나님의 형상이 있다는 주관적 사고가 인간 자신에게 객관을 형성하는 것으로만 가능하다. 결국 자기 자신이 바로 하나님의 형상이라는 생각에 이르게 된다. 그리고 인간 자신이 갖는 신 지식은 곧 신의 지식이라고 생각한다. 그러므로 관상(contemplation)의 작업으로 인간과 신은 교제하게 되고, 인간은 신의 음성을 듣게 된다. 이것은 관상을 통하여 인간이 현재 실존하는 그리스도의 생애 속으로 들어가서 자신을 자각할 때에 비로소 하나님을 따라 지음받은 하나님의 형상이 인간에게 회복된다고 생각하는 것에 근거한다. 이것은 하나님의 형상(image of God)과 인간의 형상(image of man)은 같다는 전제와 영이신 하나님의 영과 영을 소유한 인간의 영이 동질이라는 철학적인 주관적 전제가 있어야 가능한 것이다. 이 같은 사고를 통하여 하나님에 대한 신비적 경험을 할 수 있다고 주장한다.

그러나 우리들이 확신하는 것은 이 같은 논리는 성경을 근거로 하는 '계시 의존 사색'으로는 받아들일 수 없다는 생각이다. 창조주이시며 거룩하신 하나님과 피조물인 인간을 동일시하는 것은 인간이 하나님이 되고자 하나님께 도전하는 것이다. 우리들은 하나님께서 기록하신 66권의 성경 말씀에 무릎을 꿇는 겸손이 있어야 한다. 영성운동의 문제점은 하나님의 음성을 듣고자 하는 의도를 가지고 천상에서 임하는 하나님의 직접적인 음성을 요청하는 것에 있다. 하나님은 성경 66권의 말씀을 떠나서는 일하지 않으신다. 하나님의 형상의 회복에 관하여는 예수 그리스도를 구주로 믿음으로 된 성령의 거듭나게 하시는 사역으로만 하나님의 형상이 회복한다고 성경은 말씀하신다.

삼위일체

동방교회와 서방교회의 사상 위에 세워진 영성에 관한 신학 가운데 삼위일체에 관한 신학은 현재 현행하는 영성의 기본 사상이 된다.[22] 영성에서 삼위일체론은 삼위일체의 '내면의 삶'(the inner life of the Trinity)에 초점이 맞추어 있다. 이 개념은 쉽게 납득이 가지 않는 것이지만, 영성에서는 영성을 이루는 철학(부록 참조)에 근거하여 삼위일체의 내면의 삶이 있다고 생각하고 삼위의 내면의 삶은 인간 내면의 세계에서 형성되는 것이라고 한다. 이 삶은 신성 안에서 아버지, 아들, 성령의 삼위가 상호 기능을 수행하기 때문에 인간의 영성의 작업이 가능하다는 것이다.[23] 영성은 아들 [그리스도] 안에 아버지 [하나님]가 계시되어 있음에서 출발하고 있다. 그리고 이것은 아버지와 아들과 성령의 관계 안에 계시되어 있으며, 신성의 연합(the unity of the Godhead) 안에서 삼위는 사랑의 기능을 갖는 것이 영성의 근거를 이룬다.[24] 해리스(Harris)는 삼위일체 안에서 삼위 각 위의 상호 기능을 수행하며 삼위의 기능과 본질에 기독교의 특성이 있다고 한다.[25] 영성을 이루는 신학에 관하여 해리스(Harris)의 생각을 빌리면 한스 큉(Hans Küng)이 말한 대로 '관념적 상부 구조'(ideological superstructure)인 하나님의 신적인 자유 의지의 행동으로서의 계시(revelation)에 있다고 한다.[26] 그 상부 구조는 창조와 인간의 삶과 성육신(incarnation)인 것이다.[27] 삼위의 각 위에 관하여 고찰해 보도록 하자.

1. 하나님

1) 하나님의 임재를 느끼는 것으로는 하나님에 대한 지식을 가질 수 없다

영성의 문제점은 하나님의 임재를 느낌으로 알 수 있다고 생각하고 그 느낌을 교리화하는 데 있다. 성경은 하나님에 대한 지식이 느낌에 의한 것이 아니라고 하시기 때문이다. 성경에서 하나님에 대한 지식을 갖는 것 외에 다른 방법으로 접근하는 것은 잘못된 것이다. 영성주의자들은 기도하는 가운데 하나님이 임재한다고 느끼고 그 느낌을 하나님의 실제적인 임재로 주장한다. 그러나 이것은 다음 몇 가지 문제점을 생각하게 한다. 인간에게 순수한 느낌(pure feeling)이란 존재하지 않는다. 순수한 느낌이란 느낌에 어떤 전제적인 조건이 있어서는 안 된다. 느낌으로 신의 임재를 안다고 하면 어떤 느낌이 신의 임재인지에 대한 기준을 정해야 한다. 또한 느낌을 인식하고 느낌이 지식으로 바뀌려면 인간이 가지고 있는 선천적인 지식이든 후천적인 지식이든 지각으로 감지되고 애정으로 느끼는 것에 대한 판단의 기준이 있어야 하기 때문이다. 느낌으로 감지된 자료를 판단하고 결정할 근거가 없이는 될 수가 없다. 기도자가 갖는 느낌을 무슨 근거로 하나님의 임재로 생각하느냐고 질문하게 된다.

사막의 교부들이 사막에서 깊은 생각(contemplation)에 들어갔을 때에 이들은 느낌을 갖게 되었고, 그것을 하나님의 임재를 경험한것이라고 생각하고 교리화하였다. 17세기 프랑스 카르멜회(Carmelite)에 속해 있었던 로렌스 형제(Brother Lawrence, 1614-1691)는 《하나님의 임재 연습》(*The Practice of the Presence of God*)이라는 책에서 사람들에게 하나님의 임재를 경험하기 위한 자료들을 제공하였다. 켈틱(Celtic) 영성도 하나님의 임재를 느끼고 아는 데 있었다. 무엇이 문제인가? 제이 그레샴 메이첸(J. Gresham Machen)은 그의 책 《기독교와 자유주의》(*Christianity and Liberalsim*)[28]에서 종교가 신의 임재를 느낌으로 구성한다면 어떤 이유이든 신이 가지고 있는 도덕적인 특성을 빼앗는 것이라고 지적하고 있다.[29] 메이첸은 인간의 애정을 예로 들어 설명한다. 인간의 애정이 인간의 지식을 구성하는 것이 맞다고 한다면, 하나님과 인격적인 관계를 종교의 근거로 삼고 있는 이유는 무엇인지를 질문한다. 또한 사람을 중상모략하면 화를 내게 되는데 이것이 사람에게만이 아니라 하나님을 직접적으로 대항한 것이라고 하는 이유는 무엇인가?30 인간의 인격의 범위를 벗어난 느낌, 또는 순수한 느낌이란 자신의 주관적인 판단에서 나온 것임이 분명하다. 자신의 주관에서 객관을 구성하는 것은 있을 수 없다. 만약 이것이 가능하다면 모든 사람들이 하나님의 임재에 관한 느낌이 동일해야 할 것이다. 그러나 이 가설 역시 타당하지 않다.

둘째, 만약 하나님의 임재를 느낌으로 알고 거기서 하나님에 관한 지식을 갖는 것이 성경에 맞는 것이라면, 다음의 사항들이 성경에 부합되어야 한다. 그것은 하나님과 인간이 본질상 동질이어야 하고 하나님의 느낌이 인간의 느낌과 같아야 한다. 또 한 가지는 하나님은 영(Spirit)이시다. 그런데 영이신 하나님과 인간이 창조되었을 때에 하나님으로부터 받은 영(spirit) 사이에 구별이나 차별이 없어야 한다. 이 구별을 없애기 위해 성육신한 예수님, 완전한 하나님이시며 완전한 사람이신 예수님을 하나님과 사람 사이에 매개체로 두는 것은 맞지 않다. 이것을 주장하는 사람들의 논리는 유한한 인간과 인성을 가지신 예수님을 동일시하는 것은 실존적인 접근인 초월과 내재의 개념 안에서만 가능한 것이다. 인간의 원죄로 말미암아 인간의 영혼은 죄로 타락하였다. 사도 바울의 글대로 타락한 영혼은 하나님을 바로 인식하지 못한다. 중생의 은혜에 참여함으로 하나님의 형상을 회복함으로 하나님을 믿는다고 할지라도, 하나님은 자신을 계시하심을 기도하는 사람의 임재의 느낌으로 하나님을 알도록 한 예가 성경에는 기록되어 있지 않다.

셋째, 느낌으로 하나님의 임재를 경험하려는 것은 신비주의(mysticism)에 근거한 사고이다. 커즌(Cousin)은, 신비주의란 중재자가 없이 하나님의 얼굴을 보듯이 하나님을 보는 것이라고 정의한다.31 신비주의는 무한자에 대한 관념이 유한한 인간의 감각을 일깨운 것으로 그 감각이 인간의 지식을 형성하고 하나님에 대한 사랑과 명상(contemplation)의 활동으로 나아가게 하는 것이다.32 이같은 작업은 성경 밖에서 하나님을 만나려고 하는 것이며, 하나님과 대화를 하려고 시도하는 것이다. 후기 근대적인 것(Post-modernity)은 이성주의를 버리고 신비주의를 추구하는 것을 특징으로 한다. 신비적인 것을 참 종교의 표식이라고 생각하고 그것을 찾고 따라가려고 한다. 더욱이 후기 근대주의는 헬라 철학과 동방교회와 서방교회의 전통을 현대의 상황의 창에서 신비적인 것을 창작해 내려는 경향을 가지고 있다. 여기에 교회가 분별력을 잃어버리고 말씀 중심의 계시 의존 사색에서 멀어져 있는 것이 현재의 교회이다. 신비적인 것을 창작하는 것은 여호와의 종교가 아닌 것이 분명한 것이다.

2) 하나님의 임재는 느낌의 경험이 아니라고 성경은 말씀한다

예수님께서는 자신의 임재에 관하여 마태복음 18장 20절에 다음과 같이 말씀하신다. "두세 사람이 내 이름으로 모인 곳에는 나도 그들 중에 있느니라." 예수님께서 하신 말씀은 예수님을 위하여 예수님의 교훈에 요구되는 방식으로 모인 곳에 예수님께서 함께하시겠다는 말씀이다. 이 말씀은 예수님께서 그들이 있는 가운데 계신다고 한 것이지, 그곳에 계신 것을 느낀다는 뜻은 아니다. '예수님의 이름으로 모인 곳'은 마태복음 18장 19절이 말씀하시는 대로 '기도하기 위해 모인 곳'이다. 또한 그곳은 하나님께 예배드리기 위해 모인 곳이며, 하나님의 말씀을 듣고 읽으며 공부하는 장소이다. 이곳에 예수님께서 그들과 함께하셔서 그들의 기도를 이끄실 뿐 아니라 응답하신다. 예수님께서는 부활하시고 지금은 부활의 몸을 입으시고 하나님 우편에 계신다. 그리고 약속하신 대로 오순절에 성령으로 오셔서 우리 가운데 거하시며 떠나지 않으신다. 우리들은 하나님의 말씀을 통하여 얻는 지식이 참된 지식임을 믿는다. 그것은 예수님께서는 임마누엘로 오셨고(마 1:23) 약속하신 대로 세상 끝날까지 성령님으로 우리와 함께 계신다(마 28:20). 예수님께서 말씀하신 대로 두세 사람이 예수님의 이름으로 모인 곳에 예수님께서는 그들 가운데 계신다.

또 다른 곳은 열왕기상 19장 11-12절이다. 이 말씀에서 엘리야 선지자는 그의 생명을 찾는 이세벨의 박해를 피해 고요히 광야로 들어가 로뎀나무 아래서 하나님께 기도했다. 그는 선지자들이 다 죽임을 당하고 자기만 혼자 남았다고 생각했다. 이같이 낙심한 엘리야를 하나님께서 위로해 주시기 원하셨다. 여호와께서는 엘리야로 하여금 산에 서서 하나님의 지나가심을 보도록 하셨다. 그리고 '강한 바람'과 '지진', '불'이 지나갔다. 그러나 이 세 가지에는 하나님께서 계시지 않는다고 하셨다. 이 세 가지는 하나님께서 임재하시는 분위기를 말씀하신 것이 아니다. 단지 위엄을 나타내는 것으로, 엘리야에는 겸손한 덕이 필요해서였다. 넷째는 '세미한 소리'가 있었는데 하나님은 그곳에 계셨다. 13절에 엘리야는 그 소리를 분명히 들었고 겉옷으로 얼굴을 가렸다. 그것은 하나님의 임재하신을 알았기 때문이었다. 느낌이 아니있다.

욥의 경우를 보자. 욥기 4장 12-16절에 욥은 하나님의 말씀이 자신의 귀에 들렸다고 했다. 분명히 욥은 말씀하시는 하나님의 목소리를 들었다. 하나님의 임재를 느꼈다고 하지 않았다. 분명한 것은 이들 말씀에서 알 수 있는 것은 하나님의 임재는 느낌으로 얻는 것이 아니라는 사실이다.

3) "아들을 본 자는 아버지를 보았다"는 말씀의 의미

하나님에 대한 지식을 어떻게 얻을 수 있는가? 일반적으로 영성이 추구하는 것은 예수를 통하여 하나님과 친밀한 관계를 가지며 그 관계에서 하나님에 대한 지식을 얻는다고 생각한다. 이것은 외형적으로는 하나님을 높이는 것같이 보이지만 실은 그렇지 않다. 이것은 하나님과 예수님의 신성을 손상시키는 것이다. 이 같은 생각은 아버지는 아들을 통하지 않고는 자신을 알리지 않으며, 또한 어떤 방법으로도 하나님을 아는 것은 불가능하다는 생각에서 나온 것이다. 이 같은 논리가 성립되기 위해서는 아들(예수)이 존재하는 시기가 있어야 한다. 왜냐하면 아버지는 아들을 낳으셨기 때문이다. 아버지가 아들을 낳으신 후에 아들은 아버지 안에서 자신의 존재를 비우셨다(empting, 영성주의자들은 계속 비우고 있다는 개념으로 생각한다). 그리스도의 십자가는 그리스도의 희생의 장소였으며, 십자가와 그의 희생은 아버지를 보여주는 형상들(images)이며 계시(revelation)이다.33 그리스도에 대한 형상들과 계시라는 것은 하나님의 구속의 사건을 이루는 수단들이다. 영성에서는 구속을 하나님과 예수 그리스도의 사역으로 생각하지 않고 아버지와 아들의 관계에 집중하고 있다. 이 둘의 관계에 집중되어 있는 것은 하나님은 영으로서 인간에게는 초월해 있는 존재이기 때문이다. 그런데 그 하나님은 아들의 아버지이신데, 그 아버지를 알 수 있는 길은 아버지를 그대로 보여주고 있는 '아들'을 통해서만 가능하다고 생각한 것이다. 이 같은 논리를 전개한 사람 가운데 파니카르(Panikkar)는 "아버지는 아들에게 모든 것을 유전(transmit)했다"는 논리를 전개한다.34 아들은 아들의 자격으로서 아버지를 현실화한다. 그런데 존재를 아는 것은 영성이라는 관념 안에서 초월해 있는 존재로 아는 것이다.35

토마스 아퀴나스(Thomas Aquinas)의 생각을 살펴볼 필요가 있다. 그는 하나님의 존재를 우주론적(cosmological)이며 목적론적(teleological) 방법으로 접근하려고 했다. 그는 하나님의 존재 자체는 인간에게는 명백하지 않다는 생각에서 출발한다. 그렇기 때문에 하나님의 존재 증명은 자신을 나타내신 창조에서부터 출발해야 한다. 아퀴나스는 하나님의 존재는 창조된 질서에 원인(cause)으로 보여 주었다고 믿었다. 그는 아리스토텔레스의 원동력(prime mover, an unmoved mover)의 관념을 사용하여 제1원인을 찾는 일에 집중한 것이다. 우주의 설계자, 즉 자연의 설계자가 있지 않겠는가? 설계자인 원동력은 하나님이라는 것으로 좁혀진다는 것을 생각하고 그것으로 설득을 받게 될 수 있는 것이다. 여기에 자연신학(natural theology)의 한계가 있다. 이 같은 접근은 독자의 마음에 안정을 줄 수 없는 것이다. 히브리서 11장 3절에 말씀하신 대로 하나님께서 말씀으로 세계를 지으셨다는 것을 믿는 것 이외에는 증명할 수가 없는 것이다. 자연신학의 사고로는 인간에게 하나님은 보이지 않을 뿐 아니라 인간은 하나님에 대한 바른 지식을 얻을 수 없다. 그러므로 자연신학에서 하나님의 지식을 얻는 길은 아버지(하나님)가 자신의 모든 것을 유전한 아들(예수)을 통해서 아버지를 볼 수 있고 아버지에 관하여 알 수 있다.

메이첸(Machen)은 예수님께서 독립적으로 행하신 것에서 하나님에 대한 어떠한 생각도 찾을 수 없다면 하나님께 대한 것들을 예수님의 신성에 귀속시키는 것은 아무 의미가 없다고 단정한다.36 하나님에 대한 지식을 체계화시키는 데에 하나님에 관한 내용이 앞에 제시되지 않고는 "예수는 하나님이시다"는 명제는 아무런 의미가 없다.37 그러나 파니카르(Panikkar)는 '아버지'에 관하여 말한다는 것 자체는 모순이 된다고 생각한다.38 '아버지'는 '아들'에 대하여 말하고 있으며, 또한 아버지의 지식의 대상은 어디까지나 아들에 대한 것이므로 아버지 곧 하나님은 침묵(silence)하고 있다고 생각한다. 아버지 자신이 자신을 나타내지 않더라도 아들이 아버지를 보여주기 때문이라고 하고, 이것을 종교의 전통

(traditions)이 가르치는 것이라고 한다.39 하나님이 침묵하지 않는 것은 아들이 아들 되지 못하게 하는 결과를 가져온다는 것이다. 아버지와 아들이 하나뿐인 존재가 되기 위해서는 한 존재에게 침묵이 요구된다고 한다. 다시 말하면 존재(being)가 비존재가 되지 않는 방법인 것이다. 성령 안에서 아버지는 오직 아들을 통해 자신을 증언한다.40 파니카르의 사상은 존 프레임(John M. Frame)이 밝힌 대로 모든 것에 척도가 된 인간은 관념(ideas)과 형태(forms)의 세계에 대한 인간의 지식을 합리론적으로 사고하려고 시도했던 플라톤의 신비주의를 보여주는 것뿐이다. 합리론적이 아니라 오히려 비합리이며 회의주의로 몰고 가고 있는 것이다.41

요한복음 14장 9절에 보면 빌립이 예수님께 아버지를 보여 달라고 한다. 이때 예수님께서 빌립에게 다음과 같이 대답하셨다. "빌립아 내가 이렇게 오래 너희와 함께 있으되 네가 나를 알지 못하느냐 나를 본 자는 아버지를 보았거늘 어찌하여 아버지를 보이라 하느냐?" 이 말씀을 가지고 파니카르(Panikkar)는 이렇게 말했다.

> 누구든지 그리스도를 본 사람은 아버지를 보고 있는 것이다. 왜냐하면 아들은 아버지가 보이도록 만들어졌기 때문이다. 왜냐하면 아들은 아버지에게서 기인하지 않고는 아버지에 대하여 알게 될 것은 아무 것도 없기 때문이다. 그러나 아들을 보는 것은 아버지의 아들로서 아버지를 보는 것이며 오히려 아들을 통하거나 혹은 아들 안에서 아버지를 보는 것이다.42

메이첸(Machen)은 요한복음 14장 9절의 의미를 달리한다.

> 이 말씀은 사람이 '하나님'이라는 단어가 무엇을 의미하는지를 결코 알 수 없다고 해서 예수의 특성에 대한 지식을 그 단어 [하나님]에 대한 의미(idea)로 채택하라는 의미는 아니다.43

예수님께서 제자들에게 이 말씀을 하셨을 때에 제자들은 이미 하나님에 대한 개념을 충분히 가지고 있었다. 절대자이시며 창조주이신 하나님에 대한 지식이 제자들에게 전제로 있었다.44 제자들이 원했던 것은 하나님에 대한 지식뿐 아니라 하나님과 친밀한 인격적인 관계를 원했던 것이다. 그래서 제자들은 예수님과 사귐을 통하여서 하나님에 대하여 알게 됨을 말씀하셨다.45 리안 모리스(Leon Morris)는 요한복음 14장 9절에서 주요한 대목은 예수께서 빌립에게 "어찌하여…[말]하느냐?(How can you say?)"라고 하신 부분이라고 한다. 영어의 'you'(너)인 빌립 자신에게 강조점을 두신 것이다.46 예수님은 하나님께서 보내신 중보자이시며 하나님의 구원 사역은 아버지 하나님을 계시하는 사역이다. 그러므로 중보자이신 예수님 안에서 아버지이신 하나님의 영원하심과 삼위의 관계를 볼 수 있다. 그리고 예수님은 하나님 아버지와의 관계에서는 하나님의 독생자이시다. 빌립을 위시하여 예수님의 제자들은 이것을 알고 있었다. 그러므로 예수님을 본 사람은 하나님을 본 것이라고 말씀하신 것이다.47 이 같은 이유로 메이첸은 다음과 같은 결론에 도달한다.

예수께서는 놀라울 만치 친밀한 방법(intimate way)으로 하나님의 특성을 계시하셨다.

그리고 구약 성경의 유산과 예수님 자신의 가르침의 근거에서 계시의 참된 의미를 얻게 된다.48

예수님께서는 하나님을 아셨고, 그리고 행동하셨다. 그러므로 성경이 말씀하시는 예수님께서 가지신 하나님에 대한 지식은 실제적인 지식이었다. 예수님께서 하나님에 관해 아셨던 모든 것은 그의 마음으로 알고 그의 행동을 결정하신 것이다. 그러나 파니카르의 삼위일체에 대한 지식은 객관적 실체에 대한 정보를 가질 수는 없다.49 왜냐하면 실존적인 근거의 실체(reality) 안에 있는 지식은 성경에 근거한 지식을 구성할 수 없기 때문이다. 하나님을 비존재의 실체로 생각하고 존재의 비존재를 추구하고 있기 때문이다. 파니카르의 생각의 의미는 그리스도 외에 더 큰 존재가 있다면 그리스도는 의미가 없다는 생각으로 접근하고 있는 것이다.50 그리고 파니카르의 삼위일체는 다른 종교적 전통에 자리잡은 신비(the mystery)에 있는 것이라고 생각하고, 다른 종교[불교와 브라만(Brahman)]와 대비하고 삼위일체 이론을 전개하고 있다.51

현재 영성(spirituality)에 관한 관념과 연구는 종교다원주의의 생각을 가지고 접근하는 경우가 일반적이다. 그들은 기독교의 영성과 불교의 영성, 또는 이슬람의 영성, 뉴에이지 영성 등과 대비하여 생각하게 된다고 공공연히 말하고 있다. 분명한 것은 종교다원주의의 산물은 기독교의 것이 아니라는 것이다. 성경은 여호와의 종교와 이방 종교는 함께할 수 없음을 분명히 말씀하시기 때문이다(출 20:3). 그러나 영성 이론을 전개하는 자들은 이 같은 대조를 자연스럽게 말하고 있다.

4) 영성은 하나님과의 연합을 갖는 데 집중되어 있다

영성에서 강조하는 또 하나는 '하나님과 연합'(union with God) 교리이다. 성경에서 신자들은 '예수님과의 연합'을 가지고 있기 때문에 아버지와의 연합의 관계와 성령과의 연합의 관계에 있게 되었다. 그러나 '영성'을 주장하는 사람들에게 있어서 하나님과의 연합은 예수님과의 연합과는 구분지어진 개념을 갖는다. 영성에서는 하나님과의 연합을 종국적인 목표로 여긴다. '영성'을 구성하고 있는 사상에는 신비주의가 함께하는 가톨릭 신학이 받침이 되어 있다. 이 같은 사상에 대하여 조셉 스텀프(Joseph Stump)는 "신비적 연합"(The Mystical Union)이라는 글에서 개혁자들은 '하나님과의 신비적 연합'이라는 교리를 부인했다고 썼다. 스텀프에 의하면 알브레히트 리츨(Albrecht Ritschl)은 이 교리는 가치없는 것이며, 성경의 외경에 있는 것으로 믿을 수 없는 교리라고 했다.[52] 스텀프의 글을 인용해 보도록 하자.

이 교리는 아우크스부르크(Augsburg) 고백서나 해명서(the Apology)에도 포함되어 있지 않다. 그리고 이것은 콩코드 고백서(the Formula of Concord)에 적은 부분이 할애되어 있을 뿐이다.[53]

특히 '하나님과의 연합'에 관한 교리는 여자 수도사였던 마담 귀용(Madame Guyon, 1648-1717)이 실제 기도의 삶에 적용하여 정적주의(Quietism)를 통하여 하나님과의 연합을 갖는 것을 시도하였다. 그는 기도의 방법에 관한 것을 발달시켰으며 하나님과의 연합 교리에 있어서 큰 영향을 주었다. 필립 쉘드레이크(Philip Sheldrake)는, 여자 수도사 귀용(Guyon)의 사상은 하나님과의 연합 안에서 영혼의 완전한 소멸(annihilation)에 관한 질문을 가져올 뿐 아니라 영적인 삶 안에서 그리스도의 구원의 역할에 관한 확고한 생각을 갖지 못하도록 영향을 주었다고 비판하고 있다.54

(1) 영성이 주장하는 '하나님과의 연합'의 의미

조셉 스텀프(Joseph Stump)는 '하나님과의 연합'의 근거를 요한일서 1장 3절에서 찾는다. "우리가 보고 들은 바를 너희에게도 전함은 너희로 우리와 사귐이 있게 하려 함이니 우리의 사귐은 아버지와 그 아들 예수 그리스도와 함께 함이니라"(요일 1:3). 여기에서 '함께'(with)라는 단어는 신자와 하나님과의 연합을 생각하게 한다. 그래서 스텀프는 "하나님은 신자들 안에 살아 계시고 신자는 하나님 안에 살아 있다. 하나님과의 연합은 칭의된 사람 안에서 시작되고 점차적 성화에 실제적으로 작용하는 원인(living source)이 되며 이 땅의 삶을 마칠 때까지 계속된다"고 했다. 스텀프는 하나님과의 연합이라는 개념이 목적하는 것은 윤리적인 삶이라고 한다. 그리고 하나님과의 연합은 우리들 안에서 일하시는 하나님의 활동이며, 개인적 교제(fellowship)의 본질을 소유함으로 되는 것이라고 한다.55

그러면 어떻게 우리들이 하나님과 연합되었는가? 스텀프는 홀라지우스(Hollazius)가 내린 신비적 연합을 정의하면서 말하였다. "하나님께서 신자 안에 내주하심은 사람의 '믿음의 의'(the right-eousness of faith)가 있기 전의 사건이다. 또한 '하나님과의 연합'은 믿음의 의에 의해서가 아니다. 죄인인 인간이 예수 그리스도를 자신의 구주로 믿기 전에 죄인을 의롭다고 했으며, 의롭게 된 사람 안에 – 성별된 성전에 – 삼위의 하나님의 영적 연합이 이뤄진다. 그리고 하나님의 연합은 특별히 하나님의 현재적인 임재에 있는 것이다. 그리고 하나님의 임재는 실체(substantial)의 임재이며 은혜의 수로가 사람 안에서 일하시는 것을 가리킨다."56 이 글에 의하면 신자가 하나님을 믿는 것은 이미 영적 연합을 해 놓으신 그분을 믿는 것이다. 그리고 그 분은 예수 안에 현존해 있는 것이다. 그것이 예수를 믿는 의미가 된다. 그러면 하나님을 아는 길은 인성을 가진 예수를 경험하는 길뿐인 것이다. 예수를 경험하는 것은 '예수를 통하여' 또는 '예수 안에' 있으면 된다. 우리가 여기서 알 수 있는 것은 스텀프가 인용한 '하나님의 실체(substance)의 임재'라고 하는 것은 합당한 말이 아니라는 것이다. '영이신 하나님(요 4:24)께서 어떤 실체로 임재한다는 것인가?' 하는 질문을 갖게 된다. 이 같은 사상을 가진 사람들은 항상 초월하신 하나님을 인간의 내재하는 하나님으로 경험하는 것만이 하나님에 대한 지식을 가질 수 있다고 생각한다. 이 같은 신지식에 의해서는 인간이 현재의 상태에서 하나님과 직접적인 관계를 갖는다는 것이 불가능하므로, 인간 속에 내재하는 실체를 하나님으로 삼기 위해서는 일차적으로 그리스도를 통하여야 한다고 생각한다. 이 같은 이유로 그리스도와의 연합과 하나님과의 연합을 같은 것으로 생각하는 것이다.

(2) 그리스도의 성육신을 통한 하나님과의 연합

영성에서 말하는 연합이란 하나님과의 연합이며 이 연합은 그리스도의 성육신 사건을 통하여 그리스도 안에 있는 인간이 하나님과 본질을 같이 함으로 생기는 연합을 말한다. 이것은 비성경적인 것이며 플라톤의 철학에 근거를 두고 있다. 성경은, 신자의 신비적인 연합은 예수 그리스도를 믿음으로 이뤄지는 그리스도와의 연합을 말한다. 이 연합은 곧 하나님과의 연합이며 성령과의 연합인 것이다. 웨인 그루뎀(Wayne Grudem)은 신자에 대한 하나님과의 관계는 신자가 그리스도와의 관계에 연결된다고 말한다.[57] 아버지와의 연합과 성령과의 연합은 그리스도와의 연합의 양상(aspect)이다.[58] 다시 말하면 그리스도와의 연합이 아버지와의 연합과 성령과의 연합을 가지고 오는 것이다. 우리들은 아버지 안에 있다(요 17:21). 또한 성령 안에 있다(롬 8:9). 아버지는 우리 안에 계시다(요 14:23). 또한 성령은 우리 안에 계시다(롬 8:9, 11). 우리들은 아버지를 닮으며(막 5:44-45) 성령을 닮았다(롬 8:4-6). 우리들은 아버지와 교제를 가지며(요일 1:3) 성령님과 교제를 갖는다(롬 8:16). 아버지는 우리들의 천국의 아버지로 구별된 임무를, 아들은 구세주와 주로 구별된 임무를 하시며, 성령은 구원의 모든 유익을 계속적으로 적용하시며 능력을 주신다. 그러니까 그리스도와의 연합이 없이는 하나님과의 연합과 성령과의 연합은 생각할 수 없는 것이다. 그리스도와의 연합은 하나님의 단독의 사역이기 때문에 인간측의 조건으로 취소되거나 반복되어 연합이 선언되는 것도 아니다. 더욱이 연합되기 위해 인간의 노력이 요청되는 것도 아니다. 그리스도와의 연합은 존 머레이(John Murray)가 말한 대로 세상이 있기 전에 하나님 아버지의 선택이 근거가 되는 것이다.59

그러나 영성은 예수의 성육신의 이야기에서 근거를 찾고 있다. 메이첸(Machen)이 밝힌 대로 영성에서 주장하는 성육신의 복음 이야기(the Gospel story of the incarnation)는 하나님과 함께하는 일반적인 진리의 표상(symbol)이 되는 것으로 생각하고 있다.60 이같이 생각하는 것은 인간 예수만이 인격(person)이며 예수의 성육신으로 아버지는 예수의 로고스(logos)이므로 하나님이 인간 예수의 인격 안에 나타났다고 하는 철학의 전제를 가지고 형성된 사고인 것이다.

파니카르(Panikkar)는 하나님은 위격(person)이 아니므로 하나님이 인간과 교제하기 위해서는 인격인 '아버지'(Father)로서만 가능하다고 한다. 아들(Son)인 아버지(Father)가 성령을 통하지 않고서는 하나님(God)은 존재할 수 없다고 생각한다.61 그는 차라리 세 개의 인격(persons)이라고 하는 것이 좋겠다고 제안한다. 그리고 이 하나님이신 아버지가 성육신하여 인간이 된 예수가 인간과 관계를 맺는 것이다. 그러므로 최고의 정점은 '하나님'이다. 이런 이유로 '영성'에서는 믿음으로 그리스도와 연합됨을 말하면서도 그 연합을 그리스도와의 연합보다 하나님과의 연합에 초점을 맞추고 있는 것이다. 모든 영성의 활동을 '하나님과의 연합'을 얻기 위한 과정으로 본다. 영성이 의미하는 그리스도와의 연합은 하나님과의 연합을 가져오는 매개체로서의 연합이며 근본 원천으로서 연합이다. 영성에서는 하나님과의 연합이 목표가 되어 있는 것이다. 그리고 그 연합은 필로(Philo)의 철학인 로고스(logos)의 역할로 이루어진다.62 하나님과의 연합 - 하나님과 관계를 맺으며 교제를 갖는 것 - 은 신비의 개념 외에는 다른 것으로 생각될 수 없는 것이다. 그래서 하나님과의 연합은 신비적인 연합이며 신비(mystery)라고 생각한다.

하나님과의 연합이 신비인 것에 관하여 스텀프(Stump)가 설명하고 있는 것을 알아보도록 하자. 그는 하나님과의 연합의 신비함을 충분히 경험하는 것은 믿음과 성화의 정도에 비례한다고 한다. 신자가 믿음으로 나가면 칭의된다. 그리고 그의 성화가 이뤄지게 되면서 완전에 이른다. 영적인 삶의 근원은 그리스도를 통한 하나님 안에 있다. 이어서 말하기를 믿음으로 신자는 하나님과 재연합(reunited)된다. 재연합됨은 신자가 죄에서 끊어지고 분리되는 것에서 다시 연합이 된다는 것이다. 영적으로 죽었던 자가 영적으로 다시 삶을 얻는 것이다. 스텀프는 이 재연합에 대해 나무와의 결합을 예로 든다. 열매를 맺지 않는 가지를 원 나무에 '다시' 접붙이면 다시 자라게 되는 것은 나무와 새로운 결합이 되었기 때문이라는 비유를 사용한다. 그러나 신자가 거룩한 삶의 열매를 계속 맺는 것은 믿음으로 하나님과 연합이 되어 있는 동안만 가능하다는 것이다. 비록 이 신비적인 연합이 하나님으로부터 왔다고 할지라도 신자의 연합의 여부에 따라 거룩한 삶의 열매가 결정된다.63

신비인 하나님과의 연합이란 개념을 스텀프의 말을 빌리면, 신자의 믿음의 상태와 거룩의 삶에 따라 변하는 것이다. 스텀프에게 있어서 하나님과의 연합은 신자가 거룩의 삶과 신앙에 실패하면 깨어지게 되는 조건적인 연합이다. 더욱 독자들을 혼동스럽게 만드는 것은 스텀프도 예외는 아니지만 영성에 있어서 신자 안에 하나님의 내주하심을 '범신론적인 의미'(the pantheistic sense)로 이해되어서는 안 된다고 한다. 이 말이 문제가 되는 이유는 하나님의 내주하심의 또 다른 표현은 하나님과의 신비적 연합인데, 이 연합은 성육신하여 인성을 가지신 예수를 통하여 이루어지며 인간인 신자가 그 예수와 동일시하는 관념의 위험이 있기 때문이다. 이것은 자유주의 신학이 추구하는 신과 인간의 관계이다. 예수의 성육신 안에서 인간과 신은 실체(substance)에 있어서, 그리고 관념에 있어서 본질을 같이 할 수 있을 뿐 아니라 영성 활동을 통하여 이 작업이 이뤄질 수 있다는 것이다.

베드로 사도는 베드로후서 1장 4절에서 "이로써 그 보배롭고 지극히 큰 약속을 우리에게 주사 이 약속으로 말미암아 너희가 정욕때문에 세상에서 썩어질 것을 피하여 신성한 성품에 참여하는 자가 되게 하려 하셨느니라"고 말씀하신다. 이 말씀을 가지고 영성주의자들은 하나님이 자신의 본질을 우리 인간의 본질과 같이 했다고 주장한다. 우리들이 신의 본질에 참여해야 할 필요성은 하나님의 의가 인간에게 주입되었기 때문이라고 한다. 인간에게 주입되는 하나님의 의는 하나님 자신이며, 하나님의 선과 거룩함과 완전한 것이 인간에게 주입되었다는 것이다. 그러나 사도 베드로가 "신의 성품에 참여하는 자가 되게 하려 하셨으니"(you may participate in the divine nature)라고 한 말씀의 의미는, 칼빈(Calvin)이 말한 대로 우리가 마지막 날 그리스도의 재림 때에 성경이 약속하고 있는 것과 같이 될 것인데, 이것을 베드로 사도가 현재 그렇게 되어 있는 것같이 말씀한 것이다. 요한 사도는 요한일서 3장 2절에서 "우리가 그와 같을 줄을 아는 것은 그의 참모습 그대로 볼 것이기 때문이니"라고 말했다.64

(3) 요한일서 1장 3절과 요한복음 17장 22절의 의미

그러면 요한일서 1장 3절이 의미하는 내용은 무엇인가? "우리가 보고 들은 바를 너희에게도 전함은 너희로 우리와 사귐이 있게 하려 함이니 우리의 사귐은 아버지와 그의 아들 예수 그리스도와 더불어 누림이라"(요일 1:3). 이 말씀에서 생각해야 할 단어는 '사귐'(fellowship)이다. 프리드리히 아우흐(Friedrich Hauch)는 사귐(교제)이라는 단어는 크리스천의 삶에 있어서 서로의 결속(the living bond)이 된 것을 의미한다고 했다.65 크리스천이 되는 것은 하나님과 교제를 갖는다는 것을 의미한다.66 그러나 영성주의자들은 요한일서 1장 3절에 쓰인 사귐(fellowship)이란 단어의 의미는 다른 존재와 연합이 되었기 때문에 교제를 갖는다는 의미라고 한다.

하나님과 '교제한다' 또는 '사귐을 갖는다'는 것은 하나님과 사람의 연합의 관계를 말하는 것이다. 그러나 영성주의자들은 인간이 하나님과 연합된 것은 인간이 하나님의 본질에 참여하였기 때문이며, 그래서 인간은 하나님과 교제를 갖는다고 생각한다. 그

러나 '교제한다' 또는 '사귐을 갖는다'는 의미의 헬라어는 코이노니아(κοινωνια)이다. 이 단어는 '사람이 어떤 사람과 함께 무엇인가를 함께 나눈다'는 것을 의미하고[67] '함께 공유하는 것'을 뜻한다.[68] 다시 말하면 바울이 디도와 함께 신앙을 공유한 것과 같다(딛 1:4). 또한 신자들은 하나님의 은혜를 함께 나눈다(빌 1:7).[69] 마샬(Marshall)은 요한 서신의 저자인 요한이 이 서신을 읽는 독자들에게 전하고 싶은 내용은 신자들이 그리스도의 은혜에 참여한 자 되고 은혜에 머물러 있음으로 기독교인의 사랑 안에서 합쳐지는 것이라고 말한다.[70] 요한 사도가 서신에서 의도한 것은 복음으로 말미암은 축복을 충만히 받은 신자들이 복음의 은혜를 경험함으로 신자들에게 기쁨이 풍성히 넘치는 것이다.[71]

시몬 키스트메이커(Simon J. Kistemaker)도 마샬(Marshall)과 같은 생각을 한다. 요한 사도는 3절에서 신자들이 "이미 주께로부터 보았던 것과 들었던" 메시지의 선포를 강조하며, 그리스도께서 인성을 입으신 것을 부인하는 잘못된 사상과 교리에 대하여 지적했다.[72] 요한 사도는 예수 그리스도를 믿는 신자들이 영생을 소유하고 있음을 알게 하는 것이 편지를 쓴 목적이었다(5:13). 요한 사도는 예수의 사역과 죽음과 부활을 보았고 들었던 사도들의 증거를 함께 나누고자(이것이 헬라어 의미로 κοινωνια임) 독자들을 초청하고, 예수 그리스도는 하나님의 아들이라는 사실을 신자들과 함께 나누기를 원했다. 이제 사도 요한뿐 아니라 그와 함께한 예수 그리스도의 증인 된 사도들의 고백은 하나님 아버지와 예수 그리스도의 교제(fellowship)가 신자와 신자가 함께 교제하는 근거가 되며,

또한 신자들은 아버지 하나님과 아들 예수 그리스도와 교제를 누린다. 이제 요한 사도는 3절 후반부에서 신자들이 하나님 아버지와 아들 예수 그리스도와의 교제를 말한다. 요한이 3절에서 강조하는 것은 예수 그리스도는 하나님의 아들이라는 데에 있다. '그리스도'는 '예수'에게 붙여진 직분의 이름이다. 예수는 죄인을 저희 죄에서 구원하실 메시아이시다. 요한 사도는 이 사실을 독자들이 알고 확신을 갖도록 하기 위해 '예수 그리스도'라고 두 말을 함께 붙여서 사용했다. 그리고 우리의 메시아이신 예수 그리스도는 '하나님의 아들'이라고 한 것이다.

> 요한은 그의 서신 전부에 걸쳐서 아버지와 아들과 신자와의 교제를 말하고 있는데(1:7), 이 교제는 아들인 예수가 이루신 것으로 아들의 구속의 사역(1:7, 4:10)이며, 아들이 하신 일 (3:8)이며, 아들에 대한 하나님의 증거(5:9)이며, 영생에 대하여 아들의 은사(gift) (5:11, 13)이며, 마지막으로 아들이 다시 오심 (5:20)으로 아들 예수는 신자와 교제를 이루신다.[73]

마샬(Marshall)은 덧붙여 설명한다. "교회가 잘못된 사상을 받아들이는 것은 하나님과 진정한 교제에서 벗어난 것이다."[74] 예수 그리스도는 메시아시며 하나님의 아들이심을 고백하지 않는 것은 하나님의 말씀을 받는 것이 아니다. 하나님의 말씀을 합당하게 받는 것은 하나님의 것을 받아들인 것이며(하나님과 바른 교제를 한 것이며), 거기에는 기쁨이 충만히 넘치게 된다. 그 기쁨은 사도들이 가졌던 기쁨이다. 사도들이 전해준 복음을 신자들이 받아들임으로 갖는 기쁨은 사도들과 같은 기쁨을 갖게 되는 것이며, 사도들과 함께 예수 그리스도로 말미암아 기쁨을 누리는 것이다. 이것이 진정한 교제이다. 아버지와 아들과의 교제가 하나님과 인간의 영적 연합을 가지고 온 것이다.[75] 그리고 이 교제(fellowship)는 계속된다.[76]

다음은 요한복음 17장 22절(21-23절까지 한 단락)이다. 여기에서 예수께서 말씀하시고자 하는 목적은 17장 11절에 말씀하신 대로 신자들이 하나가 되는 것이다. 다시 말하면 교회의 단합에 있다. 신자들의 단합은 하나님 아버지와 아들과의 연합이 근거가 된다. 벌코프(Berkhof)도 이 말씀의 의미를 "그리스도와 신자들의 연합은 모든 신자들끼리의 영적 연합의 근거를 제공해 주고 있으며, 결과적으로 신자들의 교제가 성립되도록 해준다"고 밝히고 있다. 신자들은 같은 성령으로 함께 활동하고, 같은 사랑으로 충만하게 되며, 같은 믿음으로 굳게 서게 되는 것이다. 함께 그리스도에 관계된 일들에 대하여, 그리고 그의 교회와 하나님과 하나님의 나라에 대하여 흥미를 갖게 된다"고 했다.[77] 또한 예수님께서 요한복음 17장 21절에서 "아버지께서 내 안에, 내가 아버지 안에 있는 것같이 그들도 다 하나가 되어 우리 안에 있게 하사"라고 말씀하시는데, 예수님께서 하신 기도는 삼위일체 안에서 아버지와 아들 사이의 완전한 연합같이 우리 신자들의 연합도 그와 같을 것을 기도하신 것이다.[78]

그러나 마담 귀용(Madame Guyon)은 "하나님께 가는 길과 연합의 상태"라는 글에서 하나님과의 연합의 근거로 요한복음 17장

22절에 두고 22절의 말씀을 하나님께서 의도하시는 것과는 달리 신자와 하나님과의 연합의 근거로 삼고 있다. 우리는 하나님과 교제에 있는 것은 부인하지 않는다. 그러나 귀용의 생각은 받을 수 없다. 펀더멘틀 침례교 정보 서비스(Fundamental Baptist Information Service)의 데이비드 클라우드(David Cloud)의 글에 의하면 귀용은 1676년에 그의 남편이 죽은 후에 신비적인 일에 자신의 생애를 바쳤다. 프랑스와 라 콩브(François La Combe)라고 불리는 바나바이트 수도사(a Barnabite monk)가 이끄는 금욕적 정적주의자(Quietist) 가톨릭 단체에 귀용이 합세했다. 이때 프랑스와는 하나님에 대한 묵상(meditation)은 관상의 수동적(정적) 상태를 요구한다고 가르쳤다. 그가 말하는 관상(contemplation)은 의식적인 생각의 차원을 넘어서는 것이었다. 이같은 것은 귀용에게 신비적 체험을 통한 영적 상태의 연속으로 가는 것을 요구하게 되었다. 그래서 귀용은 영적 상태의 연속적인 것을 능력의 연합, 신비적 죽음, 그리고 마지막은 하나님과 연합하고 그곳에 빨려 들어가는 사도적 상태(the apostolic state)라고 하여 신비적인 체험을 가르쳤다. 여수사였던 귀용은 이단(heresy)으로 인정되어 7년 넘게 감옥에 수감되었다가 풀려난 후 마지막 15년을 사위의 집에 거하면서 신비적 체험을 퍼뜨렸다.[79]

뒤에서도 다시 다루겠지만 여기에서 데이비드 클라우드가 귀용에 대해 지적한 것 가운데 두 가지를 적고자 한다. 첫째, 영성에서 생각하는 믿음은 하나님의 말씀을 믿음으로 오는 것이 아니라 인간 내면이 하나님을 경험하는 것에서 오는 것이라고 했다. 이것은 귀용의 신비적인 본질을 말하는 것이다. 이같이 귀용은 자신의 내면 속에 있는 하나님을 찾았다. 자신의 마음속에 있는 하나님과 진리를 찾는 데 집중했다. 그래서 신의 임재를 인식하려고 했다. 하나님의 말씀을 읽고 믿는 것이 없이 마음속에서 나오는 소리를 들으려고 애쓴 것이다.

둘째, 하나님과의 연합을 하나님 안으로 빨려 들어감(absorption)으로 성취되는 것이라고 믿었다. 그렇게 됨으로 하나님 자신의 신적 본질 안에서 정결케 되었다고 했다. 이것은 성경에 근거되지 않은 이교도의 개념이다. 성경에는 신자가 하나님 안으로 빨려 들어간다는 말이 없다. 하나님과의 연합은 예수 그리스도를 믿음으로 되는 것이다. 여수사 귀용은 성경을 자신의 의지대로, 그리고 느낌과 자신이 말하는 영적 경험에 따라 마음대로 각색해 놓았다. 영성에 관한 책을 보면 마담 귀용에 관하여는 빠짐없이 소개하고 있다. 귀용이 경험했던 신비 체험을 말하는 영성은 어느 방도로 생각하고 탐구하든 성경적인 것은 결코 아니다.

(4) 그리스도와의 신비적 연합에 관하여

지금까지 영성이 말하는 하나님과의 연합에 관하여 알아 보았다. 우리는 위에서 생각했던 성경 구절을 통하여 신자와 하나님과의 연합은 신자와 그리스도와의 연합에서 오는 것으로 정리했다. 또한 그리스도와 하나님과의 연합이 근거가 되어 신자간의 연합이 가능하게 된 것임을 분명히 했다. 이제 성경이 신자와 그리스도의 연합에 관하여 구체적으로 가르치는 것을 알아 보도록 하자.

죄인인 우리는 그리스도와의 연합으로 그리스도의 구속 사역의 유익 안에 참여되었다. 그러므로 칼빈도 이 연합을 강조하였다. 하나님의 백성이 그리스도의 구속의 은혜에 참여하기 위해서는 중보자이신 그리스도에게서 기인된 하나님의 은혜의 언약 안에 있어야 한다. 그러므로 신자가 중보자이신 그리스도와의 신비적 연합에 참여하는 것은, 그리스도 안에서 창세 전에 하나님께서 하나님의 백성으로 선택하신 것에 근거한다. 이 연합은 성령에 의해 그리스도와 신자 사이에 유효한 신비롭고 초자연적인 방법으로 이뤄진 것이다. 하나님께서 인간을 구원하시는 구원 사역에는 논리적인 순서가 있다. 율법의 저주와 사탄의 권세에서 구원하시려는 그리스도의 객관적인 사역과 그리스도의 구속의 사역을 자기 백성들에게 주관적으로 적용하는 사이에는 구별이 있으며, 구속함을 받는 것과 하나님과 화목하는 것은 순서가 있다.[80] 그리스도의 구속은 그리스도와 연합된 하나님의 백성들, 곧 하나님께서 택하신 제한된 하나님의 백성들을 위한 것이다. 그리고 그리스도께서는 이들의 죄를 짊어지시고 우리가 받을 저주를 받으시고 자신을 속전(ransom)으로 내어 놓으셨다. 그리스도께서는 자신의 순종(obedience)으로 말미암아 우리가 하나님께 순종하지 못한 것을 대신하셨다. 그리고 하나님과의 화목을 이루심으로 하나님의 형상과 교제에 대한 회복이 성령의 사역으로 유효하도록 주신 것이다.[81]

객관적인 구속과 칭의는 신자 안에 그리스도께서 계신 하나님의 백성들에게 이뤄지는 것이며, 그들의 영혼 안에 그리스도의 객관적 사역이 주관적으로 행해지는 것이다. 그리스도의 순종하심으로 하나님과 그리스도는 하나가 되시며, 우리 역시 하나님께서 우리 안에 계시게 된다.82 그러므로 칼빈이 말한 대로 우리의 신앙의 확실성은 우리가 그리스도와 연합된 것에 있는 것이다.83 우리는 그리스도를 우리의 구세주로 믿기 전에는 그리스도의 은혜에 참여할 수 없다.84

> 그러므로 머리와 지체와의 결합과 우리의 마음속에 그리스도가 내주하시는 것, 곧 신비적인 연합이 최고인 것을 우리가 받아들이게 된다. 그래서 우리의 것이 된 그리스도께서 부여하시는 은사 안에서 (신비적 연합)을 그와 함께 나누는 것이다.85

이어서 칼빈은, 그리스도께서는 우리가 그리스도와 하나가 되도록 설계하셨기 때문에 자신의 의를 우리에게 전가시키신 것(imputed to us)은 우리가 그리스도 안에 있고 그의 몸에 접붙여 있다는 것을 말하는 것이라고 한다.86 이 같은 은혜에 참여했기 때문에 우리는 그리스도와 의의 교제를 가지고 있음을 자랑하는 것이다. 예수 그리스도를 믿음으로 예수와의 신비적인 연합에 들어간 신자들은 하나님께서 그리스도를 주시고자 하신 모든 사람들에게 그리스도와의 연합은 취소되거나 재연합이 될 필요가 없는 것이다. 그리스도께서 그리스도를 믿는 신자들의 머리가 되시고, 하나님의 선택의 보증이 되시며, 그리스도 자신이 죄의 값을 지불하심으로 하나님 앞에 의가 되신다. 또한 그리스도의 적극적인 순종으로 의를 이루시고, 십자가에서 죽으시는 소극적인 순종으로 구원을 완성시키시고, 신자들의 영생을 보장하신다. 그리고 그리스도의 의를 자기 백성에게 전가시키시고 의롭다고 하시는 은혜에 참여시켜 주시는 것이다. 이것이 믿음으로 인한 칭의의 영원한 근거가 되고, 이 믿음으로 모든 영적인 축복과 영생의 선물을 받게 된다. 또한 그리스도의 객관적인 구원의 사역을 성령께서 주관적으로 신자들에게 적용해 주시는 것이다.[87]

그리스도와의 연합에 관한 성경의 첫째 근거로 들 수 있는 것이 바울이 에베소서 5장 22-33절에 기록한 남편과 아내의 관계이다. 결혼에서 남자와 여자가 한 몸 됨을 그리스도께서 그의 교회에 대한 사랑의 관계로 설명하고 있다. "그리스도께서 교회를 사랑하시고 그 교회를 위하여 자신을 주심같이"(25절) 남편은 아내를 사랑하라고 하시고, 32절에 "이 비밀이 크도다 나는 그리스도와 교회에 대하여 말하노라"고 하신다. 사실 그리스도와 신자의 연합은 부부의 관계를 넘어서는 연합이다. 둘째 근거는 요한복음 15장 1-5절의 포도나무와 가지의 비유이다. 그리고 요한복음 17장 22절과 요한일서 1장 3절이다. 우리들은 그리스도와 연합으로 하나님의 예정(엡 1:4), 칭의(롬 8:1), 성화(고전 1:30)와 영화(고전 15:22)의 구원의 은혜에 참여하게 되었다.

2. 예수님

맥그래스(McGrath)는 영성에 있어서 중요한 교리는 예수님의 성육신 교리라고 말한다.[88] 맥그래스는 예수님의 성육신 교리에 대해 "말씀이 육신이 되어 우리 가운데 거하시매"(요 1:14)라고 하신 말씀을 인용하면서 '말씀이 육신이 되었다' 는 것을 강조하고 있다.[89] '되어'(become)라는 말은 말씀이 인간 역사 안으로 들어온 것을 의미한다. 그리고 육체(flesh)란 만들어진 것이고, 없어질 수 있으며, 유한한 인간인 것을 말한다고 한다. 그는 '성육신'을 하나님이 인간의 육체를 취하셔서 인간 비하의 자발적인 과정에서 인간 역사 안으로 들어온 것이라고 정의하고 있다. 이같이 말하는 이유는 맥그래스에게 '말씀'(The Word)은 살아 있고, 영원하며, 창조적이고, 신적인 존재이기 때문이다.

교회사를 보면 성육신에 관한 여러 사상들이 있었다. 영지주의 저술가(Gnostic writers)들은 물질은 악하며, 그리스도는 고등한 영(a higher spirit)이라고 생각하고 예수께서 그리스도이심을 부인하였다(요일 2:22).[90] 또한 가현설(Docetism)은 그리스도는 전적으로 신(divine)이었는데 인간으로 나타난 것뿐이었다고 말하여 예수님의 성육신을 부인했다.

1) 예수님의 성육신 교리와 영성

영성은 동방교회와 서방교회의 사상과 깊은 연관을 갖고 있는데, 특별히 영성은 헬라의 플라톤(Plato)의 영향을 받은 필로(Philo)의 로고스(logos) 사상에 바탕을 두고 있다. 헬라 철학의 영향 아래 성육신 교리가 발달했다. 로고스는 아버지에게 종속(subordinate) 된다고 생각했다. 오리겐(Origen)은 성육신에서 그리스도의 인간의 영이 로고스와 연합했다고 가르쳤다. 또한 토마스 아퀴나스(Thomas Aquinas)는 로고스의 인격(the person)이 성육신에서 연합에 이어 합성되었다고 했다.[91] 이후에 아리안(Arian) 논쟁을 거치면서 아타나시우스(Athanasius)가 주장한 대로 예수님은 하나님과 유사 본질(homoiousios, similar essence)이 아니라 동일 본질(homoousios, same essence)인 것이 니케아 종교회의(The Council Necaea)에서 받아들여지게 되었다.

그러나 영성주의자들에게 동일 본질의 교리는 다른 방향으로 발전하게 된다. 그것은 하나님과 동일 본질인 아들 그리스도가 예수로 성육신 되어야 한다는 의미를 달리 해석하게 된 것이다. 하나님은 보이지 않고 만져지지 않기 때문에 우리 인간은 직접적인 방법으로는 하나님을 식별할 수 없다. 그러므로 그리스도의 성육신은 곧 아버지의 아들이며 육신을 가진 아들과 인간은 같은 속성이기 때문에 아들인 그리스도와의 연합은 곧 아버지(하나님을 말함)와 연합을 가리킨다는 생각을 갖게 된 것이다.[92] 성육신 된 그리스도와 관계를 갖는 길은 인간들에게 보여지는 하나님의 형상(image of God, 골 1:15)이어야 한다는 것이다. 여기의 '형상'은 '화상'을 말하는 '아이콘'(icon)이다. 동전에 새겨진 사람의 얼굴이 아이콘이다. 그러니까 성육신하신 그리스도는 곧 하나님의 형상이라고 주장한 것이다. 아이콘의 사상이 영성에서 성육신 교리에 들어오게 되었고, 또한 아이콘을 영성에 적용하게 된 것이다. 이같은 이유에서 만든 것이 그림으로 그려진 예수의 초상화 — 예수의 형상(icon)이다. 예수의 상을 바라보고 명상(contemplation, 이 단어는 '관상'이라는 개념의 언어로 사용됨)에 들어가면 영이신 하나님과 교통이 이뤄지고 영적인 교제를 이룰 수 있다는 것이다.[93] 이 영성은 동방교회가 주축을 이루어 발전시켰다. 이것이 맥그래스(McGrath)가 말한 대로 영성에 있어서의 하나님에 관한 지식이다.

여기서 한 가지 분명히 할 것은 성경은 '화상'을 우상 숭배라고 분명히 말씀하신다는 것이다. 어거스틴과 루터, 그리고 칼빈도 어떤 형상이든지 만들어서는 안 된다고 하신 말씀에 순종해야 함을 분명히 했다. 화상을 사용함으로 예수를 대면하는 것을 하나님을 대면하는 것이라고 함은 성경적이지 않다. 또한 골로새서 1장 15절에서 예수를 하나님의 형상이라고 하심은 화상을 가지고 말씀하신 것이 아님이 분명하다. 앞에서도 서술했지만 영성을 말하는 사람들은 마음속에 인간의 실체와 하나님의 실체의 일체성을 찾고자 노력하고 그 일체성을 그리스도의 성육신에서 찾고 있다. 뿐만 아니라 초월해 있는 하나님을 추구하여 실존을 벗어난 곳에 존재하는 신을 추구하고 있다. 인간과 신의 실체의 일체성을 갖는 매개체가 형상(icon)이며, 형상을 자기 초월 또는 내재로 만드는 작업이 관상(contemplation)인 것이다.

2) 예수님의 고통과 하나님의 고통

맥그래스는 예수의 고통은 곧 하나님이 피조물의 고통과 괴로움에 참여한 것이라고 한다.[94] 히브리서 4장 15절에서 우리의 연약함을 동정하시는 분은 예수님이시라고 하신다. '동정'이라는 말은 다른 사람이 경험하는 아픔과 마음의 상태와 똑같은 정서로 함께 접촉함을 의미한다. 예수님은 하나님이셨기 때문에 이것이 가능하셨고, 또한 예수님은 완전한 사람이셨기에 인간이 갖는 연약함을 가지셨던 것이다. 이것을 가지고 하나님이 피조물에 대한 고통과 괴로움을 가지고 계신다고 말하면서 인간의 괴로움을 모르면 하나님이시겠느냐고 질문하는 자체는 하나님의 신성에 치명적인 문제가 된다. 십자가에서도 하나님의 하나뿐인 아들 예수님께서 온 인류의 죄를 지시고 죄인의 자리에서 죽으시는 그 자리에서 하나님께서는 아들을 버리셨다. 그것을 영성주의자들은 하나님의 피조물에 대한 하나님의 고통 때문이었다고 해석한다. 하나님의 아픔이 있었다면 죄인들의 죄악 때문이었을 뿐이다. 그러나 성경은 하나님이 아픔을 가지셨다든지, 또는 하나님이 고통을 가지셨다고 말하지는 않는다. 오히려 십자가에서의 예수님의 절규는 죄인들을 대속하시는 대속의 죽음에서의 분리요, 하나님의 공의를 완전히 지불하시고 의를 세우시는 예수님의 절규임을 다시 확인하는 것뿐이다.

　맥그래스에 의하면 하나님의 아픔은 그리스도의 성육신에 근거한다. 그러므로 성육신하신 그리스도의 고통은 하나님의 고통인 것이다. 그는 자신의 견해를 세우기 위해 삼단논법을 사용한다. 1) 예수는 하나님이시다. 2) 예수는 아픔과 고통을 경험하셨다. 3) 그러므로 하나님은 아픔과 고통을 경험하셨다.[95] 예수와 하나님은 동질이기 때문이라는 것을 이유로 하나님의 아픔으로 삼는 것은 하나님이 십자가에 죽었다고 말하는 것과 같다. 맥그래스가 이같이 주장하는 이유는 첫째로 관상에서 신비의 세계를 만들기 위한 것이다. 둘째는 '아이콘'을 통한 하나님의 아픔에 참여하기 위한 것이다. 예수의 화상을 보면서 그리스도의 고난과 인간의 실체가 일치될 때에 하나님과 일치되는 '신격화'가 일어나게 된다. 이런 활동의 목적은 하나님의 음성을 듣기 위한 것에 있고, 결국 하나님의 '완전함'(perfection)에 참여하여 인간의 완전함을 이루고자 함에 있다. 이것은 성경에 없는 사상이다. 또한 이것은 성경이 가르치는 기도(prayer)가 아니다. 영성에서 완전함에 이르는 것은 인간의 실존의 영역에서 하나님의 초월성(transcendence)과 하나님의 내재성(immanence)을 추구하여 얻은 산물이라고 할 수 있다. 이것은 절대적인 타자(the Other)로서의 신에게 합하려는 노력인 동시에 모든 물질 속에 있는 실체(substance)는 하나님의 존재와 동일하게 보는 실체를 추구하는 것이다. 이 두 가지 모두 성경이 말씀하시는 하나님이 아니다. 초월하신 하나님과 내재하신 하나님을 추구하고 찾고 생각하는 영성은 종교다원주의 경향을 벗어날 수 없다.

3. 성령님

1) 내재하시는 성령

영성은 성령론에 속한다. 영성을 특별히 성령론에 두는 것은 성령께서 인간 내면의 세계를 만들어 가심으로 영성이 형성(formation)되고 영성 활동이 이루어진다고 생각하기 때문이다. 그런데 인간 내면의 세계를 형성한다는 것은 하나님의 내재하심으로만 가능하다고 생각한다. 파니카르(Panikkar)는 하나님의 내재하심은 하나님이 자신을 나타내시는 하나님의 계시(revelation)라고 하고,

하나님의 계시는 성령의 계시라고 한다.96 로고스인 하나님이 시간과 공간에서 인간의 마음속에 나타난다고 생각한다. 이것을 가리켜 하나님이 인간 마음속에 내재하심이라고 한다. 영성에서 '하나님의 내재'라는 것은 범신론의 개념에서 나온 말이다. '내재'란 단순히 영혼 안에 성령이 거하신다는 것을 의미하지 않는다. 내재의 영역이란 모든 존재의 궁극적인 내면(the ultimate innerness)을 의미하며97 존재의 근원(ground)이 된다. 그런데 영성에서는 형상(icon)을 계시의 매개체로 사용한다. 그러기 위해서는 계시로서의 하나님과 아들 또는 로고스가 항상 초월해 있어서 많은 인간에게 나타날 수가 없다. 그러므로 인간 영혼 안에 '내재'해 있어야 하는 것이다. 이 사상은 폴 틸리히(Paul Tillich)의 내재신학과 조화를 이루는 표현이다. 그래서 맥그래스(McGrath)는 성령을 "하나님의 성령"이라고 부르고, 창조 안에 있는 하나님의 임재와 힘이라고 한다.98 뿐만 아니라 하나님의 말씀인 로고스가 세상 안에서 인간과 대면하는 초상(portray)이라고 했듯이, 성령은 기대했던 메시아가 현존하는 메시아로서의 초상(portray)이라고 한다.99 또한 새로운 피조물 되게 하는 행동인(agent)이라고 한다.100 파니카르가 지적한 대로 초월의 개념으로 자신을 계시하신다는 것은 말의 논리에 맞는 것이 아니다. 그러므로 내재한 존재가 자신을 계시할 때는 더 이상 내재의 개념을 사용할 필요가 없다는 것이다.101

성령을 내재하는 절대적인 존재로 만드는 이유는 동방교회의 신학인 '형상'(icons)의 근거를 찾기 위함이다. 영성을 주장하는 사람들은 삼위일체를 부인하지는 않는다고 말한다. 곧 성부와 성자, 성령의 삼위가 한 존재(Being, 하나님이라는 말보다 존재라는 말을 씀)인 것을 말한다. 그럼에도 불구하고 삼위일체가 한 존재로만 있어서는 영성이 이뤄질 수가 없다. 여기에 삼위일체에 있어서 이해하지 못하는 부분은 비밀에 붙여 두자고 제안한다. 세 인격이 객체로 있어서 사역을 완벽히 할 때에 영성이 온전히 수행될 수 있다고 생각한다. 왜냐하면 2위인 성자뿐 아니라 3위인 성령의 각 사역이 형상(icons)을 통해 하나님과 연합이 이뤄지려면 성령의 내재의 사역이 있어야만 되기 때문이다. 이들은 하나님이 한 분이심을 앞으로는 받아들이고 결국 부인하고 말았다.

영성(spirituality)의 전제는 요한복음 1장 1-14절의 로고스(Logos)가 인간과 연합되고 동질로 되는 것에서 시작한다. 메리 엔 도노번(Mary Ann Donovan)은 로고스가 인간과 하나가 되었다는 생각에서 영성의 이론을 전개한다.102 요한복음 1장 14절은 "말씀이 육신이 되어 우리 가운데 거하시매 우리가 그의 영광을 보니 아버지의 독생자의 영광이요 은혜와 진리가 충만하더라"고 하신다. 그러나 도노번은 "로고스가 인간 안에 하나가 되었다"고 한다. 이 말은 인간이 영성의 활동을 통하여 로고스인 그리스도와 같은 실체를 가지고 있다는 의미로 받아들일 수밖에 없다. 도노번은 "하나님께서 첫 인간을 만드셨는데 곧 하나님이셨다"고 한다.103 이것이 로고스이다. 그러면 성령의 내재하심의 문제는 성부 하나님, 성자 하나님, 성령 하나님의 삼위의 관계를 어떻게 성경적으로 정립하느냐에 있다. 이것은 교회사에서 여러 회의를 거쳐 고백되어 온 것임에도 불구하고 영성이라는 주제를 가지고 질문되고 있다는 것은 우리들을 혼돈 속에 빠뜨리고 있다. 이같이 영성의 이론을 전개하는 이유는 로고스와 인간이 서로 생각과 감정의 교류가 이뤄지려면 로고스와 인간이 같아야 하기 때문이다. 하나님께서 로고스를 손으로 빚으심으로 인간이 되었으며 예수는 인간이 되시고104 또한 로고스(말씀)가 인간이 되었으니 우리가 하나님의 영광에 들어가게 되었다고 한다.105 이것은 마치 칼 바르트(Karl Barth)가 그의 변증신학에서 인간이 예수라고 한 것과 맥락을 같이한다.

다시 말하면 인간 예수가 하나님의 영광에 들어갔으므로 인간들이 로고스인 예수의 삶을 충분히 경험하게 되고 하나님의 영광에 들어간다고 한다. 예수의 삶을 경험한다는 것은 영광에 들어가는 것을 말한다. 이것은 형상(icons)을 주시함으로 깊은 명상에 들어가고, 거기서 내재의 세계 속에서 하나님을 만나야 하고, 그 하나님의 비전(vision)을 신뢰하여 하나님과 교제에 들어가게 된다.106 그리스도와 연합하여 죽은 십자가 사건이 우리의 현실이 되면 우리의 승리는 절반이 되고, 우리가 그리스도의 부활의 생명을 믿음으로 우리의 생명으로 받아들이면 나머지 절반의 승리가 완성된다고 생각하고 있다. 영성이 말하는 '하나님의 비전'이란 하나님을 생각하고 시각화(visualize)하고 공관화(specialize)하여 형성되어 보이는 것을 말한다. 이것을 '신비 체험'이라 하고 '신비주의'(Mysticism)라고 한다.

'하나님을 본다'는 것을 마태복음 5장 8절의 말씀을 근거로 인용하고 있다. "마음이 청결한 자는 복이 있나니 그들이 하나님을 볼 것임이요." 이 말씀의 의미를 매튜 헨리(Matthew Henry)는 "하나님을 보는 것은 천국에서 있는 것으로 미래의 상태"라고 주석했다.107 도너번도 이 점에는 동의한다. 하나님 아버지를 본다는 것은 천국에서나 있는 것이며, 이 땅에서는 앞에 말한 관상(contemplation)의 과정을 통하여 천국에 있는 하나님을 보는 방법으로 찾고 있는 것이다.

2) 성령의 중재와 하나님을 보는 것

도너번은 성령께서 아들의 길을 준비하시는데, 아들(예수)은 우리들이 이 땅에 있는 동안 아버지(하나님)가 아들(예수)과의 관계에서 우리에게 보이도록 만드신다고 말한다.108 영이신 하나님을 육신의 눈으로는 이 땅에서 볼 수 없다. 그러나 도너번은 하나님을 보는 것을 심리화(psychologize)하였다. 도너번은 인간이 하나님을 볼 수 있는 것은 지난날에는 성령의 중재(the meditation of the Spirit)를 통해 예언적으로 보았고, 현재는 아들(예수)의 중재로 양자의 결연 관계(adoptively)로 보여진다고 한다.109 도노번의 논리에서 알 수 있는 것은 영성이 성립되는 것은 삼위일체의 객체의 사역으로만 가능하다는 것이다. 그런데 분명한 것은 도너번이 말하는 성령의 중재자의 일은 성경에서 찾아 볼 수 없다. 성경은 중재자는 오직 예수님 한 분이시며, 그는 우리를 우리의 죄로부터 구원을 이루시는 중보가 되신다고 말씀하신다.

도노번은 말하기를 삼위 중에서 성령은 아들(Son)을 위해 우리가 하나님과 하나가 되도록 준비시키고, 아들은 우리를 아버지(Father)께로 인도하시고, 아버지는 우리가 하나님을 보게 되는 것(the vision of God)을 기뻐하시고 비전과 연관된 은사를 주시는 분이라고 말한다. 그러나 성경에서 예수님은 "나를 본 자는 아버지를 보았다"고 말씀하신다. 그러므로 우리가 예수 그리스도를 구세주로, 그리고 주님으로 믿는다는 것은 하나님을 본 것이다. 다른 형상으로 하나님을 보려고 하는 것은 성경적인 것이 아니다. 인간이 하나님을 눈으로 보아야 할 이유가 무엇이며, 보려고 생각하여 비전과 상상력을 사용하는 이유가 무엇인가? 하나님께서 독생자로 구원을 이루신 것은 인류에게 생명을 주는 하나님의 비전으로 인도하기 위해 고안된 것이며,110 하나님의 사랑의 돌봄을 받기 위한 것이라는 것이 도노번의 이론이다. 이 같은 이론의 전개는 사랑의 대상을 찾고 있는 현대인의 감정을 만족시키겠지만, 하나님의 비전을 시각화(to be seen)하고 그 시각화로 대화를 나누고 또한 하나님의 사랑을 느낀다면 이것은 기독교가 아니다. 하나님께서는 공의와 사랑의 두 속성으로 주님의 백성들을 인도하시고 다스리신다. 또한 말씀으로 죄를 지적하시고 구원받은 신자로서 천국 백성의 삶을 살게 하신다. 그런데 하나님의 공의가 제외된 하나님으로 축복만을 주시는 절대자로 생각하고 비전을 통하여 하나님을 추구하고 하나님과 만남을 신자의 삶이라고 한다면, 그것은 심리적인 하나님을 추구하는 것이며, 성경이 말씀하시는 하나님은 아니다.

창조와 영성

창조와 영성은 분리할 수 없다. 지금까지 관찰한 대로 영성에서는 창조를 자연신학의 개념에서 보기 때문이다. 하나님께서 창조하신 모든 것들은 하나님의 신성을 내포하고 있다는 생각에서 영성을 정의하고 있다. 영성의 가치는 창조물에 내재하고 있는 신의 음성을 듣는 것에 있기 때문에 창조와 영성은 나눌 수가 없는 것이다. 신의 음성을 듣는 것을 '하나님의 은혜' 라고 하고 거기에 하나님의 은혜가 있다고 생각한다. 현재는 피조물에 초월해 있는 절대적인 존재(Being)를 추구하는 데는 흥미를 잃기 시작했다. 오히려 피조물 속에 내재하고 있는 하나님과 그의 은혜를 구하는 것에 흥미를 두고, 거기서 '영적인 것' 을 추구하는 행위를 영성이라고 생각한다. 이것이 후근대주의 사상을 이끌게 되었다. 그러므로 성경 중심 사색을 가진 믿음의 사람들은 이 같은 행위를 범신론적인 행위라고 단정 짓는다.

여전히 사상의 근거는 플라톤 철학의 영향을 벗어날 수 없다. 이성(reason)과 인식(perception)과의 관계의 질문은 계속되고 있다. 그리고 목적 대상에 대하여 '다수인가', '소수인가' 하는 수의 개념 또한 성경에서의 답이 아니라 헬라 철학의 개념을 따르고 있다. 창조와 영성은 피조물에 나타난 일반계시와 신앙의 관계를 말한다. 앞에서도 설명했지만 인간은 피조물에서 하나님의 존재를 충분히 사색할 수 있을 정도로 완전하지 않다는 것은 분명하다. 인간은 타락했기 때문에 창조물을 통한 하나님에 대한 사색은 완전하지 않으며, 하나님의 존재를 충분히 자각할 수 없다. 그럼에도 불구하고 자연을 대하는 사람들은 완벽하게 하나님을 인식할 수 있다고 단정하는 것이 가능한 것인지에 대한 질문은 인간 역사에 계속되어 오고 있다. 창조와 영성은 복음주의 범주 안에서 용납되고 있는 것이 현실이다. 우리가 성경에 근거하여 생각할 때에 인간은 특별계시에 의하지 않고 하나님을 인식하는 것이 불가능함을 확신하게 된다. 지금 현재를 가리켜 '후복음주의(post-evangelical) 시대', '후근본주의(post-fundamental) 시대'라고 한다. 현시대의 특색은 성경의 무오성(inerrancy)을 받아들이지 않으며, 그리고 제한 속죄 교리는 삭제되었다. 반틸(Van Til)은 "하나님의 계시는 그들 [사람들] 주위에 있을 뿐만 아니라 사람들 자신이 구성해 놓은 생각 안에서 하나님의 계시는 변명할 것 없이 분명하고 명료하다"[111]고 말하고 있다. 영성의 활동을 추구하는 사람들이 구성해 놓은 사상의 체계에 의한 결론은 일반계시는 변명할 것 없이 분명하고 명확한 계시인데 또 무슨 계시가 필요하겠는가라고 질문한다. 이같이 영성주의자들은 창조에서 하나님을 충분히 인식하고 사색할 수 있다고 생각하여 또 다른 계시 – 특별계시인 성경의 필요성을 인정하지 않고 있다. 그래서 성경의 무오성은 부정되어 버렸다. 창조와 영성을 연관짓는 사람들은 자신들의 창조자로서의 하나님에 대하여 성경이 말씀하시는 하나님을 제외시켜 버렸다. 결국에는 하나님을 찾지 못하고 말았다. '열린 이성'을 통하여는 성경이 말씀하시는 창조주 하나님을 찾지 못하는 것이다.

사도 바울은 "창세로부터 그의 보이지 아니하는 것들 곧 그의 영원하신 능력과 신성이 그가 만드신 만물에 분명히 보여 알려졌나니 그러므로 그들이 핑계하지 못할지니라 하나님을 알되 하나님을 영화롭게도 아니하며 감사하지도 아니하고 오히려 그 생각이 허망하여지며 미련한 마음이 어두워졌나니"(롬 1:20-21)라고 했다. 이 말씀은 일반계시인 창조를 통하여 영성의 활동이 가능하다는 것을 지지하는 말씀이 아니다. 이 말씀은 죄로 타락된 인간은 일반계시를 통하여 하나님을 제대로 인식할 수 없게 되었다고 하는 하나님의 선언이다. 창조에서 과학적으로도 하나님의 존재에 관하여 생각할 수 없게 되었다. 복음으로 중생함의 은혜에 참여되어 하나님의 형상을 회복하지 않은 사람은 자연에서 하나님의 아름다움을 볼 수 없다. 그러나 영성주의자들은 일반계시를 직시하고 직관으로 판단하는 과정에서 관상(contemplation)을 통하여 로고스의 신비로움을 내면세계에서 시각화(visualization)하고 있다. 신자들은 이 같은 허황된 속임수에 빠져서는 안 된다. 우리에게는 정확무오한 하나님의 말씀인 하나님께서 계시하신 성경이 있다. 그러므로 '계시 의존 사색'112을 통하여 하나님을 알 수 있는 것 외에는 우리에게 주신 것이 없다.

각주 (Notes)

1. Mary Ann Donovan, "Irenaeus: At the Heart of Life, Glory," *Spiritualities of the Heart: Approaches to Personal Wholeness in Christian Tradition*, ed. By Annice Callahan, New York: Pau Paulist Press, 1990, p. 17.
2. 육체(Flesh)란 인간이 구성하는 영혼과 구분되는 요소로서 인간을 이루는 외형적인 부분을 말함.
3. Donovan, *Ibid.*, p. 16. 모양이란 인간의 인격적인 요소로 정의한다.
3. Donovan, *Ibid.*, p. 17.
4. Donovan, *Ibid.*, p. 17.
5. Donovan, *Ibid.*, p. 17.
6. Donovan, *Ibid.*, p. 17.
7. Donovan, *Ibid.*, p. 18.
8. Donovan, *Ibid.*, p. 18.
9. Donovan, *Ibid.*, p. 19.
10. Mary T. *Clark*, "Augustine: The Eye of the Heart." pp. 28-29.
11. John Murray, "Select Lectures in Systematic Theology," *Collected Writings of John Murray*," Vol. 2, Edinburgh, Great Britain: The Banner of Truth Trust, 1977, p. 42.
12. See *Ins.* 1.15.1.
13. Murray, *op. cit.*, p. 35.
14. Ins. 1.15.4. McGrath는 인간이 지닌 '하나님의 형상'을 인간의 하나님께 대한 관계(relationship)로 이해하여, 인간이 외형적으로 '하나님'과 일치되는 것으로 여기고 있다. 1) 하나님의 주권, 2) 인간의 이성(reason)과 하나님의 합리성(rationality)에 일치(correspondence)되는 것, 3) 형상은 하나님과의 관계를 말한다. See Alister E. McGrath, *Theology: The Basics*, Oxford, UK: Blackwell, 2008, pp. 49-50.
15. *Ins.* 1.15.3.
16. Millard J. Erickson, *Christian Theology*, 2nd ed., Grand Rapids: Baker Book House, 1998, p. 522.
17. Ins. 3.11.5. 그리스도의 본질과 우리 인간의 본질이 같고, 같아질 수 있다고 하는 것은 성경적이 아니다.
18. *Ins.* 3.3.9.
19. *Ins.* 3.3.9.
20. Charles Hodge, *Systematic Theology*, 3 Vols., Grand Rapids: Eerdmans, 1977, Vol. 2,

pp. 65ff.
21. Stanley J. Grenz & Roger E. Olson, *20th Century Theology: God & the World in a Transitional Age*, Downers Grove: Inter Varsity Press, 1992, pp. 124 f.
22. John Glyndwr Harris는 그의 책 Christian Theology에서 삼위일체와 영성의 관계에 관하여 깊이 있게 다루고 있다.
23. Harris, *Ibid.*, p. 7.
24. Harris, *Ibid.*, p. 7.
25. Harris, *Ibid.*, p. 7.
26. Harris, *Ibid.*, p. 8.
27. Harris, *Ibid.*, p. 8.
28. J. Gresham Machen, *Christinity and Liberalism*, Grand Rapids: Eerdmans, 1974
29. Machen, *Ibid.*, p. 54.
30. Machen, *Ibid.*, p. 55.
31. Charles Hodge, *op.cit.*, Vol. 1, p. 62.
32. Hodge, op.cit., p. 62.
33. Raimundo Panikkar, *The Trinity and the Religious Experience of Man*, New York: Orbis Books, 1973, p. 46.
34. Panikkar, *Ibid.*, p. 46.
35. Panikkar, *Ibid.*, p. 46.
36. Machen, *Ibid.*, pp. 55-56.
37. Machen, *Ibid.*, p. 56.
38. Panikkar, *op. cit.*, p. 47.
39. Panikkar, *op. cit.*, p. 47.
40. Panikkar, *op. cit.*, p. 48.
41. John M. Frame, *Cornelius Van Til: An Analysis of is Thought*, New Jersey: Presbyterian and Reformed Publishing Company, 1995, pp. 234-235.
42. Panikkar, *op.cit.*, p. 49.
43. Machen, *op.cit.*, p. 56.
44. Machen, *op.cit.*, p. 56.
45. Machen, *op.cit.*, p. 56.
46. Leon Morris,
47. Leon Morris, *The Gospel According to John*, Grand Rapids: Eerdmans, 1971, p. 644. See William Hendriksen, *Exposition of the Gospel According to John in New Testament Commentary*, Grand Rapids: Baker Book House, 1985, p. 270.
48. Machen, *op.cit.*, p. 56.
49. Machen, *op.cit.*, p. 57.

50. Panikkar, *op.cit.*, p. 42.
51. Panikkar, *op.cit.*, p. 42, *op.cit.*, 47.
52. Joseph Stump, *The Mystical Union*, see http://www.angelfire.com/ny4/djw/lutherantheloogy.stumpmystical.html.
53. Stump, *Ibid.*, 이 교리는 Abraham Calovius, Johann Andreas Quenstedt, Johann Friedrich Koenig and David Hollazius 같은 후기 교리신학자들에 의해 발달했으며, 신비적인 범신론적 개념을 대항하여 Kaspar Schwenkfeld와 Valentin Weigel과 Andreas Osiander의 잘못된 교리에 포함된 부분적 진리에 대해 타당성을 입증하기 위해서였다.
54. Philip Sheldrake, *A Brief History of Spirituality*, Malden, MA: Blackwell Publishing, 2007, pp. 137-138. 참고할 또 다른 책은 Jesuit Bible Mai Seminary의 Albert the Great가 쓴 《하나님과의 연합에 관하여》(*On Union with God*) 라는 책이다. 이 책은 하나님과의 연합이 무엇인가를 설명한 책이다.
55. Stump.
56. Stump.
57. Wayne Grudem, *Systematic Theology: An Introduction to Biblical Doctrine*, Grand Rapids: Zondervan, 1994, p. 840.
58. Grudem, *Ibid.*, p. 847
59. John Murray, *Redemption Accomplished and Appilied*, Grand Rapids: Eerdmans, 1970, p. 164.
60. Machen, *op.cit.*, p. 63.
61. Panikkar, *op.cit.*, p. 52.
62. Panikkar, *op.cit.*, p. 54.
63. 성경은 '재연합' 이라는 것을 말씀하지 않는다. 그리스도와의 연합은 인간의 행위의 여부에 따라 취소되는 것도 아니며, 선행이 있으면 다시 그리스도와 연합되는 것이 아니다.
64. *Ins.* 3.11.10.
65. *Theological Dictionary of the New Testament*, ed. by Gerhard Kittel, tr. by Geoffery W. Bromiley, 10 Vols., Grand Rapids: Eerdmans, 1993, Vol. III, pp. 807f.(본 책에서는 TDNT로 명시함.)
66. *TDNT*, Vol. III, p. 808.
67. *TDNT*, Vol. III, p. 804.
68. I. Howard Marshall, *The Epistles of John*, Grand Rapids: Eerdmans, 1978, p. 104.
69. See Marshall, Ibid., p. 104.
70. Marshall, Ibid., p. 104.
71. Marshall, Ibid., p. 105.
72. Simon J. Kistemaker, *Expostition of the Epistle of James and the Epistle of John*, Grand

Rapids: Baker Book House, 1986, p. 236.
73. Kistemaker, *Ibid*., p.238.
74. Marshall, *op.cit*., p. 105.
75. Marshall, *op.cit*., p. 105.
76. 3절에 "너희로 우리와 사귐이 있게 하려 함이니" 에서 "있게 하려 함이니" 에 해당하는 헬라어는 ἔχητε(may have)라는 단어이다. 이 단어는 계속되는 의미를 갖는다 (Marshall, *op.cit*., p. 105).
77. Berkhof, *op.cit*., p. 453.
78. Grudem, *op.cit*., p. 844.
79. http://logosresourcepages.org/Believers/guyon.htm에서 David Cloud의 글을 참고하라.
80. Charles Hodge, *Systematic Theology*, vol. II, Grand Rapids: Eerdmans, 1977, pp. 581.
81. Hodge, *Ibid*., p. 582.
82. See Hodge, *Ibid*., pp. 587f.
83. *Ins*. 3.2.24.
84. *Ins*. 3:11.10.
85. *Ins*. 3:11.10.
86. *Ins*. 3.11.10.
87. Berkhof, *op.cit*., pp. 448f.
88. Alister E. McGrath, *Spirituality Introduction*, Oxford, Uk: Blackwell, 2001, p. 54.
89. McGrath, *op.cit*., p. 54.
90. Louis Berkhof, *The History of Christian Doctrines*, Edinburgh: The Banner of Truth Trust, 1975, p. 46.
91. Berkhof, *The History of Chrisitan Doctrine*, p. 114.
92. McGrath, *op.cit*., p. 59.
93. McGrath, *op.cit*., p. 59.
94. McGrath, *op.cit*., pp. 59-60.
95. McGrath, *op.cit*., p. 60.
96. Panikkar, *op.cit*., p. 58.
97. Panikkar, *op.cit*., pp. 58f.
98. McGrath, *op.cit*., p. 48.
99. McGrath, *op.cit*., p. 48.
100. McGrath, *op.cit*., p. 48.
101. Panikkar, *op.cit*., p. 59.
102. Mary Ann Donovan, *op.cit*., p. 12.
103. Donovan, *op.cit*., p. 12.
104. Donovan, *op.cit*., p. 13.

105. Donovan, *op.cit.*, p. 13.
106. Donovan, *op.cit.*, p. 13.
107. See Matthew Henry의 주석 마태복음 5장 8절-"It is the perfection of the soul's happiness to see God; seeing him, as we may by faith in our present state, is a heaven upon earth; and seeing him as we shall in the future state, in the heaven of heaven. To see him as he is, face to face, and no longer through a glass darkly; to see him as ours, and to see him and enjoy him; to see him and be like him, and be satisfied with that likeness(Ps. 17:15); and to see him forever, and never lose the sight of him; this is heaven's happiness."
108. Donovan, *op.cit.*, p. 14. "The Son, his way prepared by the Spirit, makes the Father visible to us "adoptively" while on earth."
109. Donovan, *op.cit.*, p. 13.
110. Donovan. *op.cit.*, p. 15.
111. Cornelius Van Til, *Common Grace and The Gospel, Nutley*, New Jersey: Presbeterian and Reformed Publishing Co., 1977, p. 130.
112. '계시 의존 사색' 이란 하나님의 계시인 성경에 의존하여 사색하고, 성경이 말씀하심을 판단과 생각과 행동의 기준과 근거로 삼고 행함을 의미한다. 예를 든다면 마리아가 예수의 나심에 관하여 천사가 들려준 말씀을 들은 후에 마리아는 엘리사벳을 찾아가서 문안한다. 엘리사벳이 마리아의 문안함을 들을 때에 엘리사벳의 복중에서 아이가 뛰놀았다. 이때 엘리사벳은 큰소리로 불러 마리아에게 축복하여 말하기를 "여자 중에 네가 복이 있으며 네 태중의 아이도 복이 있도다"라고 외쳤다(눅 1:42). 이어서 말한다. "내 주의 어머니가 내게 나아오니 이 어찌된 일인가 보라 네 문안하는 소리가 내 귀에 들릴 때에 아이가 내 복중에서 기쁨으로 뛰놀았도다"(눅 1:43-44). 영성주의자는 엘리사벳이 엘리사벳의 복중에서 아기가 뛰노는 것을 안 것은 엘리사벳 자신의 영성으로 알았다고 말한다. 그러나 성경은 영성으로 알았다고 말하지 않는다. 누가복음 1장 41절에 "엘리사벳이 성령의 충만함을 받아"(Elizabeth was filled with the Holy Spirit), "큰 소리로 불러"(42절) 말했다고 되어 있다. 그러므로 엘리사벳이 마리아의 복중에서 아기가 뛰노는 것을 알았고 엘리사벳의 복중에 엘리사벳의 아기가 "기쁨으로 뛰놀았다"는 것도 누구(엘리사벳 또는 마리아 또는 복중의 예수 혹은 세례 요한)의 영성이 아니라 성령으로 된 것이라고 성경은 말씀하신다. '성령'은 '영성'을 대신하여 사용될 수 없으며, 성령과 영성은 동의어가 아니고 같은 의미로 사용될 수 없다. 또한 '감성'의 작용을 성령의 역사로 보는 영성은 성경이 말씀하지 않는다. 또 한 곳은 마태복음 16장 13-20절이다. 예수께서 가이사랴 빌립보 지방에 가셨을 때에 제자들에게 물으셨다. "사람들이 인자를 누구라 하느냐?" 시몬 베드로는 "주는 그리스도시요 살아 계신 하나님의 아들이시니이다"(16절)라고 대답한다. 이때 예수께서는 베드로에게 다음과 같이 말씀하신다. "바요나 시몬아 네가 복이 있도다 이를 네게 알게 한 이

는 혈육이 아니요 하늘에 계신 내 아버지시니라"(17절). 예수에 관하여 베드로는 사람에게서 배운 것이 아니었다. '하늘에 계신 내 아버지' 곧 하나님께서 베드로에게 알게 해 주신 것이다. 베드로의 영성으로 하나님에 대한 지식을 얻게 된 것이 결코 아닌 것이다.

이같이 '계시 의존 사색'이란 성경이 말씀하시는 안에서 알고 인식하고 생각하고 판단하는 것을 일컫는 말이다.

제3장
거슬러 가야 할 항해

명칭부터 잘못된 영성

1. '영적인 것'에 대한 두 가지 접근

'영적인 것'은 무엇일까? 이 질문은 인간의 역사와 함께 계속되고 있는 질문이다. 사상이 발전하고 도시가 발달할수록 사람들은 더욱 순수한 영적인 것을 추구하고 있다. 이 질문에 대한 두 가지 접근이 있다.

첫 번째는 종교개혁자들이 생각했던 대로, 하나님께서 성경에 기록하신 하나님의 모든 일은 영적인 것이며 성령께서 하신 일로 믿는다. 특별히 하나님께서 택한 백성들을 구원하시는 하나님의 구원의 사역을 영적인 것이라는 관점에서 관찰하는 것이다. 그러므로 성령의 구원 사역은 하나님의 선택과 예정과 하나님의 주권의 측면에서 관찰되는, 그리스도 안에서 하나님의 백성으로 선택된 사람들만 속죄하는 '제한 속죄'(limited atonement)의 사상으로 성령의 사역을 제한하였다. 그러나 영성학자로 인정받고 있는 맥그래스(McGrath)는 제한 속죄 교리를 받아들이지 않는다.[1] 그는 그리스도의 십자가와 부활의 의미를 생각할 때에 누구나 그리스도의 구속의 주제와 이미지를 생각하는 과정만 필요하다고 역설하고 있다. 맥그래스는 성경 중심의 사색에서 영성에 대한 이론을 전개시키지 않고 동방교회의 전통 안에서 그리스도의 성육신과 그리스도의 십자가 신학을 자연신학의 관념(idea)의 틀에서 전개하고 있다. 이 점에 있어서 반틸(Van Til)의 의견은 "그리스도는 오직 선택된 사람만을 위하여 죽으셨다"는 사실을 반복하고 강조하여 제한 속죄를 분명히 하고 있다.[2] 분명한 것은 그리스도의 대속의 죽음을 부인한다면 성경의 진리에서 벗어난 것임에 틀림 없다. 성경 의존 사색을 하는 주님의 사람들은 분명하게 거듭남, 신앙, 칭의, 성화, 영화에 이르는 구원의 전 과정을 성령의 역사로 정의한다. 더욱이 종교개혁자들은 현재 사용되어 오고 있는 영성이라는 개념의 언어로 성령의 역사를 관찰하거나 정의하지 않았다.

두 번째는 자유주의 사상이다. 이 사상은 헬라 철학과 직접적 또는 간접적 영향 아래 있었던 동방교회와 서방교회, 그리고 헬라 철학을 발전시켰던 유럽의 철학가들과 후근대주의의 초월과 내재의 개념으로 발전되었다. 이 철학사상은 신비사상과 합쳐지면서 뉴에이지(New Age) 사상을 낳게 된다. 이들은 영성을 "모든 영적인 것은 선하다"는 개념으로 정의하려고 한다. 영성주의자 가운데 온건한 이들 - 예를 든다면 덴버 신학교(Denver Seminary)의 철학

교수인 구루씨우스(Groothius) — 은 앞에 나열한 철학사상을 제외한 영적인 것을 추구하려고 애쓰고 있다. 현 시대의 경향은 헬라 신비 사상과 자연신학과 성령강림운동(Pentecostalism)3이 합쳐진 것에서 영적인 것을 추구하고 창안하고 있다. 이들은 영성의 방법과 적용을 지금까지의 교회의 역사에서 형성된 교회의 '전통'(tradition)에서 얻고, 또한 거기에서 영적인 것을 추구하는 내용들을 구체화하고 있다. 이들이 갖는 공통 질문은 모든 영적인 것은 성령이 하신 것이므로 선하지 않느냐고 반문한다.

2. 영, 혼, 몸, 육의 의미

'영성'이라는 명칭에서부터 영성 철학이 가르치는 것 자체가 성경에서 빗나가 있음을 알 수 있다. 영성을 주장하는 이들의 정의에 관하여 알아보고자 한다. 영성(spirituality)이란 단어의 뜻은 '영적인 것'을 가리킨다. 신자들은 영적인 것은 성령께서 하시는 일이라고 단정짓는데, 그러면 성령께서 하시는 일은 무엇인가 하는 질문을 갖게 된다. 영성주의자들은 영성이란 매일의 삶에서 주님을 만나는 것을 가리킨다고 정의한다. 필립 쉘드레이크(Philip Sheldrake)는 영성이란 단어는 헬라어에서 성령을 가리키는 '프뉴마'(pneuma)에서 나온 것이라고 한다.4 쉘드레이크에게 '성령'과 '영적'(spiritual)이란 단어는 신체적 또는 물질적이라는 단어와 반대 되지 않고 '육적'(flesh, sarx)이라는 단어와 반대가 된다. '육'(flesh)은 하나님의 성령에 반대가 되는 견지에서 보아야 의미를 갖는다. "육이란 몸(body)과 혼(soul) 사이에 대조를 의미하지 않고 인간의 삶에 대한 두 가지 속성의 대조(contrast)"를 말한다.5 그리고 '영적인 사람'(고전 2:14-15, '신령한 사람'(한글 번역))은 하나님의 성령 안에 거하고 있는 사람이거나 하나님의 영의 영향 아래 있는 사람이라고 정의한다.6

헤르만 리더보스(Herman Ridderbos)는 《바울》(Paul)이라는 책에서 '육'(flesh)에 대한 정의를 다음과 같이 말한다. '육이란 신체적으로 해석하지 않는다. 또한 인간(human) 자체로도 해석하지 않는다. 육이란 연약함에 쌓여 있는 일시적인 인간으로 해석한다'(롬 8:3).7 바울은 고린도전서 15장 47절에서 "땅에서 났으니 흙에 속한 자"라고 했다.8 사도 바울은 골로새서 1장 22절에서 예수님의 죽으심에 대하여 말하면서 "그의 육체의 죽음으로 말미암아" 죄인을 하나님과 화목하게 하셨다고 기록했다. '육'은 하나님께 의존하는 인간일 뿐 아니라 멸망받을 수밖에 없는 인간이다. '육'은 죄 안에 있는 인간을 묘사하기도 한다. 리더보스는 "육"이란 단어가 사람과 동일한 의미로 쓰일 때에는 '몸'(body)과 같은 의미로 사용된다고 밝히고 있다.9 분명한 것은 성경에서 '육'은 죄와 동일시되고 있으며,10 인간의 연약함과 일시적인 것을 가리키는 말이다.

사도 바울이 고린도전서 2장 14-15절에 기록한 '신령한 자'의 의미는 성육신한 그리스도와 교제를 갖는다고 주장하는 헬라 철학에서 나온 신비주의를 설명하지 않는다.11 신령한 자는 성령의 영향 아래 있는 사람을 가리키는 것이라기보다 '성령을 받는 자'

를 말한다. 그래서 하나님의 말씀에 근거하여 생각하고 판단하고 행하는 사람을 말한다. 이 같은 사람은 하나님의 말씀, 곧 '계시'에 의존하여 사색하는 사람이다. 14절의 '육에 속한 사람'이란 거듭나지 않는 자연인을 가리킨다. 그리고 인간이 가지고 있는 영의 출처에 관하여는 인간 스스로 소유한 것이 아니라 하나님께서 주신 것이다(롬 8:15; 고전 2:11).12 또한 성경에서 사용되는 '영'이란 말이 인간에 대해 사용될 때에는 인간의 자연적인 존재를 의미하며 혼(soul)과 동일한 의미를 갖는다.13 그러나 필로(Philo)는 스토아 철학(Stoic)의 영향으로 영이란 단어를 철학적인 의미에서 생각하게 되었다. 그는 혼의 본질로서의 임무를 영이 주로 작용하고 있다고 생각했다. 이성적 존재로서의 인간은 영뿐 아니라 인간이 이성적 존재가 된 것은 신의 선물로 하나님의 신적인 영을 부여받았기 때문이다. 또한 순수하게 정제된 천국의 정신(nous)이 인간 안에 거하여 인간은 영에 참여자가 되었다고 한다.14 키텔(Kittel)은 지적하기를, 필로는 신비주의와 연결하여 로고스(Logos)를 생각했다. 그에게 로고스는 이성(reason)을 의미하고 있으며, 동시에 영(pneuma)과 같은 의미를 갖고 있다.15 이 같은 사상이 영성의 교리 안에 있는 기본 사상으로 자리를 굳혀 왔음은 부인할 수 없는 사실이다.

3. '신령한'에 대한 의미

'신령한'(spiritual)에 해당하는 헬라어의 또 한 가지 단어는 프뉴마티코스($\pi\nu\epsilon\nu\mu\alpha\tau\iota\kappa\acute{o}\varsigma$)가 있다. 이 단어를 받침해 줄 성경말씀은

고린도전서 2장 13-15절이다. 이 말씀에서 '신령한 사람'이라는 것은 하나님의 성령의 역사로 하나님의 구원사역을 알고 있는 사람을 말한다. 슈바이쳐(Schweitzer)도 이 해석에 동의하고 있다.16 이 말씀에 근거하여 추리할 수 있는 것은, '영적인 것'은 구체적으로 구원과 관계된 일들을 내포하는 것을 의미하고 있다. 웨인 그루뎀(Wayne Grudem)은 지적하기를, 바울은 '신령한 몸'(spiritual body)이란 단어는 비물질적인 것을 가리키기보다는 성령의 인도함에 적합한 것이며 또한 성령의 인도함에 대한 응답이라고 한다.17 바울 서신에서 '영적'(신령한)이란 의미는 성령의 활동과 특성에 일치하는 것이다. 바울이 신령한 몸이란 말을 사용한 것은 '자연적인 몸'과 대조를 이루는 것으로, 자연적인 몸이란 성령의 의지와 특성에 순응하고 복종하지 않으며, 성령의 인도하심에 응답하지 않는 것을 의미한다.18

성경에서 '신령한'이라는 단어의 역할을 좀더 살펴보도록 하자. 월터 바우어(Walter Bauer)는 '신령한'이라는 단어는 인간 존재의 내면의 삶을 가리키는 경우(삼상 12:2, 13:2)와 성령이 원인이 되시며 성령으로 충만해진 경우에 사용되고 있다고 지적한다. 바우어는 대부분 두 번째의 의미로 사용되고 있다고 말한다. 하나님께서 율법을 주심(롬 7:14), 성령으로 주어진 이해(골 1:9), 또한 땅의 일에 대조된 영적인 일들(롬 15:27, 고전 9:11), 성령의 은사(고전 12:1, 14:1), 성령으로 충만해진 사람(고전 14:37, 육신(flesh)의 개념과 대조됨) 그리고 자연적인 사람의 혼(구원받지 않은 사람)과 대조되는 사람(고전 2:15), 곧 하나님의 성령을 소유한 것을 가리킨다.19 바

우어는 헬라의 신비사상은 성령에 의해 인간이 신적 신비에 침투될 수 있다고 말한다.[20]

성경에는 '영적' 또는 '신령한' [프뉴마티코스($\pi\nu\epsilon\nu\mu\alpha\tau\iota\kappa\acute{o}s$)]이라는 단어는 있어도 명사형인 '영성'(spirutuality)이라는 단어는 없다. 이 단어들을 성경의 의미로 볼 때에 헬라 철학이 의미하는 신비사상은 내포하지 않고 있다. 영성주의자들이 즐겨 사용하는 창세기 2장 7절의 말씀, "여호와 하나님이 땅의 흙으로 사람을 지으시고 생기를 그 코에 불어넣으시니 사람이 생령이 되니라"에도 헬라의 신비사상은 들어 있지 않으며, 필로가 말하는 로고스의 사상은 없다. 더욱이 헬라 철학이 의미하는 이성(reason)으로 만들어진 영적이라는 의미도 없다. 주의할 것은 하나님의 말씀을 철학의 의미를 가지고 읽든지 해석해서는 안 된다는 것이다. 성경은 우리 구원의 전 과정이 전적으로 성령의 역사에 의한 것으로 신령한 것을 말하고 있다. 우리의 구원이 오직 예수 그리스도를 믿음으로 얻는 것(엡 2:8-9)이지, 수도원의 고행을 통하여 이뤄지는 행위 구원은 아니다. 의식과 고요함의 묵상이나 관상을 통하여 신비로움의 세계로 초월하든지, 내재함을 삶에서 만들어 감으로 신령한 것을 이루어 가는 것도 아니다. '신령한' 이라는 형용사는 구원받은 신자들이 천국 백성으로 말씀에 따라 사는 성서 윤리적인 삶을 일컫는 의미로 사용되고 있다.

4. 하나님의 영성

벌코프(Berkhof)나 하지(Hodge)는 그들의 조직신학에서 '영성'이라는 단어를 하나님의 속성에만 사용했다. 벌코프는 하나님의 영성에 관한 글에서 하나님은 단순히 어떤 영이라고 하지 않고 요한복음 4장 24절에 근거하여 하나님은 영이시라고 그의 글을 시작한다.[21] 벌코프는 하나님의 영성에 대한 연구를 하나님은 피조 세계로부터 구별되신 실체적인 존재라는 것에서 시작한다. 그리고 이 실체적 존재는 혼합이나 확장(extension)됨이 없는 물질이 아니며 보이지 않으신다고 했다.[22] 하나님의 영성에 대한 신학적인 연구는 하나님 안에서 발견되는 영의 완전한 개념에 속하는 본질적인 특질들과 하나님은 자의적이며 자기 결정적인 존재라는 사실을 포함한다. 하나님은 절대적이며 순수한 영이시기 때문에 하나님 안에 부분들이 합성되었다는 것은 있을 수 없는 것이다.[23] 벌코프는 밝히기를 영성의 개념의 필연성은 하나님은 순수한 영이시라는 데 있다. 그러므로 벌코프는 하나님이 인간의 육체에 속하였다고 생각하는 영지주의자들과 중세 신비주의자들의 생각을 정죄한다.[24]

만약 하나님의 속성을 나타내기 위해 사용된 단어를 인간에게도 똑같이 사용한다면 그것은 헬라 철학에 있는 개념일 것이다. 하나님은 완전하시고 순수한 영이시다. 그러나 인간은 피조물이며 영과 몸으로 구성되어 있다. 그러므로 순수한 영이신 하나님의 영성을 인간에게 돌릴 수는 없다. 인간과 하나님의 차이점을 영성이 풀어 갈 수 없다. 영성주의자들은 교회 역사에 있었던 영지주의 이단을 앞에서는 거부하고 뒤에서는 받아들였다. 이들은 영지주의를 '이단' 이라고 한다. 이들이 인간에게 있어서 영은 거룩하고 가치가 있으며 인간의 몸은 물질이기에 가치가 없다는 생각으로 인간의 영을 가리키는 영성을 주장한다면, 이들은 앞에서는 영지주의를 부인했지만 결국 영지주의를 받아들이는 이단임을 부인할 수 없을 것이다.

뿐만 아니라 영성의 과정에서 인간의 영과 하나님의 영의 교제가 로고스의 이데아 안에서 가능하다고 주장하는 것은 성경적이지 않다. 그러므로 인간에 대하여 영성을 사용할 것을 주장한다면 그 영성은 결코 하나님과 같이 완전해질 수 없는 특성을 갖는다. 이런 의미로 보면 영성주의자들은 인간이 이 땅에서의 완전함을 추구하는 것에 현혹되어 있다는 것을 부인할 수 없다. 인간은 하나님처럼 완전해질 수 없다. 초월과 내재의 관념으로도 인간은 하나님처럼 거룩해질 수 없다. 이제 우리에게 주어진 일은 하나님의 계시인 성경에 의존한 사색으로 하나님과 인간의 속성을 고찰해야 한다.

5. 인간 영성에 관한 이해

그러나 영성이라는 말이 갖는 의미는 단순하지 않다. "성경적 영성은 무엇인가?"[25]에 관하여 쓴 바바라 보우위(Barbara E. Bowe)는 "성경적 영성은 역사를 통하여 역사 안에서 활동하시는 무한

하신 하나님을 경험하는 인간이 바탕을 이룬다"고 말한다.26 바바라는, 기독교 영성의 성경적 근거는 하나님을 아는 방법과 형상(images)의 깊은 저수지는 신자들을 위한 샘(wellspring)이라고27 말하면서 하나님에 대한 성경적 형상들(images)이 신앙과 영성을 구성하고 또는 해체한다(deformed)고 말한다.28

바바라가 말하는 영성의 정의를 좀더 살펴보도록 하자. 철학자들은 인간 영성에 관하여 말하면서 영성을 자기 초월(self-transcendence)로서의 인간 영성을 말하고 있다. 영성은 인간들이 진리를 알려고 시도하는 정신 능력(capacity)이고, 다른 사람들을 사랑하는 관계를 가지며, 우리 자신을 인격과 관념에 자유로이 위탁하는 것이라고 지적했다.29 심리학자들은 영성이라는 용어를 인격에 능력과 에너지와 동기의 힘(motive force)을 주는 인간 본질의 양상(aspect)이라고 한다. 또한 종교인들은 영성을 거룩함과 궁극적인 것으로 인정하는 것에 의해 형성되는 자기 초월의 실현이라고 한다는 것이다.30 바바라가 정의하는 영성을 요약하면, 영성이란 개인이 인식하는 궁극적인 가치를 추구하는 목적을 성취하기 위한 수단으로, 자기 초월의 과정을 통하여 인간의 삶을 종합(integration)하는 경험(experience)이며, 종합과 초월에 대한 응답이다.31 학자들이 말하는 영성에 관한 정의는 인간 초월의 과정을 통하여 인간의 육체와 영혼과 정신을 종합하는 경험의 예술이라고 할 수 있다. 이 정의에서 알 수 있는 대로 영성이란 자기 실존의 영역 안에서 이뤄지는 초월의 경험이며 타 인격(예, 절대적 존재)과 연결하려는 노력이라고 할 수 있다. 또 다른 면에서는 내재하는 신을 매일의 삶에서 경험하기를 추구하는 것을 말한다. 어느 쪽이든 성경에 근거한 것은 아니다.

영성을 보는 견해는 인간의 역사와 함께 발전되었다. 맥그래스(McGrath)는 이것을 '역사의 현상'이라고 말하고 있으며, 현재 교회는 현 시대의 현상과 문화와 교회의 전통을 무시해서는 안 된다고 한다. 이 세 가지의 공통 부분이 21세기의 영성이어야 한다는 것이다. 예를 든다면 16세기의 영성은 경건(piety)과 거룩(holiness)이었다. 그러나 지금은 아니라고 단언한다. 영성은 교회 역사의 현상과 문화를 회복하는 것이어야 하기 때문이다. 그러므로 경건과 거룩은 현재 교회가 추구해야 하는 영성이 아니라고 한다. 이유는 16세기의 루터가 가톨릭 교회에 대항하여 신교(protestant)를 만들고, 칼빈이 로마교에 대항하여 종교개혁(reformation)을 한 때에도 당시의 주류는 여전히 로마 가톨릭의 신학사상이었기 때문이라고 한다. 다시 말하면 16세기에도 여전히 동방교회의 수도원에서 행해진 영성 운동을 통한 인간 초월의 경험이 주류를 이루고 있었다는 것이다. 그래서 맥그래스(McGrath)는 교회는 동방교회의 수도원으로 돌아가라고 외치고 있다.

6. 영성이라는 용어를 사용하는 이유는 무엇인가?

세군도 갈릴레아(Segundo Galilea)는 "영성의 출처"(The source of spirituality)라는 글에서 천주교에서의 영성은 교회라는 공동체가 참여하는 성례 의식을 통하여 거기에 참여하는 사람들이 그리스도의 임재뿐 아니라 그리스도를 경험하는 것이라고 한다.32 계속하여 말하기를, 가난한 이웃은 그리스도의 현림(presence)이며, 그리스도를 경험하는 것이고, 그리스도의 자유함을 누리는 은혜라고 한다. 가난한 이웃은 신자를 위한 신앙과 교제의 경험의 출처라고 하면서 이같이 여겨야 하는 이유는, 이미 신자가 말씀과 성례를 통하여 교회에 현존하는 믿음의 사랑의 출처인 그리스도를 만났기 때문이라고 말한다.33 이 같은 사상은 자연신학에 의해 추리되고 적용된 사항들이다. 갈릴레아에 의하면 성례는 그리스도와 우리 자신 사이에 만남의 특권이 주어진 것이라고 한다. 토마스 아퀴나스의 신학이 가르치는 대로 성례에서 창조물을 경유하여 그리스도를 경험함으로 하나님과 연합이 이루어지는 것이 영성이며, 이 경험의 특권을 매일의 삶에서 체험하는 것이 '영성의 삶'이 되는 것이다. 그리고 영성의 삶이란 사람의 전 생애를 거쳐 경험하는 것이라고 한다.34 영성의 활동을 통하여 인간은 자신의 한계를 경험하고 자신의 한계를 초월하는 것이기에 영성은 개인의 종교적 특성을 가진다. 그리고 이것은 개인의 경험이라고 불린다.

7. 영성은 절대자를 신앙하는 경험이라고 한다

영성은 하나님을 신앙함으로 하나님의 현존(presence)을 경험하는 것이라 정의한다. 인간은 자신의 이성을 통해 창조물을 매개체로 하여 신을 경험하려 한다. 인간이 경험하는 신은 관념의 세계 안에 초월해 있든지 혹은 내재해 있는 절대자를 가리키며, 영성의 활동에서 그 신과 교제를 갖는다. 역사적으로 보면 영성의 개념은 헬라 철학에 근거한 동방교회와 서방교회의 산물이다.35 그리고 이것은 금욕주의와 신비주의36가 연합되어 창조물을 이성으로 탐구하고 거기서 절대자와 연합되고 자신과 절대자가 일체되는 것이 중심이 되어 있다. 그러므로 영성에 관한 연구는 동방교회와 서방교회의 종교와 철학을 살펴보지 않으면 안 된다. 수도사들은 특히 사막에서 초월해 있는 신을 찾고자 시도하였다. 이들은 마귀를 축출하기도 했다고 하고, 해골을 만지며 죽은 자와 대화했다고 한다. 사막의 수도사들은 말이 필요가 없었고 그들은 별을 바라보고 자신과 창조물이 일체되는 것을 시도했다. 그리고 이 같은 활동과 그에 따른 산물(예, 절대자와 교제함)을 성경이 말씀하시는 '성령'께서 하신다고 해석하며, 이 같은 것에 '영적인 것' 곧 '영성'이라고 명칭을 붙여 부른 것이다.

서방교회에서 영성의 개념은 토마스 아퀴나스의 사상이 믿음의 내용을 구성했고 그 내용을 생활로 바꾸었다. 동방교회에서도 마찬가지이지만 성찬 때에 그리스도의 살과 피를 기념하라고 사용하는 떡과 포도즙이 성찬에 참여하는 자들에게는 실제적인 그리스도의 살이 되고 피가 된다는 화체설(transubstantiation)을 발전시켰다. 성찬에서 사용되는 떡과 포도즙은 이들에게 신의 지식을 얻을 수 있는 매개체로 간주되었고, 절대자의 실체에 참여하는 삶을 계발하기 위해 관상적 기도를 발전시켰다. 동방교회가 치중했던 화상 숭배와 서방교회의 성례전을 위해 예배의식을 영성의 개념에 도입시켰던 것의 공통점은 "절대자의 초월성과 내재성의 탐구"라고 할 수 있다. 현재의 사상은 뉴에이지(New Age) 사상이다. 신의 초월성과 내재성을 숭상하는 신학자들은 자연신학과 신비주의와 카리스마적인 사고를 접목하여 뉴에이지의 사상을 발전시키고 있다. 영성은 관념의 절대자를 마음으로 바라보고 절대자와 교제를 갖는 것을 영적으로 창작해 내는 활동이다.

8. 영성은 선한 행위를 촉구한다

갈릴레아(Galilea)가 쓴 대로 영성은 선한 행위를 촉구한다. 선행을 받을 사람들은 그리스도라고 생각하기 때문이다. 그래서 영성은 실존하는 그리스도와 만나는 것을 의미한다. 예를 든다면 집 없이 길가에서 추운 밤을 지내는 사람을 2천년 전에 오신 구세주 그리스도로 생각하기 때문에 그에게 선행을 베푼다. 이같이 하는 것은 인간과 그리스도를 동질화하여 그리스도와의 만남(I-Thou)을 갖기 위한 것이다. '그리스도와의 만남'(encounter)은 실존신학이 가르치고 있는 내용이다. 인간과 인간이 만나듯이 서로의 모든 것이 적나라하게 알려지는 실존의 만남을 말한다. 영성에서의 선한 행위는 그리스도와의 만남의 개념 안에서 만들어가는 것이다. 그러나 성경 어디에도 이 둘을 동질화하는 말씀은 없다.

예수님은 죄인을 구원하시기 위해 대속의 죽음을 죽으시고 다시 살아나신 후 부활의 몸을 입으시고 승천하셔서 지금은 하나님의 우편에서 우리들을 위해 중보기도하고 계신다. 그리고 약속대로 보혜사 성령님을 보내셔서 우리 안에 거하신다. 우리는 성령으로 우리 속에 거하시는 예수님을 믿는다. 성경은 예수 그리스도를 자신의 구세주로 믿는 때에 그리스도와 영적으로 연합됨을 말씀하신다. 그러나 영성을 주장하는 사람들은 이 예수를 만날 수 있는 길은 인간의 몸을 입으신 그리스도, 곧 성육신한 그리스도와 일체되는 것이라고 생각하고, 그 작업을 영성이라고 불리는 것으로 시도한다. 그것이 명상(meditaion)이며 관상(contemplation)이다. 우리는 분명한 결론에 도달할 수 있다. 영성과 성경 신앙에 근거한 신앙과 생활은 연관이 없으며, 영성으로는 성경이 말씀하시는 하나님께로 나아갈 수가 없다. 성경이 말씀하시는 것이 아니기 때문이다.

아이콘과 영성

1. 영성을 통한 신 인식

토마스 아퀴나스(Thomas Aquinas, 1225-1274)는 영성에 관한 신학과 철학 사상을 구성하는 데 큰 역할을 했다. 영성을 구성하는 것은 하나님에 대한 지식에서부터 시작되는데, 바바라(Barbara)는 토마스 아퀴나스의 사상에 근거하며 영성에 있어서 다음과 같은 생각을 갖는다. 신 인식에 대한 전제는 성경인데, 성경에서 하나님에 대하여 사용된 용어는 모두 유사한(analogous) 의미와 비유적(metaphorical) 의미라고 한다.[37] 하나님은 진정한 영이시라고 하는 것도 같은 맥락에서 보아야 한다는 것이다. 그 어떤 형상을 만들지 말며 그것에 절하지 말라는 것도 인간의 언어나 형상이 아닌 인간 초월의 과정으로 생각해낸 하나님이라고 한다. 그리고 인간 초월의 신은 합법적이고 심리적이며 감각적인 하나님이기에 이 하나님을 추구하라고 주장한다. 그리고 독자들에게 그와 같은 신을 만들라고 촉구한다.[38] 그러면서 성경에서 하나님을 나타내는 형상을 찾는 작업에 게을리 해서는 안 된다고 한다. 예를 든다면 하나님을 '남편', '심판자', '왕'으로 표시하는 것이라고 한다.[39]

2. 신 인식을 위한 매개체

이 같은 것을 보면 영성이란 성경이 말씀하는 하나님이 아니라 실존의 신이며, 종교 다원화의 작업으로 다른 신과 대비된 신비의 신을 찾는 것을 가리킨다. 이 신은 신의 표식(symbol)으로서의 형상(image)을 생각하게 되고, 그 형상으로 구상된 것이 신이라고 한다. 그래서 매개체인 형상을 갖는 것이 신 인식을 위한 영성 활동의 전제가 된다. 호세아 선지자를 생각해 보자. 여호와께서 호세아에게 "가서 음란한 여자를 맞이하여 음란한 자식들을 낳으라 이 나라가 여호와를 떠나 크게 음란함이니라"(호 1:2)고 하셨을 때에 호세아는 여호와의 형상을 자신의 머리에 그렸고 남편의 모습을 생각했다는 것이다. 그 형상을 통하여 하나님의 탄식하는 소리를 들었다는 것이다.[40] 이 같은 접근은 실존의 접근을 내포하고 있다. 인간 저자가 자아의 세계를 벗어나서 신의 세계로 들어가 신과 교통함으로 신과 같은 마음과 아픔을 가졌다는 생각은 성경적이지 않은 것이 분명하다. 이것을 가지고 영성의 글을 쓰는 사람들은 '신비'라는 단어를 사용하고 있으며, 사람들은 영성의 신비의 경험을 가져야 한다고 자극하고 있다. 그 매개체가 아이콘(icon, 형상, image)인 것이다.

3. 영성 활동에서의 아이콘

동방교회는 영성의 활동에서 형상들(icons)을 합법화했다. 아이콘이 하나님을 인식하고 추론하는 매개체이다. 그러나 우리의 하나님에 대한 인식은 특별계시인 성경을 통하지 않고는 될 수 없다는 것이 성경이 가르치시는 것이며, 종교개혁자들이 고백해 온 신앙이다. 그러나 동방교회에서는 아이콘을 널리 사용해 오고 있다. 존 코스타스(John Kostas)는 "천국으로 들어가는 창들"(Windows into Heaven)이라는 글에서 헬라 정통교회에서 아이콘들의 역할을 논하면서 "아이콘은 천국으로 들어가는 창"이라는 전제를 가지고 글을 썼다.41 동방교회가 아이콘을 발전시킨 것은 비잔틴 문화가 받침이 되었지만 성경적인 근거는 골로새서 1장 15절의 "그는 보이지 아니하는 하나님의 형상이시요"라는 말씀이다. 사도 바울이 그리스도에 관하여 말씀하신 내용에서 그리스도는 보이지 아니하시는 하나님의 형상이라고 말씀하신 것이다. 여기의 '형상'이란 단어가 헬라어로 '에이콘'(eikon)이다. '에이콘'이라는 말은 '원형'(original form)을 대신 나타내는 '실상'(a real image)을 의미한다.

4. 골로새서 1장 15절

골로새서 1장 15절의 의미를 살펴보자. 바울이 뜻하는 의미는 하나님은 예수 그리스도로 말미암아 완전하게 나타나셨기 때문에 그리스도 밖에서는 하나님을 알 수 없으며 하나님께 나아갈 수도 없는 것이다. 또한 하나님께서는 영원하시므로 아들이신 그리스도의 신성 역시 시간과 공간 안에 묶여질 수 없는 것이다.42 하나님은 보이지 않는 하나님이시기 때문에 하나님의 존재에 관하여 일반 은총에 속하는 물질에 대한 인간의 직관과 감각과 이성과 지성으로는 하나님을 알 수 없고 깨달을 수 없으며 추리할 수 없기 때문이다. 그래서 바울은 "하나님은 보이지 아니하신다"고 기록한 것이다. 바울이 빌립보서 2장 6-7절에 기록한 대로 예수 그리스도만이 하나님과 같은 본체이시며 동등하시기 때문이다. 그러므로 바울은 오직 예수 그리스도께서 보이지 않으시는 하나님을 대신 나타내 주셨기 때문에 오직 예수 그리스도에게서 하나님을 찾을 수 있고 알 수 있다고 말씀하신 것이다. 골로새서 1장 15절은 형상을 만들라고 하신 말씀이 아닌 것은 분명하다.

그렇다면 동방교회가 골로새서 1장 15절에 의해 형상을 만든 이유는 무엇인가? 그 이유는 헬라 철학이 형상으로 해석한 것에 기인했다고 클라인크네히트(Kleinknecht)가 밝히고 있다.43 플라톤의 우주론에서는 전체로서 그리고 단순히 인간만이 아니라 기독교인 영역에까지 세계는 지성적인 신적 존재의 보이는 이미지(형상)라고 한다.44 이러한 플라톤의 우주론 사상이 필로(Philo)에게 전달된 것이라고 클라인크네히트는 말한다.45 클라인크네히트의 글에서 내릴 수 있는 결론은 동방교회가 '형상'을 통하여 절대적 신에게로 나아가려는 것은 성경적이지 않다. 또한 형상이 천국에 이르는 창이라고 하는 것도 성경적이지 않다. 그러므로 오직 보이지 않는 하나님의 형상이신 예수 그리스도를 믿음으로 천국에 이르게 된다(요 14:6).

성경에서 형상을 금지한 말씀은 출애굽기 20장 4절이다. "너를 위하여 새긴 우상을 만들지 말고 또 위로 하늘에 있는 것이나 아래로 땅에 있는 것이나 땅 아래 물 속에 있는 있는 것의 어떤 형상도 만들지 말며." 이와 같이 하나님께서는 형상을 만드는 것을 금하셨다. 출애굽기 33장에 보면 모세가 하나님께서 쓰신 십계명의 돌판을 받기 위해 산에 올라가 있었다. 그런데 더디 내려오는 모세를 기다리던 백성들은 아론을 시켜 금송아지를 만든다. 이것은 하나님의 계명을 어긴 것으로 죄였다. 하나님께서는 그들의 죄를 물으셨다. 이 사건으로 모세의 명대로 하여 레위 자손이 죽은 숫자가 3천 명 가량이었고(28절), 그 후에 여호와께서 재앙으로 치셨다(35절).

5. 교회사에서 형상을 금했다

교회사에서 형상(image)을 금한 사건이 있었다. 8세기에서 9세기에 걸쳐서 생긴 일이었는데, 이미 7세기 이전에 동방교회와 서방교회에 기독교의 진리에 대하여 교육을 받지 못한 사람들을 가르치기 위한 의도에서 형상을 만드는 것이 시작되었다.46 그러나 이 '형상들'은 즉시 존경과 숭배의 대상으로 변하고 말았다. 형상에 입맞추는 일이 예사로 있었고 형상에 자신을 도와달라고 요청하는 일도 있었다. 뿐만 아니라 자주 형상을 실제적으로 예배하게 되었다. 이때에 유대인들과 이슬람 교도들은 기독교인들의 형상 예배를 비난했다. 723년 칼리프 예지드(the Caliph Jezid)는 그의 영역에 있는 기독교인 교회에서 모든 그림들을 치울 것을 명령했고, 730년 레오(Leo) 황제도 그와 비슷한 칙령을 내렸다. 이때에 콘스탄티노플의 대주교인 게르마누스(Germanus)는 황제의 형상들을 치우라는 명령에 반대하였다. 이때 다마스커스의 요한(John of Damascus)은 형상 예배의 주요 인물이었는데, 그 당시 수도승의 도움을 받아 영향을 끼치게 되었다. 그는 "하나님은 성찬 안에 이미지로 임재하신다. 이미지는 보이지 않는 것들의 실제적인 상징이다. 그리스도는 그리스도의 그림이나 초상이 없이는 진정한 그리스도가 아니다"47라고 말했다. 황제는 동방교회의 이미지(형상)들을 치웠다. 그리고 서방교회들도 같이 할 법령을 공포한다. 이때 교황 그레고리 2세는 황제에게 협박 편지를 보냈으며, 731년에 교황 그레고리 3세는 황제와 동방교회와 서방교회의 우상 파괴자들의 파면을 결정하게 된다(93명의 감독들이 결정함). 그 후 콘스탄틴 6세가 황제가 된 후에 그의 어머니 아이린(Irene)은 787년에 사도적 전통에 따라 형상 예배를 선언했다. 그의 선언은 교회에 즉시 시행되지 않았다. 아르메니아 사람 레오 황제는 형상 예배에 대한 새로운 법을 만들게 된다. 그림과 모자이크 형상은 복구되었고, 843년 콘스탄틴의 법으로 선포됨으로 동방교회에서 형상 예

배는 계속되었다.48

6. 동방교회 영성은 형상들의 전통이다

지금까지 알아본 대로 특별히 동방교회의 영성은 형상들(icons)의 전통이라고 할 수 있다. 나무 판자나 회벽, 또는 교회 창문에 그려진 모자이크 이미지들(images)은 하나님과 성인들과 교제하는 직접적인 매개물이 되었다. 신자들은 이들 형상들을 직접 뚫어져라 바라보았다. 이들은 하나님께서 금한 형상들을 성화와 은혜의 원천으로 또는 신성한 영역으로 들어가는 것으로 간주했던 것이다. 형상을 그리는 사람들의 목표는 외부로 나타난 성화의 전통을 모든 사람들에게 계속적으로 전달하는 것이었다. 그리고 기도를 통하여 신과 교제를 갖는 것이 목적이었다.49 '형상들의 길'(the way of images)로 불렸던 것은 예배의식과 음악도 같은 의미의 형상으로 사용되었다. 쉘드레이크(Sheldrake)는 동방교회의 영성은 생각과 형상을 초월하는 것을 구하는 것이었다고 한다.50

7. 고요함

자신의 생각과 형상(image)를 초월하기 위해 구상한 방법이 '고요함'(hesychia, stillness)이다. 이 고요함은 자신의 의식 세계를 벗어나는 고요함을 말한다. 그래서 초월한 영역을 만들고 그 영역 안에서 하나님과 교제하는 것을 말한다. 고요함에서 마침내 마음의 내적인 고요함을 도와주는 기도의 길이 생기게 된다고 수도원에서 가르쳤다.

'고요함'(정적)에 대한 반대자도 있었다. 앤서니(Anthony, c. 251-356)를 추종했던 수도승들 가운데 하나님과의 연합의 경험을 강조했던 그레고리 팔라마스(Gregory Palamas, 1296-1359)이다. 그레고리 팔라마스는 하나님의 본질은 인간의 경험과 지식을 넘어시는 곳에 있다고 생각했다. 그리고 현 세상에서 즉시 임하는 하나님의 임재를 가능하게 하는 것은 '하나님의 에너지'(또는 행동)라고 하고 에너지를 활동하는 하나님이라고 생각했다. 그레고리는 신의 빛에 육체적인 참여가 실제적으로 되는 신비적 조명(illumination)을 갖기 위해 묵상에 잠기는 몸을 변화시켜 하나님을 신비적으로 경험하는 것을 믿었다.51 이것은 로고스를 에너지로 보는 사상에서 추론된 생각이지 성경이 말씀하는 것은 아니다.

성경은 기도를 동방교회에서 자신들의 전통이라고 하는 내용을 가르치지 않는다. 고요함 속에 신과 만나고 대화한다는 것은, 마치 사울 왕이 하나님을 버렸을 때 하나님께서 그에게 말씀하지 않자 점치는 여인을 찾아가 죽은 사무엘을 끌어올리려 한 망령된 행위에 비유할 수 있다. 하나님께 기도함에는 영성주의자들이 추구하는 활홀경도 생기지 않는다. 또한 신비적인 것을 착상하지 않는다. 자신의 실존을 벗어나는 고요함도 아니다. 자신을 초월하는 실존의 세계를 구상할 필요도 없다. 이것은 기도가 아니다. 누구는 이것을 성령께서 하시는 일이라고 한다. 그러나 성경 어디에도 이 같은 것은 성령께서 하시는 사역이라고 기록된 곳은 없다. 성경에는 신비주의자들이 경험한다고 하는 세계를 경험한 것도 없다. 자신이 관상에 깊이 잠기면 몸이 변화된다는 것은 동양의 신비종교에서와 뉴에이지(New Age)에서 생각하는 관념이며 이교도들이 하는 것이다.

영성이 추구하는 고요함은 인간의 '내면의 고요함'을 말한다. 내면의 고요함이란 인간의 내면 세계에서 이뤄지는 내면의 삶을 말한다. 영성주의자들은 인간 내면에서 일하시는 이는 하나님이신데, 이 하나님과 교제(communion)하고 하나님의 실체를 영적으로 보고 아는 길이 내면의 고요함이라고 가르치고 있다. 내면의 세계에 존재하는 하나님을 인식하는 것의 시작은 인간 자신이 신을 인식하는 것이 불가능함을 인정하는 데서부터 시작되는 것이라고 한다. 맥그래스는 설명하기를, 살아 계신 하나님의 임재에 중심을 두고 하나님의 임재에 초점을 맞추는 상상(immagination)과 마음(mind)에서 자유함을 갖는 것이 기독교 영성에 중심을 이루는 것이라고 한다.[52] 수도원에서의 '침묵'은 묵상(meditation)을 조장하고 촉진시키는 방법으로 채택되고 있다.[53] 그런데 내면의 고요함이란 플라톤의 이데아 개념을 기도 생활에 적용한 것이다. 왜냐하면 맥그래스는 아서 마이클 램지(Arthur Michael Ramsey, 1904-1988)의 글을 인용하여 "내면의 침묵"은 인간의 혼(soul)이 평화와 에너지(energy)의 새로운 차원을 발견하는 것이라고 하기 때문이다.[54] 뿐만 아니라 침묵은 창조주 하나님의 놀라움, 그리스도의 삶과 죽음과 부활을 기억함, 그리스도의 삶에 대한 감각을 회상하고, 하나님의 손이 하신 일들에 임재한 영광을 생각하고, 인격적 축복에 대한 감사가 기독교인의 삶에 흘러 들어가게 하는 것이라는 것이다.55 그러나 성경이 말씀하는 하나님에 대한 지식과 인식은 성령께서 역사하심으로 오직 성경에 의한 계시 의존 사색으로만 가능한 것이다.

영성주의자들은 예수님의 기도가 기독교인의 묵상에 연결되는 것에 강조점을 두고 있다. 그 방법이 인간 내면의 세계에서 이뤄지는 '내적 침묵'이라고 한다.56 이 같은 접근이 성경에서 받아들여질 수 없는 이유는, 영성주의자들은 신앙과 신앙에 근거된 삶을 심리화(psychologizing)했다는 것에 있다. 내적 침묵의 세계는 프로이드의 이드(Id)의 영역에 해당하는 부분이다. 그리고 그 영역은 영성주의자들에게는 죄가 접근할 수 없는 신성시된 영역이다. 또한 자아(self)의 의식에서 벗어난 세계에서 절대자의 본질(nature)에 참여된 인간이 신과 교제하는 영역, 곧 하나님과 연합된 영역이다. 그러므로 이것은 성경에는 없는 것이다. 또한 영성주의자들이 자신의 논리의 정당화를 위해 인용한 성경 구절은 전혀 그것을 지지하지 못하기 때문이다. 맥그래스가 인용한 성경은 하박국 2장 20절, 요한계시록 8장 1절, 욥기 40장 1-3절, 시편 46편 10절과 로마서 12장 12절이다.57 이 구절들에 사용된 '침묵'이라는 단어가 '내면의 침묵'을 뜻한다고 하는 것은 성경 문맥상 자연스럽지 않을 뿐 아니라 성경이 전혀 그것을 말씀하지 않기 때문이다.

8. 침묵의 기도

요즈음 어떤 교회들은 침묵의 기도를 권장하고 있다. 어떤 이는 침묵의 기도에서 자신을 황홀경으로 끌고 가는 이들도 있다. 또 어떤 이는 마음속에 판단이 중지된 상태의 침묵을 기도라고 하는 이들도 있다. 어떤 이는 하나님의 음성을 듣고 하나님의 뜻을 알기 위한 수단으로 침묵의 기도를 요청하는 이도 있다. 이 경우에도 자신의 생각과 의식의 판단은 중지되어 있는 상태여야 한다는 것이 침묵의 기도의 전제가 되어야 한다. 이 말은 자신의 마음속에 어떤 언어도 있어서는 안 된다는 것이다. 혹시나 기도자 개인의 의지가 기도에 들어가면 하나님의 음성을 분별할 수 없으며, 그것은 순전한 하나님의 뜻이 아니기 때문이라고 한다. 그러나 성경에 보면 하나님께서는 이 같은 기도를 가르치지 않으셨다.

아브라함의 종이 자기 주인 아브라함의 부탁을 받고 이삭의 배우자를 얻기 위해 아브라함의 고향으로 떠난다. 메소보다미아로 가서 나홀의 성에 들어갔는데, 때는 여인들이 물을 길러 나올때였다. 이때 아브라함의 종은 하나님께 기도한다. 창세기 24장 12절에 그의 기도가 기록되어 있는데, 종이 기도를 마치기도 전에 하나님께서는 리브가를 예비하시고 리브가는 종의 요청을 충족시켜 주었다. 리브가는 아브라함의 친족의 딸이었다. 리브가에게는 오라비 라반이 있었다. 종은 라반에게 자신이 오게 된 이유와 자신의 임무를 알린다. 이때 종은 자신의 기도를 말하게 되는데, 그는 "내가 마음속으로 말하기를 마치기도 전에"(45절, KJV)[58]라고 했다. 이것을 12절에서 종이 기도(praying)했다고 기록하고 있다. 아브라함의 종은 밖으로 소리를 내지 않았지만 그의 마음속에서는 분명한 언어로 구성된 기도가 있었다. 침묵의 기도란 밖으로 소리가 들리지 않는 기도이다. 그러나 성경에서 말하는 침묵의 기도는 마음속에 판단이 중지된 것이 아니라 분명한 의식과 언어가 있는 기도이다. 어떤 말도 없이 눈을 감고 어느 정도 고요한 시간을 갖는 것을 성경은 기도라고 가르치지 않는다.

9. 하나님에 대한 지식은 형상으로 얻는 것이 아니다

동방교회의 사상을 받아들이고 형상들(images)을 통한 절대자의 경험을 추구하는 이들을 주위에서 많이 보게 된다. 이 같은 접근은 플라톤의 이데아 사상이 사람들에게 신비의 사상을 이끄는 촉매가 되었다는 것에서 범신론적인 경향을 갖는다. 그리고 현재는 범신론적 사고의 영향 아래 많은 사람들이 놓여 있다. 쉘드레이크는 지금 현재의 세상은 이 사상으로 점차적으로 점령당하고 있다는 무서운 말을 남긴다.[59] 영성을 주장하는 사람들 가운데는 이 같은 차원을 불교 활동에 비유하는 이들도 있다. 이 같은 생각은 살아 계시는 하나님, 성경이 말씀하시는 하나님을 믿으며 예수 그리스도를 구주로 믿어 천국 백성이 된 이들이 할 생각과 언어는 아니다. 하나님께서는 이들을 우상숭배자라고 말씀하신다. 기도할 때에 하나님의 음성을 듣겠다고 생각하고 들으려고 수단을 쓰는 것은 잘못된 신앙이다. 어떤 매개체를 통하여, 또는 근대신학의 초월성과 내재성으로 하나님의 음성을 듣고자 한다든지, 또는 음성을 듣도록 권하든지 그것을 가르쳐서도 안 된다. 그러므로 영성주의자들이 우상을 통하여 하나님께 대한 지식을 구한다는 것은 허망되고 가짜라고 칼빈(Calvin)은 말하고 있다.[60] 어거스틴은 강한 어조로 교회 안에 화상을 놓고 그것을 예배하는 일, 그리고 그것을 신으로 높이는 일이 불법임을 단호하게 지적하고 있다.[61] 어거스틴은 형상에서 하나님의 존재를 보고 하나님에 대한 지식을 얻고자 하는 이들의 잘못을 지적한다. 인간은 처음에는 형상을 통하여 신 지식을 얻지 않았다. 그러나 인간을 혼동에 빠지도록 한 것은 형상을 통하여 하나님에 대한 지식을 얻는 것이 가능하다고 가르쳤던 것이다. 형상을 통하여 하나님에 대한 지식을 얻고자 한 것은 결과적으로 하나님을 경외하는 것을 손상시키고, 마침내 소멸시켜 버리게 되었으며, 하나님의 신성이 쉽게 멸시된다고 어거스틴은 밝히고 있다.[62] 그래서 어거스틴은 "누구든지 하나님에 대한 것을 배우기 원한다면 형상이 아닌 다른 출처(source)에서 배우라"고 말하고 있다.[63] 우리가 하나님에 대해 바로 알고 바른 지식을 얻을 수 있는 것은 하나님의 특별 계시인 성경뿐이다.

하나님께서 자신의 형상으로 지으신 하나님의 피조물인 인간이 하나님의 실체를 갖겠다고 하는 것은 천사가 하나님의 자리를 도전했던 교만과 같은 것이다. 그래서 성경이 말씀하시는 대로 하나님을 예배하고 경외하는 것을 소멸시키고 손상시키고 만다. 성경은 형상(images)과 화상(pictures)을 금하고 있으며(시 135:15, 115:4, 8), 하나님을 보이는 형상으로 만들고자 하는 것이 얼마나 허망되고 거짓된 것인가를 가르쳐야 함을 칼빈은 지적하고 있다.[64] 또한 칼빈은 하나님의 임재에 대한 직접 표식이 있다 하더라도 형상을 만들 근거가 될 수 없다고 했다.[65] 그래서 사도 바울은 "이와 같이 하나님의 소생이 되었은즉 하나님을 금이나 은이나 돌에다 사람의 기술과 고안으로 새긴 것들과 같이 여길 것이 아니니라"(행 17:29)고 했다.

이제 하나님의 피조물인 인간은 하나님의 말씀에 순종하며 하나님의 말씀에 의존하여 사색하는 것뿐이다. "무슨 음성을 들었는가? 하나님이 당신을 어떻게 만나 주셨는가?" 이 같은 질문은 영성 세미나 현장에서 자주 하는 질문이다. 이런 것으로 주님의 백성들을 현혹시켜서는 안 된다. 완전한 하나님의 말씀인 성경 66권은 신앙과 생활의 절대적인 기준이기 때문에, 성경 외에 다른 철학적인 사색을 필요로 하지 않는다. 성경의 무오성을 철저히 믿어야 한다. 그리고 하나님의 절대 주권에 무릎을 꿇어야 한다. 하나님은 우리들을 하나님의 말씀인 '계시 의존 사색'으로만 족하도록 창조하셨다.

영성에서의 비유와 이미지

맥그래스(McGrath)가 생각하는 영성 활동은 성경에 비유로 사용된 대상을 이미지로 생각하는 데 있다고 한다.[66] 그래서 그 대상을 생각과 삶에 중요한 근거로 삼는 것이다. 영성주의자들은 성경에서 비유적 해석(allegorical interpretation) 또는 영적 해석(spititual interpretation)을 취하는 특색이 있다. 맥그래스에 의하면 이같이 하는 것은 기독교인 신앙을 발달시키기 위한 것이라고 한다. '성경을 어떻게 읽을 것인가' 하는 것은 매우 중요하다. 영성주의자들은 성경을 비유적 또는 신비적 의미로 읽고, 읽은 내용을 신학화(theologizing)한다. 맥그래스가 제시한 영성에서 사용하는 성경에서의 비유는 잔치(feast), 여행(the journey), 유랑(exile), 싸움(the struggle), 정결(purification), 신앙의 내면화(the internalization of faith), 사막(the desert), 오르기(ascent), 어둠과 빛(darkness and light), 그리고 침묵(silence)이다.67 이것들은 맥그래스가 말한 대로 동방교회와 서방교회의 전통에서 사용해 오고 있는 것들인데, 그는 이것을 배우라고 한다.

칼빈(Calvin)은 비유적 해석을 받아들일 수 없음을 분명히 했다.68 칼빈은 누가복음 10장 30절 이하의 선한 사마리아 사람의 비유를 예로 들고 있다. 그 당시 사람들이 선한 사마리아 사람의 이야기를 비유적으로 해석하기를 "여행자가 죄와 마귀의 도적에게 큰 피해를 입었다. 그 여행자는 이전의 아름다움을 잃어버리게 되었으며 '거의 죽게'(half alive) 되었다. 만약 올바른 이성과 의지의 적은 부분이라도 남아 있지 않았다면 그 사람이 어떻게 '거의 죽게' 되었겠는가?"라고 해석한 것이다.69 가톨릭의 가경자(可敬者) 베디(the Venerable Bede)는 이 말씀을 가지고 "강도들이 그 사람을 거의 죽게 만들고 떠난 것은 그 사람에게서 죽지 않는 생명을 빼앗은 것이다. 그러나 강도들은 그 사람의 이성의 감각(the sense of reason)은 파괴할 수 없었다"고 했다.70 그런데 '거의 죽게' 되었다는 것은 사람이 완전히 죽은 것이 아니기 때문에 우리들도 안전하다는 엉터리 결론에 이르게 된 것이다.

칼빈은 비유적 해석은 성경적이지 않음을 분명히 밝히고 있다. 비유적 해석이 주님 말씀의 진정한 의미를 생각하지 않고 자신들의 생각을 고안해 낸 것이기 때문이다.71 비유적 해석을 하는 사람들에 대해 칼빈은 "인간의 마음을 품으시고 소원을 주시고 돌보시는 하나님의 의의를 멀리하고 불경건함과 비뚤어지고 잘못되고 순수하지 못하고 파렴치하게 되고 말았다"72고 했다. 칼빈은 비유적 해석은 타락한 죄의 마음에서 나오는 것이라고 결론을 내렸다. 특히 칼빈은 성경의 명확함을 유지해야 할 것을 강조하였다.73 파랄(Farrar)은 필로(Philo)의 비유적 해석에 대하여 "추상적 사고의 죽음의 왕국"(death kingdom of abstract thought)74 이라고 평가했다. 필로의 플라톤적인 관념론은 스토익 철학과 밀접한 관계를 맺고 있으며, 하나님의 본질에 대하여는 철학적인 추상 개념으로 생각하게 되었기 때문이다.75

스타인(R. H. Stein)은 누가복음 14장 16-24절의 '큰 잔치 비유'에 관한 비유적 해석에 대하여, 잔치 비유를 읽을 때 추측을 해서는 안 되며 성경이 쓰일 당시의 인물로 재구성해서도 안 된다고 말하고 있다. 비유에 저자의 원래 의도가 숨어 있는 것을 보아야 한다. 저자는 비유에서 주요 핵심을 지적하고 있기 때문이다. 잔치 비유는 하나님 왕국의 도래를 말하고 있다고 했다.76 그러므로 성경에서 비유로 사용된 대상을 이미지(images)로 만들어 신 인식과 삶의 근거로 사용하는 것은 하나님 말씀의 의미를 왜곡하는 것이다.

1. 비유적 해석은 묵상과 관상을 위한 것이다

맥그래스는 비유적 해석에 대해 말하면서 성경을 읽지 않고는 영성의 활동, 묵상과 기도와 관상이 되지 않는다고 지적한다. 그는 "기고 II"(Guigo II)의 글을 인용하여 성경을 읽을 때에 성경을 읽는 사람들의 마음이 비어 있어서는 안 되며, 오히려 성경 본문의 의미와 비유적인 묘사(imagery)에 읽는 이들의 마음의 초점을 맞추어야 하고, 마음이 그것에 가 있어야 한다고 말한다.[77] 이같이 해야 할 목적은 그들이 대면하고 있는 이미지에 합당한 응답을 받는 기도를 하도록 인도함을 받기 위해서이다. 이어서 우리는 관상 안에서 하나님의 조용한 임재 안으로 인도함을 받는다.[78] 그래서 "기고 II"는 현재 관상을 하는 사람들이 하고 있는 경건(devotio moderna)에 익숙해 있어야 함의 중요성을 강조하고 있다. 그가 말하는 경건이란 사람들의 현재 현상과 현상에서의 경건(devotion)을 말한다. 맥그래스가 우리의 영성은 '시장터에서의 영성'이어야 한다고 한 것은 현재 이뤄지는 경건을 의미한다. 시장터에서의 영성이란 현재 상황인 뉴에이지(New Age)의 영성을 말하며, 초월과 내재의 절대자를 추구하고, 현재의 삶에서 내재의 하나님을 맛보며 사는 것을 말한다. 그리고 그것을 하나님의 은혜라는 개념으로 재해석하고, 그 내재의 하나님을 삶에 적용하는 것을 신자의 윤리라고 한다.

2. 비유적 해석은 성경의 작중 인물과 감정 이입을 하려는 것이다

비유적 의미의 맥락에서 이뤄지는 기도는 성경이 가르치는 기도가 아니다. 왜냐하면 기도는 정상적인 인격과 마음의 작용에서만 가능한 것이기 때문이다. 현재 신자들 각자는 경건의 시간

(Quiet Time)을 갖는다. 성경을 읽으며 거기서 비유적인 상황에 자신을 주인공으로 삼고, 거기에 있는 주연과 함께하는 배역의 하나로 생각하고 자신을 비유적 상황의 인물에 투영한 후에 성경의 상황과 자신을 맞추고 그곳의 인물과 감정을 나누고 감정 이입을 한다. 다시 말하면 감정 이입의 작업을 통하여 성경 인물이 하는 생각과 행동과 결정에 동질감을 갖는다. 더욱이 성경 이미지의 실존이 자신이라고 단정하고 그 실존과 함께 있음을 느끼고 생각하여 실감하고 있다. 그리고 하나님과 교통했으며 은혜를 받았다고 생각한다. 이와 같이 비유적 해석은 성경의 작중인물과 감정이입을 위해 사용되고 있으며 감정과 행동 치료로 이용되기도 한다. 그러나 이 같은 해석은 성경이 말씀하지 않을 뿐 아니라 성경에 대한 바른 접근이 아니다.

3. 이그나티우스 로욜라는 투영과 상상을 창안했다

맥그래스는 예수회의 창시자였던 이그나티우스 로욜라(Ignatius Loyola, 1491-1556)를 소개한다. 로욜라는 감정 투영 또는 상상에 참여하는 기술을 계발했다. 로욜라는 성경 구절을 읽는 독자들은 자신들을 성경 이야기 안으로 투영시키려고 상상(imagines)한다고 생각할 뿐 아니라 독자 자신은 그 성경 이야기 안에서 그 사건을 보고 또한 경험한다고 생각했다. 예수께서 말씀하시고 행하신 것에 자신을 투영하여 그 자리에 있는 것으로 여긴다고 했다. 성경적인 장면에 대한 정신적인 상상이 기도하도록 이끌어 준다는 것이다. 맥그래스는 이같이 하는 것을 로욜라는 '첫 번째 연습'이라고 했다는 것이다. 익숙하게 될 때까지 계속적인 연습만이 요구된다는 것이다.79 이것을 위해 '형상'(이미지)이 필요한 것이다. 매개물인 형상을 바라봄으로써 시각적 개념을 형성한다. 무엇이든 관상을 하는 것은 보이는 것이어야 한다. 예를 든다면 이 땅에 계셨던 그리스도를 관상하는 것과 같은 것을 말한다. 그래서 그는 형상을 '마음의 눈'으로 보라고 한다. 그리고 관상의 주체를 의지하라고 한다. 그리고 두 번째 연습으로 하나님께 자신이 원하는 욕구를 요청하라고 한다. 그러면서 예를 들어 하는 말이, 예수님의 부활을 관상한다면 기뻐하시는 예수님과 함께 즐거워하는 것을 구하라는 것이다.80

4. 비유적 해석이 가져오는 문제점

신자들은 이 같은 야릇하고 신비스럽다고 느껴지는 사탄의 말에 빠져들지 않기를 바란다. 첫째로 이들은 성경에도 없는 내용들을 기도의 방법에 더함으로써 성경을 왜곡하는 죄를 범하고 있다. 둘째로 기도자의 내면 세계를 만들어 간다는 가정 아래 성령과 인간의 마음 상태를 동일하게 보았다는 것은 성령에 대한 모독이다. 셋째로 매개물인 형상(이미지)을 통하여 관상을 한다는 것은 하나님을 피조물의 자리로 끌어내린 것이다. 넷째로 이미지들을 통하여 그리스도와 일체를 이루고 자신을 투영시켜 그것에서 감정 이입이 되고 생각 속에서 그리고 마음의 눈으로 보고 시각화하는 것은 New Age(뉴에이지)에 있는 개념일 뿐 아니라 초월과 내재의 철학을 발전시킨 것이다. 그러므로 여기에 심취하는 것은 하나님의 말씀에 합당하지 않는 것이 분명하다.

뿐만 아니라 맥그래스가 나열한 이미지들을 신앙과 생활의 매개체로 쓰는 것 자체가 성경 말씀의 의미를 인간의 심리적 현상과 동일시하여 설명하려고 하는 것이다. 예를 들면 하나님이 계시지 않는 곳에 머무르는 것은 인간 내면의 공백을 자각하는 것이라고 생각한다. 여행의 이미지는 금욕주의와 자기 훈련과 자기 부정이 바탕이 된 기독교인의 삶을 표시한다고 한다.81 영성주의자들의 해석은 자신들이 정해 놓은 해석의 틀을 벗어나지 못한다. 이들의 비유적 해석은 성경 문맥이 의미하는 것과 부합되지 않는다. 또한 이들의 이미지에 자신을 투영하는 것에서 신비를 만들려고 시도하는 것은 절대자에게로 초월하려는 개념의 세계를 구상하려는 것이다.

5. 하나님을 시각화하는 것은 잘못된 것이다

영성주의자들의 잘못을 또 한 가지 지적하면 보이지 않는 하나님을 시각화(visualizing)하려고 시도하는 것이다.82 맥그래스는 하나님을 시각화하는 것은 하나님과 실존의 세계에서 만나기 위함이라고 한다.83 이들은 하나님을 시각화하지 않는다는 것은 하나님에 대한 개념이 추상적이고 비인격적이며 인간의 경험에서 거리가 멀어진다는 엉터리 같은 논리를 전개시키고 있다.84 맥그래스는 그의 책 《영성 서론》에서 밝히기를 하나님을 시각화하는 근거는 미국의 플라톤 철학자인 폴 엘머 모어(Paul Elmer More)에 두고 있다.85 맥그래스에 의하면 철학자 모어는 플라톤 철학의 형태

(form)가 형성하는 아름다운 세계를 보았다고 한다.[86] 플라톤의 형태는 순수 관념(the pure ideal)의 세계를 가리키며, 모어는 이 세계로 만족하였다는 것이다.[87] 그는 점차적으로 환상에서 깨어난 후에 형언할 수 없는 고독함과 적막함의 감각을 경험하기 시작한다. 그리고 거기서 모어는 주(a Lord)가 없는 관념의 세계의 고독함에서 하나님(God)을 찾아다녔다. 모어는 비인격적 형태가 인격이 되는 것을 갈망했다(turn into a face). 완벽한 침묵 밖에서 들을 수 있는 소리를 갈망하는 것은 그에게는 고문의 아픔이었다. 모어는 얼굴과 얼굴을 보는 것으로 만족함을 갖기를 소원했고, 보는 것을 자신이 만들어야 했으며 느껴야 했다.[88] 모어가 플라톤의 이데아를 통하여 절대자를 보기 위해 창안한 것이 '영적 투영'(spiritual reflection)이다. 영적 투영은 하나님을 만질 수 있는 것이며, 하나님의 얼굴을 볼 수 있는 존재의 중요함을 가리킨다.[89]

맥그래스는 모어의 '영적 투영'이 기독교의 영성에 있어서 중요한 요소라고 강조한다.[90] 맥그래스는 여기에 덧붙여 말하기를, 그리스도 성육신의 신학적 근거에 있어서도 하나님을 시각화하는 것은 중요한 요소라고 한다.[91] 맥그래스가 제시하는 하나님을 시각화하는 첫 번째는 그리스도의 성육신이고, 두 번째는 하나님의 창조이며, 세 번째는 성례전이다.[92] 이것들을 시각화하는 이유는 플라톤의 이데아 철학에 근거한 것이다. 그들은 이것을 두고 죄인들에게 은혜의 배려를 하는 것이라고 말한다. 죄인들 자신들로는 그리스도를 만날 수 없기 때문이다. 이들은 또 자연계시를 특별계시와 동일하게 취급하는 죄를 범하고 있다. 성례전에서 떡과 잔은 하나님의 임재를 분별하는 수단이라는 의미에서 그렇게 한다고 한다.

　이들 매개체에 인간들은 자신의 눈을 고정하여 바라보고, 자신을 매개체 속에 투영한 것을 절대자와 만난 것이라고 하고, 그 절대자가 자신의 문제를 들었다고 생각하고 해결되었다고 한다면 그 같은 가르침이 성경 어디에 있는지 찾아보기 바란다. 이 같은 기념물과 관념 철학으로는 예수님께서 "하나님을 믿으니 또 나를 믿으라"(요 14:1)고 말씀하신 신앙을 형성할 수 없다. 믿음은 이미지를 통하여 오는 것이 아니라 그리스도의 말씀을 들음에서 생기는 것이다(롬 10:17).

　성경에서 한 가지 더 예를 들 것은 모세의 경우이다. 모세에게도 하나님은 자신을 보이지 않으셨다(출 33:18-23). 그런데 영이신 하나님을 보이는 세계로 끌어내리는 것은 하나님께 대한 모독인 것이다. 예수님께서는 도마에게 "너는 나를 본 고로 믿느냐 보지 못하고 믿는 자들은 복되도다"(요 20:29)라고 하셨는데, 무슨 이유로 시각화하려는 것인가? 이들의 말이 형상이나 이미지를 통하여 하나님을 시각화하는 것은 예배의 대상으로 삼는 것이 아니라 종교적 예술품이라고 한다. 하나님께서는 아무 형상이든지 만들지 말라고 하셨다. 이들은 형상 속에 신성이 있다고 생각하기 때문에 하나님을 시각화해서 보는 것은 합법적이라고 한다. 영성주의자들은 자연신학의 영향으로 일반 계시의 대상물은 하나님과 유사하다는 생각에서 대상물을 시각화한다. 성경의 "믿음은 바라는 것들의 실상이요 보이지 않은 것들의 증거니"(히 11:1)라는 말씀에서 신자들의 믿음을 정의한다. 그러므로 신자들의 믿음은 시각화에 근거하지 않는다. 절대자를 시각화하여 형성된 믿음은 믿음이 될 수 없다. 영성주의자들은 사람의 형상과 이미지를 자극하여 하나님을 시각화하고 공간화하는 데서 신앙의 지적이며 실존적 양상을 인간의 내면 세계에 형성하는 것을 목표로 한다. 그 목표의 성취를 위해 하나님을 시각화하는 것을 발전시키고 있다.[93] 그러나 여기에는 성경이 말씀하시는 하나님을 신앙하는 진정한 믿음이 있을 수 없다.

6. 영성은 신앙을 내면화한다

영성의 개념이란 인간 내부의 현상이 인간 외부의 상황을 주장하는 것이다. 이 말은 우리에게 문제가 되지 않게 들릴 수 있다. 예수님께서도 인간의 언어와 행동은 마음의 표현이라고 하셨기 때문이다. 그러나 영성에서 의미하는 신앙에 대한 개념은 전혀 다른 것이다. 영성의 개념은 종교적 신앙의 내면화(internalization)와 연결되어 있기 때문이다.[94] '종교적 신앙의 내면화' 란 '신앙의 내면의 삶' 을 의미한다.[95] 맥그래스는 인간 외부에 나타나는 현상과 마음 상태가 다른 이유는 신앙의 내면화가 되지 않았기 때문이라고 한다.[96] 맥그래스는 소크라테스의 모토인 "네 자신을 알라"는 것이 인간 내면의 삶에 치중하게 하는 촉매가 된다고 말한다.[97] 인간 내면의 삶이란, 신앙이 인간 내면에서 인간의 감성과 지성을 구성하고 조정하는 일을 하는 것을 가리킨다. 맥그래스는 이것을

'신앙의 운동'(the motions of faith)이라는 용어를 사용하여 신앙이 내면의 삶을 형성하는 것을 설명하고 있다.98 그런데 '신앙의 내면화'라는 것은 하나님의 말씀과 관계를 맺지 않고 내적인 감정(emotions)과 연관되어 있는 것이다.99 뿐만 아니라 진정한 회개를 말씀하신 신명기 10장 16절의 "마음에 할례를 행하라"는 말씀에서 '할례'를 믿음이라고 해석하고, 내적인 감정과 관련된 믿음의 외적인 표식의 필요성을 강조하여 믿음의 삶의 열매를 말하고 있다.

이상의 맥그래스의 논리로 보아 맥그래스의 신앙의 내면화란 기독교인의 삶이 말씀에 순종하는 것에 있지 않다.100 이것은 성경 말씀에 근거한 믿음의 삶이 아닌 인간 내면의 삶에 치중하고 있는 믿음의 삶을 의미한다. 인간 내면의 삶이 성립되려면 종교의 외적 요소에 해당하는 성경이 제외되어야 하고 대신 개인적 기도와 묵상을 통해 내면의 감정을 불러일으켜야 한다.101 맥그래스에 의하면, 인간 내면의 감정 영역에서 발생하는 기도와 묵상이 외부로 나타나는 것이 신앙의 운동(the motions of faith)이며, 이것이 '생활의 규칙'(a rule of life)을 형성한다. 생활의 규칙이란 인간 내면의 삶에서 이루어지는 기도와 관상(contemplation)을 말한다.102 다시 말하면 기도와 관상이 없으면 인간의 삶에 열매가 없고, 기도와 묵상이 없이는 내면의 감정이 있을 수 없으며, 기도와 묵상이 없는 사람은 내부의 종교에 관심이 없는 사람이라고 한다.103

인간의 감정을 신앙의 충족과 신앙의 근거로 삼는 것은 슐라이에르마허(Schleiermacher)의 절대 의존 감정(feeling of absolute dependence)을 신앙으로 인정하는 오류를 갖는다. 맥그래스가 말하고자 하는 신앙의 내면화는 인간 내면의 세계에서 일어나는 인간의 감정을 절대적인 신앙으로 보겠다는 것이다. 그리고 인간의 종교 윤리적인 행위는 인간 감정의 반영이라고 하고, 기도와 묵상, 그 다음 단계로 기도와 관상을 두고 그것이 감정을 형성하는 것이며 신앙의 촉매요 거기서 신앙과 삶을 열매로 본다. 이것은 성경에서 말씀하는 신앙에 관한 예수님의 교훈에 맞지 않는 것이다. 성경은 하나님의 말씀을 듣는 것을 우선적으로 해야 할 것으로 말씀하신다. 그리고 우리의 믿음은 그리스도의 말씀을 들음에서 생기는 것이다(롬 10:17). 어떤 감정이든 하나님의 말씀 앞에 올 수는 없다. 또한 신앙의 내면화라는 개념은 성경에 근거한 것이 아니라 필로(Philo)의 로고스 사상에서 나온 것이므로 당연히 거절해야 한다.

전통(Tradition)

영성주의자들이 자신들을 정당화하기 위해 마련한 것이 '전통'이다. 자신들이 숭상하는 영성이 역사성을 가지고 있다는 것을 주장하기 위해 전통에서 영성의 근거를 찾고 있다. 이것은 서방교회에서만이 아니라 동방교회까지 일반화되고 있으며, 교회의 사제단들이 고백해 왔다는 것에서 전통성을 찾는다. 이들의 논리는 신교에도 전통은 있다고 반박하고 있다. 그러나 우리가 말하는 전통은 성경의 권위에 비추어 맞는가 그렇지 않은가가 기준이 된다. 다시 말하면 우리는 여러 해를 주장해 오고 있는 것이라 할지라도 그것이 성경에 위배되면 거부한다는 의미에서의 전통이다. 그러나 영성주의자들은 우리와는 생각을 달리한다. 그것을 살펴보고자 한다. 이것이 중요한 이유는 영성이 추구하는 모든 행위와 가치와 의미는 그들의 전통의 영역 안에서 절대적이기 때문이다.

1. 서방교회와 동방교회 영성의 차이점

서방교회와 동방교회의 영성의 차이는 이안 브리아(Ion Bria)가 지적한 대로 서방교회는 형이상학적 관념론에 근거하며 이성적이고 과학적인 지식을 이해하고 신앙하는 내용을 신조로 만드는 것에 힘을 쏟았다. 한편 동방교회는 인간 내적인 존재 안에 있는 주님의 임재로서의 하나님을 아는 것에 노력을 들였다.104 동방교회는 신비주의 접근으로 기도와 송영과 침묵에서 하나님의 신비에 경외함을 표시하는 것에 치중했다. 그리고 서방교회는 칭의와 성화의 균형을 이루는 거룩으로서의 도덕이 중심이 되었다.105 이 점에서 영성은 '거룩한 삶'이라고 간주해 오고 있다. 거룩의 삶이 어떤 것인가 하는 것은 전통이 답을 주고 있다는 것이다. 예를 들면 성례전을 행하고 참석하는 것이다. 또한 묵상과 관상의 삶을 가리킨다. 그리고 실제적으로 가난한 사람들을 돕는 것인데, 그들의 논리에 의하면 가난한 사람들은 그리스도로 간주되었다.

2. 동방교회의 전통: 성경관

동방교회의 전통 가운데 영성과 관련되어 있는 것이 성경관이다. 대니얼 클렌데닌이 밝힌 대로 동방교회는 '거룩한 전통'(holy tradition)을 계시로 인정하고 신앙의 근원으로 보고 있다.[106] 거룩한 전통이란 '쓰여진 성경'과 '쓰여지지 않은 성경'으로 구분하고, 쓰여지지 않은 성경을 전통으로 부르며 전통을 성경과 동등한 교리적인 권위를 갖는 것으로 인정하고 교리적 진리의 근원으로서의 가치를 지닌 것을 말한다.[107] 동방교회는 성경보다 전통에 신비적인 것이 더 충만하다고 생각하고 있다고 클렌데닌은 말한다.[108] 전통으로 받아들여지고 인정받는 것은 한 사람 고위 성직자에 의해 해석된 것이 아니라 주교 총회에 의해서 결정된 것으로, 교회의 전통은 절대 빼놓을 수 없는 성경의 해석자이다. 동방교회에 있어서 성경은 교회 위에 있을 수 없고 교회 안에 있으며, 성경이 독자적이고 직접적인 권위를 갖는 것이 아니라 권위는 총회에서 나오는 것이다. 교회가 내리는 해석에 따라 성경을 받아들이고 내용을 이해하는 것이다.[109]

3. 개혁자들의 성경관

그러나 개혁자들은 완전히 반대의 견해를 가지고 있다. 츠빙글리(Zwingli)는 "모든 인간 전통과 총회의 권위와 신부들과 교황들은 성경의 충분한 자기 확증(self-authenticating)의 권위 앞에서는 아무것도 아니며, 성경은 교회의 권위로 확증될 필요가 없다. 하나님은 성경을 통하여 개인의 마음에 직접 말씀하신다"고 말했다.[110] 이와 같이 개혁자들은 성경을 우선적인 기준으로 인정했다. 칼빈(Calvin)은 인간 전통의 횡포가 교회의 이름 아래 우리들을 무시무시하게 강요하고 있다고 썼다. 칼빈은 《기독교강요》에서 성경의 권위는 하나님의 성령에서 기인되는 것이지, 사람에 의해서 또는 교회에서 오는 것이 아님을 분명히 하고 있다. 성경을 증명하는 것은 우리의 이성이 아니며, 우리의 이성보다 높은 근원인 성령이 친히 증명하신다. 뿐만 아니라 "성령에 의해 내적으로 가르침을 받은 사람들은 진실로 성경을 신뢰할 뿐 아니라 성경은 성경 자체의 확증을 갖기 때문에 증명이나 논증에 붙여질 것이며, 성령의 증거에 의하여 그 확실성을 얻을 수가 있다"고 말하고 있다.[111] 그러므로 하지(Hodge)는 하나님의 완전 영감으로 된 구약성경과 신약성경을 우리에게 주신 것이라고 했다.[112] 그리고 성경이 성경을 해석하는 것이지 신부들의 전통이 성경을 해석하지 않는다고 말하고 있다.[113]

4. 서방교회와 동방교회의 전통: 매개체

서방교회가 교리의 전통을 논리적이며 법적인 면에서 다지고 있는 동안, 동방교회는 신비적인 접근으로 신앙과 생활을 해석하고 적용하고 교리화했다. 그리고 이것을 전통이라는 틀에 넣고 전통의 창으로 사고하고 판단하게 되었다. 왜냐하면 전통은 교회의 삶의 한 부분이기 때문에 성경과 같은 가치를 지닌 믿을 만한 것으로 인정하였으며, 성경만으로는 충분하지 않다고 생각했기 때문이다.[114] 특별히 동방교회의 숨겨진 가치는 신비적 경험으로 개인의 신앙을 통한 이지주의(intellectualism)와 성령에 의해 영감된 복음에 대한 전통을 통한 교의주의와 성인들과 순교하지 않은 성인들과 순교자들의 삶을 통하여 동방교회의 체제에 순응하는 것

의 문제점을 해결하려는 실마리를 찾고자 했던 것이다.[115]

동방교회에서는 신앙과 생활이 중심을 이루는 '내적 자아'를 세우는 것이 전통으로 자리잡았다.[116] 서방교회가 여러 가지 교리의 전통을 다지는 동안 동방교회는 눈으로 보는 것을 듣는 것보다 중시했다.[117] 그래서 동방교회는 형상(icons)을 발달시키고, 집단의 일치와 연합을 이루기 위해 개인적인 종교적 삶을 구성하게 되었다. 집단으로 모여 드리는 예배 의식에서 신비를 느끼고 경험하는 것에 초점을 맞추었으며, 인간의 신격화(deification)와 갱신과 성화의 수단으로 성례전 의식이 채택되었다. 성례전은 그리스도의 진정한 피와 진정한 몸을 받음으로 하나님의 임재를 경험하는 것이었다.[118] 인간의 신격화란 인간이 하나님이 되는 것이 아니라 성령의 능력과 아들의 신분 때문에 하나님과 연합됨을 의미하며, 인간이 하나님에 의해 신의 실체가 침투되고 완전하게 채워지는 것을 말한다.

서방교회는 성인들의 형상에 친근했지만 동방교회는 성인들과의 영적 연합을 허락하게 되었다. 성인들의 상을 바라보고 일체의 마음을 가지고 기도하고 헌신하는 것까지 발전하게 되었다. 그리고 성령의 인도하심으로 길게 기도한다고 생각했으며,[119] 성령의 내려오심으로 예수의 그림은 신성과 신비적인 능력을 가지고 있다고 간주하게 되었다. 이 같은 생각으로 형상(icon)이 실제 형태(image)의 계시(revelation)로 간주되었고, 거기에 신의 임재가 있다고 취급하게 되었다고 베흐(Vegh)는 그의 글에 기록하고 있다.[120]

동방교회의 형상 숭배는 교회의 전통이기 때문에 누구도 전통을 파기할 수 없다.

5. 교회의 전통이 성경의 권위를 결정하지 않는다

영성주의자들은 성경의 권위 위에 전통의 권위를 두고 전통에 따라 생각하고 영성의 행위를 실행한다. 그러므로 영성주의자들의 도그마(dogma)와 의식과 사고는 성경으로 검증되어야 한다. 만약 성경에 합당하지 않은 생각이나 행동이나 판단이나 적응이나 어떤 것이 발견된다면 가차없이 끊어야 하는 영적인 용기를 필요로 한다. 과거의 교회가 전통을 중심으로 생각하고 적용했던 것이 현재는 막대한 영향력을 가지고 번지고 있다. 전통이 끼치는 영향은 성경의 절대 권위에 대한 부인 또는 부정으로 나타난 것이다.

올슨(Olson)은 이미 '복음주의'라는 명칭은 더 이상 현재를 대표하는 이름이 될 수 없다고 그의 책 서론에서 밝힌다.121 올슨은 현대 교회의 교인들을 '후보수주의적 복음주의자'(postconservative evangelicals)로 불러야 할 것을 제안한다. 그는 지금까지 교회의 전통으로 인정되어 온 성경의 무오성(the inerrancy of the Bible)은 더 이상 의미가 없다고 말한다. 맥그래스도 그와 같은 생각을 가지고 있다. 그렇다면 현재의 상황에 맞는 것이 무엇인가? 올슨의 말에 의하면 지금은 모든 사상의 후기(post-) 시대로 하나님을 부정했던 자유주의나 자유주의를 부정했던 보수주의를 떠나 어떤 종교나 어떤 사상이나 함께 대화할 수 있는 것이어야 하며, 모두와 대화하기 위해서 복음주의자들은 성경 무오성을 부인해야 한다고 말한다.[122] 바르트(Barth)는, 성경은 하나님 말씀의 증거이기 때문에 하나님 말씀과는 일치하지 않는다고 생각한다. 그리고 올슨은 예수 그리스도 안에 있는 계시와 성경 안에 있는 계시를 나누어 반복적으로 말하고 있다.[123] 에드워드 영(Edward J. Young)은 그의 책, 《당신의 말씀은 진리입니다》(*Thy Word is Truth*)에서 하지 박사(Dr. Hodge)의 글을 인용하여 성경에는 잘못된 것이 전혀 없다는 무오함을 말하고 있다. "성경의 모든 책들은 하나님의 말씀이기 때문에 인간의 혼합물에 의해 잘못될 수가 전혀 없다. 하지 박사가 말한 대로 성경 66권의 모든 책들은 인간이 더하거나 인간의 혼합물이 없는 하나님의 순수한 말씀이며, 내용에서나 형태에서나 생각과 언어의 표현에서나 전적으로 하나님의 말씀인 것이다."[124] 그러므로 성경은 교회의 전통이 결정하는 것이 아니며 하나님의 말씀인 성경 위에 전통이 있을 수도 없다. 성경은 정확하고 무오한 하나님의 말씀이다. 성경의 무오함에는 어떤 타협도 있을 수 없으며 있어서도 안 된다.

교회사에서 영성이 형성된 것은 성경의 무오성을 등한히 여기거나 또는 무시하거나 부인하는 전통을 성경의 권위 위에 두었기 때문이라고 볼 수 있다. 또한 영성이 헬라 철학을 바탕으로 형성되고 발전되었다는 것은 영성에서 이뤄지는 모든 신비적인 것이 성경과 같은 권위가 있는 것으로 간주되었기 때문이다. 그러므로 영성운동은 신자들의 신앙과 삶에서 제외되어야 마땅하다. 현대 영성을 형성하는 대표자로서 칼 바르트(Karl Barth)의 사상에 영향을 받은 맥그래스를 올슨(Olson)은 후근본주의 후보수주의의 모형으로 제시하고 있다.

6. 맥그래스가 제시한 영성과 전통

맥그래스가 제시한 전통과 영성에 관한 내용들을 살펴보고자 한다. 맥그래스는 기독교 영성은 특히 동방교회의 전통이 근거를 이루고 있다고 단정한다. 맥그래스는 몇 가지를 제시한다.125

1) 닛사의 그레고리(Gregory of Nyssa)

그레고리는 수도원적인 금욕주의에 깊은 관심을 가졌던 갑바도기아 신부들 가운데 한 사람이다. 그레고리는 플라톤의 선에 관한 관념을 확장하여 사용하였으며, 오리겐(Origen)의 사상에 영향을 받아 영적인 삶은 영적인 광명을 향하여 물적 존재에서 떠나는 여행이라고 생각했다. 또한 신격화(deification)라고 불리는 인간 존재의 변화로서의 기독교인의 삶에 대한 이해로 삼위일체 개념을 발달시켰다. '신격화'란 인간 안에 있는 성령의 사역으로, 영원한 영광의 하나님의 삶을 인간이 함께 나눈다는 개념을 가리킨다. 하나님을 어두운 데서 경험하는 것에서 관상적으로 올라가는 것을 통해 하나님에 대한 지식을 얻는 것에는 한계가 있음을 인정했다.126

관상하는 활동은 완전을 향해 끝없이 전진하는 것이며 마지막은 알려져 있지 않은 것이다. 관상으로는 신앙의 불확실함과 회의 만을 갖게 된다. 그레고리는 서방교회와 동방교회의 영성에 영향을 주었다. 그러므로 그레고리의 사상과 행동은 우리가 선택할 전통은 결코 될 수 없다. 그레고리가 수도원적인 금욕주의와 플라톤의 관념과 신격화를 추구했다고 해서 우리가 그레고리의 방법을 채택하는 것은 분별함이 없는 것이다.

2) 아씨시의 프랜시스(Francis of Assisi)

프랜시스는 집에서 40킬로미터 떨어진 곳에서 비전을 보았고 집으로 돌아가는 것을 느꼈다. 직후 그는 십자가에 못박히신 그리스도의 비전을 받았고 자신은 특별한 사명을 위해 부르심을 받았다는 것을 느꼈다. 또한 그의 몸에 십자가에 못박히신 그리스도의 상처의 흔적이 새겨졌다(1224년). 프랜시스는 창조를 향한 긍정적인 태도를 가졌으며, 창조의 질서에 대한 노래로 유명하다. 그는 신비적인 경험과 함께 거짓-디오니시우스(Pseudo-Dionysius)와 같은 신비적 신학을 발달시켰다. 또한 십자가에 못박히신 그리스도의 사랑을 강조했고, 창조 안에 내재하는 하나님에 대한 관상을 신자의 삶으로 간주했다. 하나님의 연합을 영적 여행이라고 생각하고 이것을 사닥다리로서의 그리스도와 함께 올라감의 비유로 표시했다.

프랜시스가 행한 것과 사상을 전통으로 생각하는 것 자체는 잘못된 생각이다. 그에게 흔적이 있으므로 자신에게도 흔적이 있어야 한다고 생각하고 그와 같이 되려고 하는 생각 자체도 바른 신앙이 아니다. 성경에 없는 것을 표현하고 가르친 것은 받아들일 수 없기 때문이다. 이같은 것이 자신의 신앙의 정도를 측정하는 기준이 될 수는 없다. 신비신학을 구상한 것에 우리는 동의할 수 없으며, 창조 안에 내재하는 하나님을 추구한 것은 자연신학이 가지고 있는 생각인 것이다.

3) 루돌프(Ludolf of Saxony)

루돌프는 《그리스도의 생애》로써 기억되는 사람이다. 《그리스도의 생애》는 그리스도의 생애에 대한 묵상 형태를 취했다. 그리스도의 생애에 대한 것은 개인의 경건과 설교를 위해 널리 사용되었는데, 독자들은 자신의 상상력을 이용하여 사건들을 다시 구성함으로 예수가 말하고 행한 일들에 자신들이 사건의 주연이 되도록 하는 것이 그의 의도였다. 루돌프의 방법은, 독자가 성경적인 장면을 자신의 정신적 이미지로 만들고 상상력(imagination)을 동원하여 사건을 다시 구성함으로 독자들이 예수가 행한 사건에 관객이 아니라 주체자가 되도록 하는 것이다. 그래서 예수도 되고 그 당시 상황의 주요 인물이 되려는 것이다. 이 같은 작업을 통하여 성경 당시의 상황을 직접적으로 경험하고 기도로 연결시키려고 시도한 것이다.

이러한 루돌프의 방법, 즉 성경을 읽고 설교를 듣는 독자 자신이 자신을 성경의 인물과 상황에 투영하여 그곳의 인물과 상황에 일치시키고 그들과 감정이 통한다는 것은 바른 신앙의 생각이 아니다. 루돌프가 자신의 정신적인 이미지를 사용하고 장면을 재구성하는 것은 하나님의 말씀을 심리화하는 것이다. 그것은 하나님 말씀의 바른 의미를 왜곡하는 원인을 제공하는 것일 뿐이다. 그레고리 로저스(F. Gregory Rogers)는 "동방교회 전통 안에 있는 영성지도(spiritual direction)"라는 글에서 이 같은 것은 정신 치료의 효과를 가지고 온다고 말하고 있다.[127] 성경이 말씀하시는 진정한 치료는 상상을 사용하여 자신을 작중 인물에 투영하고, 신비적이며 심리적인 방법으로 하나님의 사랑을 관념적으로 느끼는 것으로 되는 것은 아니다. 하나님께서 성경을 통해 성령께서 치료하실 때에만 가능한 것이다. 자신을 실존적인 만남으로 신격화(deification)하여 '신의 성품'에 참여한다는 사상은 성경적이지 않다. 또한 이것을 전통이라고 하여 그렇게 되고자 하는 것도 하나님과 관계없는 것이다.

4) 노르위치의 줄리안(Julian of Norwich)

맥그래스의 글에 의하면 줄리안이라는 이름은 진정한 이름이 아니며, 줄리안은 1373년 그의 나이 30세에 계시(shewings, revelations)를 받았다고 한다. 그리고 이 날짜 외에 그가 태어나고 죽은 날짜와 그의 삶에 대한 날짜는 추측뿐이라고 한다. 줄리안은 두 가지를 강조하였는데, 하나는 세상에 대한 하나님의 사랑과 선함이며 또 다른 하나는 기도의 중요성이다. 기도는 하나님을 기쁘시게 해드리는 것이며, 우리가 기도할 때에 하나님은 기뻐하신다고 했다는 것이다. 그녀는 긴 본문과 짧은 본문의 계시를 받았는데, 이것은 개인의 경건의 시간을 갖는 데 유효한 것이라고 한다. 이것을 전통이라고 생각하여 한 여인을 높이고 신앙의 본보기로 삼는 것은 성경에 위배되는 일이다.

예수님께서 마지막 때의 현상은 여기저기에 그리스도가 있다고 해도 믿지 말라고 하시고, "거짓 그리스도들과 거짓 선지자들이 일어나 큰 표적과 기사를 보여 할 수만 있으면 택하신 자들도 미혹하리라"(마 24:24)고 하신 말씀을 기억하자. 줄리안이 계시를 받아 글을 썼으니 글을 받아 쓰자고 미혹되서는 안 된다.[128] 하나님의 계시인 성경 외에는 그 어떤 것도 있을 수 없다. 그녀가 태어나고 죽은 날짜를 모르는 것이 무엇이 대단한가? 여기에 미혹되지 말아야 한다. 이것을 전통으로 삼아서도 안 된다. 이것은 하나님께 대한 모독이다. 루터와 칼빈이 "말씀으로 돌아가자"고 로마 가톨릭 교회에 대하여 종교개혁을 했는데, 교회는 다시 종교개혁 이전으로 돌아가서는 안 된다.

7. 성경 중심의 신앙과 전통

우리는 전통이라는 단어를 사용하지 않는다. 왜냐하면 교회사에서 사용된 전통은 교회의 권위로, 사제단의 총회의 가결을 전통이라고 하기 때문이다. 우리의 최고 권위는 교회에서 사람들이 모여 가결했던 것으로서의 전통에 있지 않다. 오직 성경이 최고의 권위이다. 교회의 역할은 전통의 내용을 결정하는 것이 아니라 하나님의 말씀인 성경이 진리이며 최고의 권위인 것을 선포하고 성경대로 시행하는 것뿐이다. 그리고 말씀에 무릎을 꿇고 순종하는 것이 교회의 역할이다. 그러므로 성경 신앙에 근거한 우리와 영성주의자들의 차이점은 분명하다. 영성은 관념 의식의 예배를 드린다. 그러나 우리는 살아 계신 하나님께 예배를 드린다. 우리가 전통이라는 언어를 사용하지 않는 것은, 전통이란 역사적으로 집단이나 공동체에서 형성되고 모아져서 계통을 이루어 전해 내려오는 사상이나 관습, 행동 따위의 형식, 또는 핵심을 이루는 정신이 단체와 사회가 동일 규범으로 여겨오고 있는 것을 말하기 때문이다.

마가복음 7장 1절 이하의 말씀에서 바리새인들이 지켜온 것은 자신들이 만든 '전통'이었다. 그래서 자신들의 전통에 따라 행하고 전통으로 판단하며 행했던 것이다. 그들의 전통은 손을 부지런히 씻든지 또는 시장에서 돌아와 물을 뿌리지 않으면 먹지 않았고, 잔과 주발과 놋그릇을 씻는 것이었다. 바리새인들은 예수님께 장로들이 만든 전통을 예수님의 제자들이 지키지 않는다고 질문했었다. 예수님께서는 인간이 만든 전통을 따르는 바리새인들을 두고 입술로는 주님을 존경하나 마음은 주님에게서 떨어져 있는 "외식하는 자"라고 부르셨다(막 7:6). 예수님께서는 외식하는 자에 대하여 다음과 같이 말씀하셨다. "사람의 계명으로 교훈을 삼아……하나님의 계명은 버리고 사람의 전통을 지키느니라"(막 7:7-8). 예수님께서 말씀하신 대로 교회들이 삼고 있는 전통은 결국 사람의 계명을 교훈 삼고 그것을 가르치며 그것을 절대적인 법으로 삼고는 자신들이 만든 전통을 따르도록 강요하고 심지어는 지키지 않을 경우 저주까지 하고 있는 것이다. 이 같은 것은 '하나님의 계명을 버리는 죄'를 짓는 것이다. 영성주의자들은 자신들이 만든 전통을 절대적인 법으로 삼고, 하나님의 말씀을 전통에 의해 재해석하여 하나님의 말씀을 버리고 말았다. 성경은 우리가 하나님께 드릴 합법적인 예배는 하나님께서 말씀에 기록하신 대로 드릴 것을 말씀하신다. 그러므로 성경 외에 어떤 방법이나 그 어떤 지식도 개입되거나 만들어져서는 안 된다.

우리는 성경이 말씀하시는 대로 살아 계신 하나님을 예배하고 신앙하며 순종한다. 또한 정확 무오한 하나님의 말씀인 성경이 우리의 신앙과 삶에 기준이 된다. 이것은 구약과 신약의 선진들부터 현재까지 계속하여 오고 있는 하나님의 말씀을 순종하는 것이기에 우리의 신앙과 삶을 전통이라고 부르지 않는다. 어떤 것도 성경 위에 있을 수 없다. 그러나 서방교회와 동방교회의 전통은 성경과 동등하게 여기는 의미로 사용되고 있다.

신격화(Deification)와 영성

1. 칭의와 신격화는 다른 의미이다

동방교회를 중심으로 하는 영성은 인간의 신격화(deification)가 기초되어 있다. '신격화'라는 말은 앞에서 지적한 대로 인간이 하나님이 된다는 말이 아니다. 이 말은 성령으로 그리스도의 로고스에 참여하는 것을 말한다. 그래서 '신의 성품'을 갖는다고 생각한다. 신의 성품이란 '하나님의 본질'(Divine nature)에 참여되는 하나님과의 연합을 가리킨다. 벨리-마티 케르케이넨(Veli-Matti Kärkkäinen)에 의하면 서방교회도 이 같은 사상을 가지고 있는데 그것을 '칭의'라고 한다.129 케르케이넨은 동방교회는 칭의를 신격화와 하나님과의 연합을 연관지어 생각했다고 한다. 이같이 동방교회는 신격화를 통하여 의롭다 함을 얻으며 구원과 함께 생각하고 있다.130 그는 캐즈만이 칭의를 법적 전가(a forensic imputation)의 개념으로 이해하지 않고 존재론적 용어(ontological terms)로 이해했다고 한다.131 케르케이넨은 인간과 창조 사이의 연합(union)은 인간이 그리스도의 인간 됨(Christ's humanity)에 의해 구원받아 이뤄진 하나님께 대한 새로운 신분과 하나님과의 관계로 칭의를 정의한다.132 우리는 케르케이넨의 칭의에 대한 견해를 받아들일 수 없다. 칭의는 죄인이 예수 그리스도를 구주로 믿는다는 것 때문에 죄인의 죄를 죄로 여기지 않으시고 죄인을 의인으로 선언하시는 하나님의 선언이며, 절대로 변경되거나 취소되거나 인간의 순종으로 다시 갱신되는 것이 아니다. 칭의의 선언은 신자에게 한번 있는 것이며 하나님의 선언이다. 또한 칭의를 위해 인간의 어떤 선으로 여겨지는 행위도 필요가 없다(엡 2:8-9). 칭의를 존재론적으로 이해하여 하나님과 연합된 것으로 생각하는 것은, 하나님의 주입된 의에 의해 의로운 신의 본질(성품)에 참여되었다는 개념을 가지고 있다. 이것을 가리켜 인간의 신격화라고 보는 것이다. 그러나 성경은 인간이 신의 의의 성품을 받아 의롭게 되는 것은 아니라고 하신다.

케르케이넨의 글에 의하면, 동방교회 신부들은 서방교회와는 달리 인간은 창조되었을 때부터 타락 전까지 완전한 인간 존재였다고 생각했다.133 그래서 필요한 것이 '은혜'인데, 이 은혜는 인간을 전적으로 인간 되게 하는 하나님의 형상(God's image)이며 인간 안에 현존하는 신적 본질이라고 한다.134 케르케이넨은 닛사의 그레고리의 글을 인용한다. "하나님 자신이 우리의 본질과 연합한 것은 우리의 본질이 하나님과의 연합을 통하여 신성(divine)이 되도록 하기 위함이다." 또한 다음과 같이 주장한다. "하나님은 성육신되었고 인간은 신성화되었다. 그것이 확장되어 그리스도는 진정한 인간이 되었다. 그래서 우리들은 진정한 신들이 된다(So we become real gods)."135 카파도키아(the Cappadocia) 신부들 가운데 하나인 바실(Basil)은 "신격화(theosis)의 경험을 하나님이신 성령에게 돌리고 있으며 그 성령의 은혜에 의하여 변화될 성질에 속해 있는 사람을 성령이 신격화하도록 한다"고 말한다.136 그러나 성경에 성령이 인간을 신격화했다는 말은 없으며, 그 같은 개념도 성경에는 존재하지 않는다. 그러나 불행하게도 동방교회에서의 신격화는 교회의 전통으로 인정되었다.137

2. 성경은 신격화를 말하지 않는다

동방교회는 신격화(deification)에 대한 성경적 근거를 베드로후서 1장 4절과 요한복음 10장 34-35절이라고 고집하고 있다. 이 두 곳의 의미를 알아보도록 하자.

첫째, 베드로후서 1장 4절은 "이로써 그 보배롭고 지극히 큰 약속을 우리에게 주사 이 약속으로 말미암아 너희가 정욕 때문에 세상에서 썩어질 것을 피하여 신의 성품에 참여하는 자가 되게 하려 하셨느니라"고 하신다. 베드로후서 1장 4절은 1장 3절의 계속인데, 3절은 하나님께서 우리를 부르신 것은 우리가 아는 지식을 통하여 하나님의 신기한 능력(신적 능력)이 우리에게 생명과 경건에 속한 모든 것을 주셨다고 한다. 다시 말하면 하나님께서 우리를 부르신 것은 하나님의 영광과 덕으로 말미암아 온 것임을 말씀한다. 4절에서 우리를 부르신 목적은 우리로 하여금 하나님의 성품(Divine nature)에 참여케 하려는 것인데, 예수 그리스도를 믿게 하셔서 하나님의 형상을 회복시키려 함에 있는 것이다. 에베소서 4장 24절이 말씀하시는 대로 하나님의 형상인 의와 진리의 거룩함으로의 회복에 있는 것이다. 시몬 키스트마커(Simon J. Kistemaker)는 그의 주석에서 이 점에 동일한 생각을 기록하고 있다.[138] 그러나 헬라 철학자들은 인간이 신들과 같이 된다고 생각했던 것이다.

둘째, 요한복음 10장 34-35절이다. "예수께서 이르시되 너희 율법에 기록된 바 내가 너희를 신이라 하였노라 하지 아니하였느냐 성경은 폐하지 못하나니 하나님의 말씀을 받은 사람들을 신이라 하셨거든." 동방교회는 예수님께서 우리들을 '신'(gods)이라고 불렀기 때문에 신격화를 정당한 것으로 여기고 있다. 요한복음 10장 34-35절의 '율법'은 시편 82편 6절을 가리킨다. 시편 82편 6절의 말씀은 '재판장'들을 가리켜 '신들'(gods)이라고 하였다. 헨드릭슨(William Hendriksen)은 6절이 재판장들을 신들이라고 부른 것은 이들은 신적 재판(divine justice)을 대리한 것이기 때문이라고 말하고 있다. 이 말씀이 의미하는 것은 하나님의 말씀이 재판장들에게 임했고, 임한 하나님의 말씀이 그들의 결정이 되었던 것이다.139 예수님께서는 재판장들을 영원한 신들이라고 부르신 것은 아니었다. 이 말씀을 우리는 세 가지로 요약할 수 있다. ① 이들 재판장들은 본질에 있어서 신이 아닌 보통 사람들이다. ② 시편 82편 6절은 신의 시키심을 받아 판결하는 인간 재판장들을 '신들', '지존자의 아들들'이라고 불렀다. ③ 그렇다면 아버지께서 거룩하게 하사 세상에 보내신 하나님의 아들이신 예수님께서 자신을 가리켜 하나님의 아들이라고 함은 조금도 이상할 것이 없는 것이다(요 10:36). 그러므로 이 두 곳의 말씀은 동방교회가 전통으로 받아들인 인간의 신격화를 지지하지 않는다.

3. 신격화란 무엇인가?

그럼에도 불구하고 동방교회에서는 이들 성경 구절에 비유적인 해석을 가하여 인간이 신의 실체를 갖게 된다는(신이 된다는 것이 아님) 것을 '전통'으로 하고, 이 전통이 모든 사람들의 사고의 틀이 되었다. 로저스(Rogers)는 스티타토스(Stithatos)의 글을 인용하여 신격화를 정의한다. "신격화는 말로 다 표현할 수 없는 지혜인 로고스 안에 있는 현재의 삶이며, 영적이고 참으로 신성한 예식이다. 이 지혜는 로고스 자신을 신성한 제물로 삼고 자신을 내어 놓았다. 이것이 로고스가 자신이 제물 되고 희생함이 가능하게 되었다. 이런 이유로 자신들을 신격화에 참여하도록 준비한 사람들에게는 신격화의 삶이 가능하게 된 것이다. 이 방법에서 사랑의 연합에 함께 참여된 모든 사람들은 한 분 하나님과 끊임없는 연합이 되고, 신들(gods, 참고 구절은 앞에서 인용한 LXX 시편 82편 1절) 가운데 거하며, 또한 양자 됨에 의해 신들(gods)에 참여되고, 신들 중에 신들의 본질로 인해 하나님(God) 안에 거한다."140 그리고 로저스는 이어서 말하기를 "이 지구에서 마지막 한 점의 시간일지라도 이 경험은 결코 끝나지 않을 것이다"141 라고 했다.

이같이 주장하는 것은 인간이 정결함을 받고, 조명을 받으며, 하나님과의 궁극적인 연합에 들어가기 위해서다. 영성주의자들의 주장에 의하면, 모든 인간들은 변화됨을 위해, 그리고 성령을 소유하기 위해, 그리고 신적인 성품(Divine nature)에 참여자 됨을 위해서 불림 받았을 뿐 아니라 기도하도록 부르심을 받았다. 그러므로 기도(prayer)라고 하는 도구를 통하여 신격화가 되며, 인간 안에 있는 하나님 형상의 성취와 회복과 인간의 혼의 치료가 이루어진다고 생각한다. 그리고 이 모든 것이 성령의 사역으로 간주되고 있는 것이다. 또한 이 같은 하나님의 활동을 '하나님의 은혜' 라고 한다.

앞에서 말한 대로 카파도기아(the Cappadocian) 신부들은 신격화를 강조했다. 이들 신부들 가운데 바실(Basil)과 닛사의 그레고리(Gregory of Nyssa)를 들 수 있다. 나지안주스의 그레고리(Gregory of Nazianzus)는 아타나시우스의 경구시에 동감하여 말하기를 "하나님은 성육신하셨다. 인간은 신격화되었다. 그리스도는 진정한 인간이 되었다. 그래서 우리는 진정한 신들(gods)이 되었다"142

고 했다. 또한 알렉산드리아의 시릴(Cyril of Alexandria, 370-444)은 베드로후서 1장 4절의 주석을 "우리는 신성에 참여되도록 불림받았다"고 썼다. 신성에 참여됨으로 우리는 그리스도의 모양(likenesses)과 아버지 하나님의 완전한 형상(images)이 되었고, 막시모스(Maximos)는 로고스가 인간이 되었을 때 우리들을 신격화했으며, 로고스는 인간 안에 있는 근본적인 본질을 바꾼 것이 아니라 질적인 것을 바꾸었다고 했다.143

4. 영적 지도자의 임무

영적 지도자(the spiritual director)의 임무는 피인도자의 영적인 아버지이고 상담자이며 중보자의 역할이라고 한다. 영적 지도자는 피인도자의 정신(nous)과 열정을 정결케 하도록 하는 일을 해야 하는데, 이것은 피인도자의 선과 악의 생각까지 포함하는 것이다.144 영적 지도자가 다른 사람을 바른 신앙과 삶을 갖도록 인도할 수 있는 것은 필로(Philo)의 로고스(logos) 사상 안에서 이루어진다고 한다. 지금까지 논한 것으로 보면 필로의 관념의 철학적인 로고스의 사상으로는 인간을 성경이 가르치는 신앙과 생활로 인도할 수 없다. 확실한 것은 피인도자들이 바른 신앙과 삶을 갖는 것은 영성 지도자들의 역할로 되는 것이 아니라는 것이다. 뿐만 아니라 영적 지도자가 피인도자의 선과 악의 생각까지 정결케 한다는 것은 결코 성경의 가르침이 아니다. 오직 말씀과 성령으로만 가능한 것이다.

5. 신격화는 아이콘을 매개체로 성립된다

동방교회의 신격화는 아이콘을 매개체로 하여 그리스도의 로고스에 접속하게 되고 자신을 투영시킴으로 신의 본질에 참여됨으로 이뤄지는 것이다. 신격화에는 하나님의 본질에 있어서 초월성을 가지며, 하나님의 나타남에 대하여는 내재성을 가진다는 전제를 가지고 있다. 인간이 하나님의 지식을 가질 수 있는 유무는 신격화를 통한 초월과 내재 안에서 가능한 것이다.145 영성의 최종 목표는 하나님과의 연합에 있다. 그리고 이 연합은 그리스도의 로고스를 통하여 이루어지는 것인데, 그리스도의 로고스는 하나님과 같다는 전제가 있어야 성립된다. 그것은 인간이 로고스와 같은 실체를 가져야만 하나님과 본질적이고 신비적인 연합이 가능하기 때문이다. 이것은 인간의 신격화에도 해당되는 것이다.

동방교회에서는 이것의 신학적 근거를 아타나시우스의 호모우시오스(homoousios), 곧 하나님과 아들은 같은 본질이라는 것에 두었다. 하나님과 아들 그리스도는 같은 본질이기 때문에 인간이 하나님과 신비적인 연합이 된다고 한다.146 네그루트(Negrut)는 다음과 같이 정리한다. "하나님과의 연합은 하나님 자신의 에너지를 통해 이루어진다는 신플라톤적인 접근이다. 세상으로 내려온 신적 에너지는 베일에 감추어진 것을 고통스러워한다. 다만 신의 높은 영역과 가까운 존재만이 하나님의 임재를 느낄 수 있다"고 했다.147 이 같은 존재는 아이콘(형상)을 통하여 신격화된 존재를 가리킨다.

6. 신격화는 '계시 의존 사색'에 반대된다

우리들은 근본적으로 신격화 사상을 받아들일 수 없다. 우리의 신앙 사상이 진정으로 하나님의 계시인 성경 의존 사색으로 성립된 것이라면, 우리는 분명히 분별할 수 있다. 무엇보다 이들의 잘못은 성경을 자신들의 철학적 생각으로 읽었다는 것이다. 그들의 눈이 철학으로 가려져 있기 때문에 성경에 근거한 신앙으로 사색할 수 없는 것이다. 헬라의 철학이 현재 신비사상의 기초를 놓았다는 것은 모두가 아는 내용이다. 그러므로 우리는 분별해야 한다. 지금은 신비로운 것을 창조하려는 열정이 대단하다. 새로운 것, 희귀한 것을 생각해 내고, 그것을 비판 없이 받아들이고 있다. 이것이 범신론적인 사상과 성격을 띠고 있는 현재 시장터(market place)의 현상이다. 우리는 사도행전 17장 16절 이하에 기록된 사도 바울이 아덴에서 했던 말을 기억하게 된다. 사도 바울은 아덴 사람들을 가리켜 말했다. "아덴 사람들아 너희를 보니 범사에 종교심이 많도다"(행 17:22하). 지금 현재가 이 같은 시대가 되었다. 그래서 '영성'이라는 이름 아래 모든 종교를 혼합하였고 모든 철학을 혼합하였다. 그리고 혼합된 사상과 행동을 가진 사람들에게 '종교심이 많다'는 이름표를 붙여 놓은 시대이다. 사도 바울은 이 말씀에서 시작하여 이들에게 창조주 하나님을 소개했고, 예수 그리스도를 믿는 믿음과 회개와 우리들이 살아가는 삶의 근거를 소개했다. 이제 우리들은 종교심이 많다는 것에 현혹되지 말아야 한다. 오직 성경이 말씀하시는 창조주 하나님과 우리 구주 예수 그리스도를 믿는 믿음의 바른 도리를 더욱 굳게 붙잡아야 한다. 그리고 성령은 성경 말씀과 함께 일하심을 기억하자. 계시 의존 사색으로 생각하는 경건한 신앙 습관을 키워나가야 한다. 오직 성령의 역사로만 가능한 것임을 확실히 하자. 우리가 하나님과 같은 속성을 갖는 것은 결코 아니며, 하나님의 속성에 참여되어 하나님과 같이 되는 것도 아니다. 성경을 철학의 개념을 가지고 읽어서는 안 된다. 계시 의존 사색을 가지고 성경을 대하는 것이 바른 길이다.

묵상 기도와 관상 기도

1. 성경이 가르치는 기도

기독교 영성의 본질적인 요소는 성례전을 포함한 예배 의식과 기도이다. 그런데 기도가 영성의 의미에서 사용될 때는 하나님과의 실존적인 관계에서 사용되는 것을 말한다. 웨스트민스터 소요리문답 98문은 "기도는 하나님께 우리의 원하는 바를 고하는 것인데 그의 뜻에 합당한 것을 간구하는 것으로, 그리스도의 이름으로 우리의 죄를 자백하며 그의 자비하심에 대한 감사의 승인이다"라고 했다. 요약하면 기도는 하나님께 원하는 바를 고하는 것인데, 하나님의 뜻에 합당한 것을 간구하는 것, 그리고 자신의 죄를 자백하고 하나님께 감사의 승인을 하는 것이다.

2. 묵상 기도와 관상 기도의 철학적 근거

영성에서 기도는 연합된 하나님을 만나고 말하고 사랑하는 행위를 포함하고 있다. 이 같은 행위를 '관상 기도'(contemplative prayer)라고 부르는데, 하나님을 관상하는 것은 하나님을 바라보고 하나님 안에 자신을 투영하고 인간의 내면 세계 안에서 하나님을 사랑하는 것을 말한다.

영성에는 관상기도와 묵상기도가 있다. 가톨릭교회에서의 영성이란 그리스도의 임재에 의한 신뢰, 태도와 실행을 가리킨다.148 이 세 가지 요소가 로고스인 그리스도의 임재로 이루어지기 위해 "기고 II"(Guigo II)는 4단계 방법을 제시한다. 그 4단계 방법은 성경 본문을 읽는 과정을 말한다. ① 읽기(lectio), ② 묵상(meditatio), ③ 기도(oratio) ④ 관상(contemplatio)이 그것이다. 여기서 첫째, 읽기는 충분한 기대 가운데서 하나님을 만나기 위한 준비를 위해 성경을 읽는 것이라고 한다. 그리고 둘째, 묵상은 모든 외부적인 생각을 단절한 상태에서 읽은 본문을 상상하고 의미에 집중하여 본문에 마음의 초점을 맞추도록 하는 작업을 말한다. 그 다음이 기도인데, 기도는 기도자들이 신을 만남에 대한 타당한 응답이며, 마지막 단계인 관상에서 기도하는 사람은 하나님의 임재 안으로 들어가기 위한 조용한 입구로 인도함을 받는다.149

"기고 II"의 글을 보면, 묵상과 관상과 기도와 성경을 읽는 것으로 구성되는 영성은 인간 내면 세계의 영역 안에 있는 것이다. 동방교회가 주장하는 묵상과 관상과 기도는 인간의 마음이 구성해 가는 상상의 세계에서 절대자를 만나기 위한 것이다. 성경을 읽는 것은 상상의 세계에 초월해 있는 절대자를 시각적으로 보는 준비이다. 그리고 묵상의 단계에서 보이지 않는 것을 대상으로 하고 정신적 이미지가 보이게 된다. 그리고 마지막이 관상인데, 관상은 현재 시간에서 이루어지는 것으로 마음의 눈으로 이미지(image)가 구성되어 간다. 그리트 제르볼트 반 주트펀(Greet Zerbolt van Zutphen, 1367-1400)에 의하면 성경을 읽는 것은 묵상을 위한 것인데, 묵상이란 읽은 것을 마음 안에 이전하는 과정이며 신에 대한 애정을 더욱 뜨겁게 하고 이해를 명백히 하기 위한 것이라고 한다.150

폴 네그루트(Paul Negrut)는 닛사의 그레고리 사상을 평가하면서 그레고리가 주장하는 성경의 역할은 의도된 이미지 또는 관념이 모든 이해를 초월하는 관상으로 인도하는 것이라고 했다.151 또한 네그루트는 관상은 분명히 신비적인 인식론에 해당한다고 평가하고 있다. 왜냐하면 동방교회가 헬라 철학을 기반으로 가졌던 사상은 성경이 말씀하시는 하나님이 아니라 신플라톤 철학의 신비주의에 기반된 절대자이기 때문이다. 동방교회는 신비주의에 근거한 인식론을 가지고 있기 때문에 하나님의 계시인 성경에 의존하여 사색하는 것을 거절한다. 네그루트는 로스키(Loskky)의 글을 인용하여 동방교회는 과학적이며 철학적인 것이 인식론의 특징이라고 할 수 있기 때문에 조사하고 추리하는 작업을 거절했다고 설명했다. 그 이유는 동방교회가 취했던 인식론은 분석을 피하는 인식론이었기 때문에 사실 분석이 없는 사고(thought)는 관념 안에서만 표현될 수 있는 것이다. 그 결과는 사물의 깊은 것을 알지 못하는 이치에 어긋나는 잔여물만 항상 남을 뿐이며, 이것이 구성하는 진실은 정의를 내릴 수 없는 본질만을 구성하고 있다.[152]

위에서 서술한 이유로 신비주의에 근거한 인식론은 '신비적 직관', 곧 '그노시스'(gnosis)라고 로스키는 말한다. 신비적 직관이란 계시적인 만남을 통하여 받은 신적인 은사라고 정의한다. 로스키는 말하기를, 신비적 직관은 하나님이 시작하신 만남, 곧 '나-당신'(I-Thou) 형태를 취하는데, '당신'(Thou)이 있는 곳은 성경에 살아 있는 하나님, 절대자, 곧 인격적인 절대자가 있는 곳이라고 한다. 계시적인 만남에서 하나님은 자신을 같은 시간에 내재와 초월을 확언하고, 초월과 내재의 변증법 안에서 하나님은 알려지기도 하고 감추어지기도 한다.[153] 영성에 있어서 묵상과 관상을 통해 이루어지는 신비적 직관, 곧 계시(revelation)의 목적은 신격화에 있다. 신격화되기 위해 성경을 읽으며 이미지를 만든다. 묵상하고 관상하는 사람의 의식을 통하여 만들어지는 이미지는 신성을 가지고 있는 실체(그리스도, 마리아 또는 형상이 표현하는 성인들)가 된다. 이들 이미지에 원래의 형상이 나타난다고 생각한다. 그리고 이들 이미지는 존재의 자기 계시로 여겨진다.[154] 이것은 관상에서만 가능한 것이다.

우리가 동방교회의 전통인 묵상과 관상을 받아들일 수 없는 것은 네그루트가 밝힌 대로 이들 사상이 플라톤의 이데아와 신플라톤 사상인 신비주의에 근거하였기 때문이다. 묵상 기도(meditative prayer)과 관상 기도(contemplative prayer)에 관하여 더 살펴보도록 하자.

3. 묵상 기도

리처드 포스터(Richard J. Foster)는 묵상 기도에 관하여, 묵상 기도의 목적은 "마음속에 그리스도가 내적 성소를 구성하도록 감정과 영적 자리를 만드는 것이다"라고 기록했다.[155] 영성주의자들은 성례전을 거행할 때 떼는 떡과 나누는 잔에 그리스도는 로고스로 성례전에 참여하는 이들과 함께한다고 생각한다. 그리스도는 떡과 잔에 육체로 있기 때문에, 묵상 기도는 성찬에 임하고 있는 사람이 그리스도에게 가도록 하기 위해 문을 여는 것이라고 한다. 이 같은 화체설의 논리는 이미 개혁자들에게 거절되었다. 성경은 "나 [예수님]를 기념하라"(고전 11:24-25)고 하심을 우리는 기억하고 있다. 또한 우리는 그리스도와 영적으로 연합되어 있기 때문에 믿음 외에 다른 방도로 그리스도에게 나아가는 방법을 성경에 말씀하지 않고 있다. 그러므로 포스터가 말한 것은 성경 신앙에 틀린 것이다.

1) 묵상 기도의 세 가지 단계

포스터의 생각을 더 들어 보도록 하자. 그는 현재 교회가 묵상 기도의 예술을 도외시하는 것에 놀라움을 표시하면서 묵상 기도를 위한 세 가지 단계를 제시한다. ① 집중하라[centering down, or 회상(recollection)], ② 주를 바라보라(beholding the Lord), ③ 들음의 기도(the prayer of listening)이다.

(1) 첫째: 집중의 단계

첫째는 집중의 단계이다. 이것은 자신의 생각이 통일이 되기까지 집중하는 것을 말한다. 집중하기 위해 안락하게 앉아라. 긴장감을 풀고 염려를 내려놓으라. 방안에 하나님의 임재를 깨달으라. 아마도 그때 상상(imagination) 안에서 실제로 그곳에 계신 그리스도가 당신과 마주 앉아 계신 것을 시각화하기를 원하게 될 것이다. 만약 기도 중에 좌절과 정신 산만이 일어나면, 그 좌절과 정신 산만을 들어 아버지(하나님)의 팔에 두어라. 이것은 내적 동요의 억제가 아니다. 실제로 그렇게 되게 하라. 계속 확인하라. 집중 안에 자신을 던지라. 그리고 해제하라. 덧붙여서 포스터는 이것은 중립적인 심리적 완화 그 이상의 것이라고 하며 "신적 섭리에 자포자기"인 실제적인 항복이라고 말한다.156

① 포스터의 묵상 기도 철학

포스터가 말하는 마음을 통일시키기까지 집중하라는 것은 그의 견해로 보아 플라톤의 이데아와 필로(Philo)의 로고스 안에서 이뤄지는 것이며, 정신의 에너지를 사용하여 만들어 가는 것이기에 성경에는 없는 것이다. 현재의 뉴에이지(New Age)가 추구하는 현실을 초월하는 심령의 상태이며, 동양의 신비종교가 초월자와 교통하려는 것과 같은 것이다. 초월과 내재의 개념으로 자신이 절대자와 접촉하려는 생각으로 하나님을 보지 말아야 한다. 또한 그런 생각으로 절대자를 구성하는 것은 인간이 만든 허위의 신이다.

성경이 말씀하시는 하나님은 인간의 상상력으로 생각하는 관념의 신이 아니다.

② 하나님께 대한 항복

포스터는 기도하는 사람들이 신적인 섭리에 대한 자포자기가 하나님께 항복하는 것이라고 한다. 여기서 자포자기란 실망과 불만 때문에 자신의 현재 형편을 파괴하고 돌보지 않는 것을 가리킨다. 그러나 하나님께서는 우리들에게 자포자기를 전혀 가르치지 않으신다. 포스터가 말하는 자포자기는 주님이 우리와 함께 현존하시도록 하는 문이라고 한다.157 오히려 성경은 항상 예수 그리스도께서 성령으로 예수 그리스도를 구주로 믿는 주님의 백성 안에 거하시고 계심을 말씀하신다. 포스터는 여기서 끝나지 않고 한 가지 사상을 더한다. 그것은 우리들이 허락해 주어야 주님께서 우리의 마음을 평온하게 하시고 좌절과 정신적 산만을 없애신다고 가르치는 것이다. 그러나 포스터의 이론으로는, 신이 자신 안으로 들어오는 것은 인간의 정신적 상상의 세계에서 마음의 눈으로 보고 로고스의 에너지를 써서 신으로 생각되는 신기루와 같은 존재를 자신이 만든 마음속 공간의 자리 안에 있도록 하는 것을 말한다. 이것은 자신이 집중하는 시기에 나타나는 것이라고 한다. 그리고 집중하는 시기에 좌절과 정신적 산만이 나타나면 그것들을 아버지의 발 아래 두라는 것도 앞에서 말한 것과 같은 맥락으로 이해되는 것들이다. 우리는 담대하게 말할 수 있기 바란다. 하나님을 심리적으로 구상해 놓은 관념의 영역에 있는 원동력의 신으로 만들지 말라. 포스터가 말하는 묵상이란 마치 자기 최면에 들어가는 것을 느끼게 한다. 왜냐하면 기도하는 사람들이 자신의 몸이 들려서 하나님의 임재의 강한 빛으로 들려진 것을 시각화하면 그는 우리를 기뻐하신다고 하기 때문이다.158 이것은 여호와의 종교가 아니라 동방의 종교가 구하는 희귀한 행동인 것이 분명하다.

③ 소유 양도와 신을 초청

포스터는 이어서 말하기를, 우리 자신의 소유를 양도하고 자신이 신을 소유하도록 초청하면 실제적으로 그리스도와 십자가에 못박히고 그의 삶을 통하여 진정한 삶을 살게 된다고 하면서 이것이 갈라디아서 2장 20절의 말씀이라고 한다.159 그러나 성경에는 그리스도를 초청하기 위해 자기의 소유를 포기하라는 말은 없다. 갈라디아서 2장 20절의 말씀은 사람이 그리스도를 초청하면 이 같은 변화가 생긴다는 것이 아니라, 믿음으로 말미암아 그리스도께서 신자 안에 계신다는 의미이다. 그리고 결코 주님은 우리를 떠나가지 않으신다. 또한 진정한 신자가 만약 불의와 같은 죄를 범한다고 해도 마귀는 들어와 거할 수 없다. 성령께서 거하시는 장소-예수 그리스도를 믿는 사람에게는 마귀가 함께 있을 수 없다.160 그리스도는 성령으로 말미암아 신자 안에 살아 계신다. 그런데 포스터는 믿음에 관하여는 전혀 말하고 있지 않다. 포스터는 믿음으로가 아니라 헬라 철학의 초월 안에서 절대자를 만나는 것을 시도하고 그것을 성경의 개념으로 각색하고 있다. 이것은 믿음으로 이루어지는 하나님의 은혜에 도전하는 죄이다. 포스터가 말하는 자기 염려와 걱정을 버리는 것은 그리스도를 믿는 믿음 밖의 영역이기에 포스터가 베드로전서 5장 7절을 인용하여 정당화시키는 것은 성경에서 벗어나는 일이다. 그는 이 같은 행동을 통하여 점차적으로 성자(saint)가 되어 간다고 한다. 그러나 이것은 가톨릭에서나 하는 이야기이다.

④ 시각화

포스터의 시각화는 맥그래스의 시각화와 맥락을 같이한다. 포스터는 심지어 죄까지도 하나님의 빛이 꿰뚫고 들어와서 자신의 내적 자아를 치료한다고 가르치며, 공간의 영역에서 일어나는 자신의 시각화 작업에서 가능하다고 가르치고 있다. 비로소 인간 존재인 자신은 점차적으로 하나님의 방법을 받아들이는 중심적인 존재가 되어 간다고 한다. 이 같은 영역에서만 신과 자신의 일체가 일어나며, 신이 아닌 자신이 중심이 된다는 것이다.[161]

죄의 용서는 예수 그리스도의 구속 사역으로 이루어진 것이며 다른 어떤 매개체나 어떤 희한한 것으로도 이뤄질 수 없다. 우리가 앞에서 헬라 철학의 영성에서의 역할에 대하여 논하였기 때문에 다시 논할 필요는 없을 줄 안다. 다시 반복하여 말하고자 하는 것은 시각화는 초월과 내재의 로고스 사상 안에서만 가능한 현상이며, 성경의 가르침이 아님을 강조하고자 한다.

(2) 둘째: 주를 바라보라

포스터가 가르치는 묵상의 두 번째는 "주를 바라보라"이다. 집중이 끝나면 묵상 기도는 두 번째 단계로 가게 된다. 그것은 주를 바라보는 것인데, 포스터는 이 행동의 의미를 그의 신비주의와 신에 대한 내재의 개념으로 신을 관찰하고 있다. 자신 안에 내재하는 신을 바라보는 것은 "내부로 향하여 마음이 한결같이 신성의 중심을 응시(gaze)하는 것을 의미한다"고 적었다.162 이 같은 응시에서 신의 임재의 따뜻함을 입게 되고, 예배하고 경배하고 찬양하고 감사하는 것으로 영혼의 내적인 성전이 밖으로 나타내 보이게 된다고 한다. 이같이 말하면서 포스터는 14세기의 리처드 롤 (Richard Roll)이 마음을 응시했던 신비적 경험에 관하여 말하고 있다. 그때 롤은 육체적 이성의 세계가 아닌 가슴으로 느끼는 현상을 경험했다고 한다.

① 신비적 관념으로 하나님을 예배하지 않는다

우리는 오직 한 분이신 하나님을 예배한다. 예배의 대상이신 하나님은 내재해 있는 대상이 아니다. 우리가 예배하는 하나님은 우리를 초월해 있는 존재─그래서 접근이 불가능한 신도 아니다. 만약 우리의 예배의 대상이신 하나님이 우리의 생각으로 구성되는 신비의 세계에 있는 하나님이라면 우리의 하나님은 아니다. 신기루와 같은 영역에 있는 가상의 어떤 절대자를 예배의 대상으로 가정한다면 그것은 인간이 생각으로 가공하여 만든 우상이다. 그러므로 포스터가 말하는 마음속 중심에 있는 신을 향하여 응시하고 그것을 하나님이라고 부르는 것은 환상 속에서 신을 찾고자 하는 것일 뿐이다. 성경은 살아 계신 하나님을 예배의 대상으로 한다. 또한 예배자는 온전한 마음과 정신이 있어야 한다. 이 원칙을 벗어나는 것은 성경의 가르침을 헛되이 인용하는 것이다. 포스터는 묵상에서 느끼고 보고 응시하는 것들은 성경이 그렇게 말한다고 자신을 정당화하려는 노력을 아끼지 않고 있다. 예를 들면 기도하는 사람들이 비전을 보는 것은 이사야 선지자가 비전을 보았던 것(사 6:1-8)과 같다고 한다. 또한 자신들이 묵상의 상황에서 노래하는 것은 에베소서 5장 19절 말씀에 기인한다고 한다. 그러면서 포스터는 이것을 성령의 역사라고 한다. 그러나 이사야 선지자나 사도 바울이 영성주의자들이 했던 초월과 내재의 신을 자신의 신비적 관념에서 하나님을 예배했다는 것은 찾을 수 없다.

② 온전한 의식으로 예배하라

사도 바울이 아그립바 왕 앞에 서서 예수 그리스도의 포로가 되어 복음을 전하고 회개하며 회개에 합당한 삶을 전했다고 왕에게 말했을 때, 그 옆에 있었던 베스도가 크게 소리질러 말하기를 "바울아 네가 미쳤도다 네 많은 학문이 너를 미치게 한다"라고 했다. 이때 바울은 다음과 같이 말한다. "베스도 각하여 내가 미친 것이 아니요 참되고 온전한 말을 하나이다"(행 26:25). 신앙과 생활은 사실에 근거한 것이며, 성경에 근거한 합리적인 것이다. 성경이 말씀하시는 우리의 신앙과 삶과 기도와 예배는 온전한 마음을 가지고 있는 실제의 세계이며, 믿음의 세계에 속한다(히 11:1). 이것은 진정한 성령의 역사에 속한 것이다. 바른 신앙이란 하나님의 계시 의존 사색에 의해 이루어지는 것이고, 이 사색은 신비의 체험을 하는 것이 아니며, 이데아의 관념 속으로 자신을 끌고 가서 신과 체질을 같이하는 것도 아니며, 상상의 세계에서 마음속 공간 속에서 신을 내적인 영역 속에서 시각화하는 것도 아니다. 성령의 역사는 신비 체험에서 이루어지는 것이 아니며, 초월과 내재는 관념의 세계에 속하는 것도 아니다. 그러므로 포스터의 묵상은 성경적이 아니다.

(3) 셋째: 들음의 기도
① 하나님의 응답을 귀로 듣는 경험으로 요청하지 말라

셋째는 '들음의 기도'이다. 포스터가 가르치는 묵상의 셋째 단계는 기도하는 자들이 신의 행동을 마음속으로 듣는 것을 경험하는 것이라고 한다. 그런데 묵상에서 경험하는 것은 '말을 하지 않고 있는 고요함' 그것 이상의 심오한 것이라고 포스터는 말한다. 들음의 기도 방법은 '고요함', 곧 '정적'(stillness)이다. 고요함의 시간에 보다 생생하고 보다 활력 있는 것을 얻기 위해 포스터는 내적 자아가 외적 자아보다 약해져야 하고 마음을 집중하라고 한다. 그리고 들음의 기도에 관하여 마태복음 17장 5절을 인용한다. 예수님께서 베드로와 야고보와 요한과 함께 산에 올라가셨다. 예수님께서 이들 제자들 앞에서 변형되셨다. 이 일이 있은 후 구름 속에서 소리가 나서 말씀하시기를 "이는 내 사랑하는 아들이요 내 기뻐하는 자니 너희는 그의 말을 들으라"고 하였다. 포스터는 하나님께서 "그의 말을 들으라"고 하셨기 때문에 실제적으로 예수의 목소리를 들어야 한다고 한다. 실제로 예수의 목소리를 듣는 것은 우리의 이성적인 기능을 통하지 않고 우리의 정신(mind)적인 차원 이상을 넘어서 듣는다는 것이다. 이것을 위해 포스터는 우리의 전 인간이 예수의 말을 듣기 위해서는 정신이 마음 안으로 들어와야 한다고 말한다.

② '고요함'으로 음성을 듣고자 하는 것은 주님의 가르침이 아니다.

하나님께서 예수님의 말을 들으라고 하신 것은 하나님께서 예수님을 하나님과 사람 사이의 중보자로 세우셨기 때문에 예수님의 말씀만 들어 순종하면 영원한 생명을 얻게 된다고 하신 것이다. 예수님의 말씀은 성경에 기록된 말씀을 가리킨다. 이 말씀은 기도하는 중에 기도하는 사람이 인식할 수 있는 확고한 말씀을 듣는다는 것을 받침해 주지 않는다. 영성주의자들은 예수의 말씀을 듣고자 '조용하라'고 하는 프랑스아 페넬론(François Fenelon)의 말을 인용한다. 하나님을 기쁘시게 하는 덕(merit)은 '고요함'인데, 성령은 기도하는 사람에게 고요함을 통해 감명을 갖게 하므로 기도하는 사람의 마음을 준비시킨다. 그러므로 기도하는 사람들의 마음 안에 있는 예수의 말을 들으라고 한다.163 세상적인 애정과 인간 안에 있는 생각과 모든 외적인 것에서의 침묵은 본질적인 것이라고 한다. 그래서 포스터는 "십자가의 요한"(John of Cross)의 글을 인용하여 십자가의 요한은 자신의 온 집을 고요한 장소로 삼았다고 한다. 그러면서 그리스도의 음성을 듣기 원한다면, 정신적, 육신적, 감정적으로 고요하게 해야 한다고 한다. 그러나 이와 같이 자신을 고요하게 하려면 인간의 의식 세계 속에서는 있을 수 없다. 고요함을 모르는 것은 교만이며, 성경 속에서 하나님의 계시를 확인해야 한다고 한다. 포스터는 성경과 하나님의 계시를 구분하여 하나님께서 성경에 자신을 계시하신 것 외에 하나님 자신을 나타내는 또 다른 계시의 필요를 요청하고 있는 것이다.

2) 포스터 묵상 기도의 문제점

우리는 이 같은 배경을 가지고 있는 포스터의 내용을 받아들일 수 없다. 포스터는 예수의 말씀을 실제로 들어야 한다는 것을 주장하기 위해 신명기 18장 15절의 "네 하나님 여호와께서 너의 가운데 네 형제 중에서 나와 같은 선지자 하나를 일으키시리니 너희는 그의 말을 들을지니라"는 말씀을 제시한다. 그러나 이 말씀은 포스터가 의미하는 것처럼 기도 중에 예수님의 말씀을 들어야 한다는 의미가 아니다. 왜냐하면 포스터는 이 말씀을 가지고 "그 [그리스도]는 우리를 마음 내부에서(inwardly) 가르친다"고 말하고 있기 때문이다.164 무엇 때문에 포스터는 '마음 속'과 '마음 밖'을 구분하는가? 실존의 철학을 가지고 그리스도를 실존화하려는 것이다. 곧 내재하는 절대자, 그리고 원동력으로서의 신을 구상하기 위한 것이다. 포스터가 말하는 대로 성경에서 기도하는 중에 예수의 말씀을 실제적으로 듣는 것을 '그 [예수]와 교제하는 삶'이라고 말씀하신 일은 없다.165

이상에서 논한 대로 영성주의자들이 주장하는 묵상 기도는 성경에 없음을 확실히 하였다. 그 같은 내용의 기도는 성경에 기록되어 있지 않으며 예수님께서도 말씀하신 적이 없다.

4. 관상 기도

관상 기도라는 용어 역시 성경에 없음을 분명히 하고 내용을 이어가도록 하자.

1) 관상 기도를 하는 이유

관상 기도를 하는 이유가 무엇일까? 안드레아 스터크(Andrea Sterk)는 관상 기도를 통하여 하나님과 연합을 얻을 수 있을 뿐만 아니라 삼위일체의 삶에 참여할 수 있다고 한다.166 동방교회의 전통에서 관상 기도를 하기 위한 방법은 '헤시케즘'(hesychasm)이다. 헤시케즘이란 말은 헬라어의 '헤쉬키아'($ήσυχία$)에서 왔는데, 이 단어는 '침묵' 또는 '마음의 고요함'을 의미한다. 안드레아는 동방교회의 전통에서 헤시케즘은 정신의 집중을 위해 특별한 기술이 포함된 것이라고 한다.167 안드레아는 헤시케즘의 전통의 뿌리에 대하여 역사적으로 오래 되었다고 한다. 정적주의자들은 영적인 삶에 접근하기 위해서 끊임없는 기도와 하나님 앞에서 마음의 고요함을 강조하고 있으며, 초대 기독교의 교부 시기(the patristic era)의 영적 집필가들이 헤시케즘에 관하여 글을 썼다고 한다.

2) '고요함'은 관상 기도의 방법

헤시케즘에 속하는 사람들은 사막 교부들(the desert Fathers)이었다. 사막 교부들은 기도를 통하여 하나님과 연합함으로 인간의 완전함을 이루는 장소에 들어가기 위해 본질적으로 관상의 상태에 들어갔다. 그리고 사막 교부들은 관상을 영적인 체계로 인정하였고, 하나님과의 연합을 얻기 위해 진정한 고요함(정적)의 필요를 느끼게 되었다. 그들은 고요함의 과정에서 영혼(soul)이 하나님을 찾도록 만든다고 생각했다.168 고요함(정적)이란 인간으로서 가지는 격동하여 일어나는 감정까지 자유로운 것을 말한다. 무엇 때문에 이같이 했을까? 안드레아는 동방교회의 영적인 삶과 신학은 신격화(theosis)의 개념을 가지고 있었다는 것에서 근거를 찾고 있다.169 "하나님이 인간이 되신 것은 인간도 하나님이 될 수 있다"는 개념이 신격화를 형성하게 되었으며, 거룩한 삼위일체의 신적인 삶을 나눈다는 의미로 생각했다. 그리고 그에 대한 성경적 근거를 베드로후서 1장 4절에서 찾았다. 하나님과의 연합을 통하여 하나님과 같이 된다는 것이 성육신의 목적이며, 인간 삶의 목표였다.170 그리고 하나님과의 연합은 관상 기도를 통하여 가능하다는 것이다.

3) 관상 기도는 하나님에 대한 지식에 속하는 것이다

키팅은 시토 수도회의 수도원(a Cistercian Monastery)에 속해 있던 수도사였다. 토머스 키팅(Thomas Keating) 신부에 의하면 관상 기도는 하나님에 대한 지식의 범위에 속하는 것이다. 관상 기도는 이성적인 대화의 한계를 넘어서 하나님을 경험적으로 알게 되는 운동이라고 가르치고 있다.171 그런데 키팅이 말한 대로 인간이 하나님을 아는 것이 이성적인 대화의 한계를 넘어서는 영역에 있다고 한 것은 옳지 않다. 그는 인간이 관상의 활동에서 하나님을 경험함으로 비로소 하나님을 알고 하나님에 대한 지식을 갖는다고 한다. 키팅이 말하고자 하는 관상 기도는 신비적이며 관상적인 응답의 범주 안에 있는 것이다.

키팅은 관상적인 기도에서 인간의 이해를 넘어 있는 신비적인 영역의 것이라는 생각을 교리화했다.[172] 키팅이 말하는 '이성적인 대화의 한계'란 관상의 기도를 하지 않는 것이며, 그러한 기도로 하나님을 아는 것은 한계가 있다는 말이다. 반틸(Van Til)은 키팅과 같은 생각을 가지고 있는 사람들에 대하여, "인간의 지식은 신의 지식과 유사한 지식이라는 생각을 가지고 하나님에 대한 성경적인 근거가 없이 인간이 신에 대한 지식의 가능성과 본질을 결정한다"고 말한다.[173] 그러나 우리는 성경의 모든 말씀을 하나님에 대한 지식의 원형으로 받는다. 그리고 하나님에 대한 지식과 본질을 인간의 경험으로 재구성하지 않는다. 그러므로 성경이 말씀하시는 하나님의 지식은 진리이고 객관성이 있는 것이며 성경에 의해 하나님에 관한 지식을 얻는다. 그러므로 반틸은 우리에게 바른 이정표를 보여주고 있다. 이 같은 견지에서 보면 관상 기도는 성경적이지 않다. 우리의 이성을 사용하여 얻을 수 있는 포괄적인 지식도 인간의 내면 세계에 속한 것이 아니라 하나님께 속한 것이다.

4) 관상 기도의 장소는 내면의 골방이다

키팅이 말하는 관상 기도의 장소에 관한 생각은, 예수님께서 기도에 대하여 가르치며 기도의 장소를 말씀하신 의도와는 전혀 다르다. 키팅은 마태복음 6장 6절을 인용한다. "기도할 때에 네 골방에 들어가 문을 닫고 은밀한 중에 계신 네 아버지께 기도하라 은밀한 중에 보시는 네 아버지께서 갚으시리라." 키팅은 예수님의 말씀에서 "기도할 때에 네 골방에 들어가 문을 닫고 은밀한 중에 계신 네 아버지께 기도하라"고 하신 말씀을 다음과 같이 해석한다. "예수님께서 말씀하시는 '골방'은 당신 마음의 골방이다. 그러므로 기도하기 원하고 하나님과 심오한 관계를 갖고자 한다면 당신의 내적 방으로 들어가라." "그 다음에 문을 닫으라. 문을 닫는 것은 내적인 대화를 멈추는 것이다."174 또한 키팅이 말하기를 "그때에 골방이 있는 사람이 얼마나 되었겠는가? 이것은 비유인데 신의 내주에 대한 임재를 쉽게 하는 것이다"라고 한다.175

윌리엄 헨드릭슨(William Hendriksen)의 해석에 귀를 기울여 보자. 헨드릭슨은 마태복음 주석에서 아주 다른 해석을 한다. 첫째, 여기에 쓰인 '골방'이란 헬라어로 '타메이온'($ταμεῖον$)인데 이 명사는 완전히 사적인 방 또는 장소를 말한다.176 그러므로 여기에서 말씀하시는 골방은 단어의 뜻으로 볼 때 마음을 방이라고 하는 비유적인 의미는 전혀 없다. 둘째, 예수님께서 마태복음 6장 6절에서 강조하시는 것은 기도의 장소라기보다 마음의 태도에 있음을 밝힌다.177 또한 "은밀함이란 기도에 대한 생각보다 성실함을 말씀하시는 것이다. 예수님께서 은밀한 장소에 관하여 말씀하신 것은 성실하며 겸손한 예배자를 말씀하신 것이다. 자신이 기도하는 것을 자신의 명성을 강화하는 것으로 하지 않으며 사람들에게 나타내 보이려 하지 않는 사람은 자신의 경건의 삶을 위해 구석진 장소나 자신만이 아는 장소를 택한다. 거기서 기도자는 세상과 단절하고 하나님과 함께할 수 있는 것이다."178 어떤 신자에게는 자신이 공부하는 장소, 또는 사무실 또는 일하는 장소, 그리고 조용한 장소 같은 곳을 하나님과의 은밀한 장소로 삼는다. 우리는 본문의 바른 의미로 헨드릭슨의 해석을 취한다.

그러므로 키팅이 마태복음 6장 6절을 비유적 해석으로 해석한 것은 잘못된 것이다. 자신의 실존 세계에서 현실을 초월하는 의미는 예수님께서 말씀하지 않으신 것이 분명하다. 키팅의 관상 기도는 더욱더 아니다. 우리는 정상적인 마음을 가지고 하나님께서 주신 이성의 기능을 사용하여 성경에서 하나님에 관한 지식을 얻으며, 그 말씀에 의하여 하나님께 기도하고 찬송하고 감사하며 간구하며 도고를 한다. 그리고 이 모든 것은 성령의 역사로만 가능하다. 기도하는 데 무슨 방법이 있겠는가? 우리의 간구를 하나님의 말씀에 근거하여 감사함으로 우리 자신의 말로 아뢰면 된다. 관상 기도를 주장하는 이들이 하는 심리적이고, 마치 동양의 신비종교가 추구하고 방법으로 삼는 것 같은 기도는 여호와의 종교에서 기도의 방법이 될 수 없다.

5) 관상 기도는 인간 내면에서 하나님과 개인적 관계를 갖는 것이다.

관상 기도는 인간 내면에서 하나님과 개인적 관계를 갖는 뉴에이지(New Age) 사상과 맥락을 같이한다. 이것은 토머스 키팅 신부도 부인하지 않는다. 소저너스(Sojourners)의 기자가 키팅 신부에게 다음과 같이 질문했다. "관상 기도를 뉴에이지의 영성과 연관 지어 생각하는 사람이 있습니다. 그리고 관상 기도가 외부에 초점을 두지 않고 하나님과 개인적 관계를 갖는 자기 중심적인 영성과 관계지어 생각하는 사람들이 있습니다. 관상 기도가 이 같은 연관이 있다고 생각하는 사람들이 관상 기도를 포기하는데 이 사람들에게 대하여 어떻게 응답하시겠습니까?" 키팅 신부는 기자들의 질문에 다음과 같이 대답한다. "그렇습니다. 이것이 문제입니다. 집중하는 기도는 중심부를 응시하는 것과 조금은 같다고 보입니다. 그래서 여러 세기 동안 관상 기도에 비판을 가해 오고 있습니다. 이것은 새로운 시대(New Age)로 부를 만큼 새로운 것입니까? 아닙니다. '뉴에이지'가 아닙니다. 모든 것이 후-관상 기도인 '옛 시대'(Old Age)입니다."179 키팅 신부와의 대담에서 알 수 있는 것은 신부가 인정한 대로 관상 기도에서 현재의 뉴에이지가 하는 관념과 행위는 현재에 있었던 것이 아니며, 이미 2세기 때에 사막 교부들이 행해 왔다는 사실을 알 수 있다. 왜냐하면 지금 있는 관상 기도에서 발견할 수 있는 뉴에이지의 의미는 이미 옛 시대의 것이라고 말하고 있기 때문이다. 그러면서 그는 기자에게 다음과 같이 말한다. "당신이 연습을 쌓는다면 신의 사랑의 최소한 적은 씨앗이 당신 침묵의 씨에 보일 것입니다. 신의 사랑의 자리에 있으려면 자신을 집착하는 것과 함께 죽어야 합니다. 그리고 실제적으로 불태워 버려야 합니다. 이것은 인간의 다른 노력과 함께 자신의 실패, 게으름, 박해와 비극을 다루는 자신의 내적 수단을 버리는 것입니다."180 키팅은 묵상 기도에서와 마찬가지로 범신론적인 경향이 관상 기도에도 있기 때문에 범신론이 되지 않도록 깊은 주의를 기울여야 한다고 말한다.

이 같은 키팅 신부의 견해에서 관상 기도는 뉴에이지 사상의 영향 아래 있다는 것이다. 키팅 신부의 자기 부정은 앞에 기록한 대로 포스터의 '자포자기'의 용어를 생각하게 한다. 뉴에이지 사상에서 자기 부정은 상상(imagination)의 과정에서 관념으로 육체의 자아를 벗어 나온 정신(nous) 세계의 자아로 들어가는 것을 말한다. 이 같은 것을 자신의 본질적인 자아요, 실제의 자아라고 이름을 붙인다. 그런데 자신이 이 땅의 매일의 삶에서 경험하는 것 가운데 '아픔'으로 해석되는 것들을 벗어버리거나 잊어버린 새로운 세계를 만들어 가려는 시도가 뉴에이지 사상이다. 그리고 관상 기도는 포스터가 사용한 자포자기라는 심리의 동력을 사용하여 자아를 벗어나 육체를 가진 자아가 부정(negation)된 세계를 만들어 가는 것이다. 그리고 이 세계에서 절대자와 대화를 하고자 한다. 절대자와 또는 원동력으로서 신(prime mover)과 교제하는 곳에서 진정한 평화를 즐기며 위로를 얻는 것을 추구한다. 관상 기도는 이같은 사상의 근거를 가지고 금욕적 수도원의 환경에서 신비적인 사건들을 추구하고 만들어 간다. 이것이 키팅 신부가 말하는 관상 기도이기 때문에, 우리가 하나님의 계시인 성경 의존 사색을 하는 정상적인 신자라면 받아들일 수 없다.

6) 관상 기도의 목표는 자신이 신이 되는 것을 추구

관상 기도는 기도자 자신이 신(divine)이 되는 것(to be divine)을 추구하는 것을 목표로 한다. 키팅 신부는 자신이 관상 기도를 통해 '신'이 되는 것이 수도원의 주요 목표라고 말하며 이것이 교회의 전통이라고 한다.[181] 키팅 신부에 의하면, 신이 되는 것을 추구하는 관상 기도의 시작은 집중하는 기도(centering prayer)에 있다고 한다. 앞에서 서술한 대로 집중하는 기도는 내면 세계의 한 점에 정신을 집중하는 기도를 말한다. 이것은 외적 자아를 벗어나 내적 자아의 영역으로 들어가는 것을 의미한다. 그래서 거기서 절대자와 연합이 이루어지고 교제를 갖는다고 한다. 이 같은 것은 프로이드(Freud)의 무의식의 세계 – 신비의 세계 – 를 구축하는 것과 맥을 같이한다. 그러나 분명한 것은 이것은 성경이 말씀하지 않는 것이며, 성경이 가르치는 기도가 아니다. 진정한 기도는 온전한 의식을 가지고 하나님께 나아와 간구하는 것이기 때문이다. 관상 기도는 자기 초월에서 내재의 세계로 자아를 투영하는 것이며, 거기서 내면의 세계를 건설하는 플라톤의 이데아의 세계를 내부에 만들어 가는 것이지, 결코 성경적인 것이 아니다.

7) 관상 기도는 성경이 가르치지 않는다.

키팅에게 있어서 관상 기도는 집중하는 기도(centering prayer)가 전부가 아니다. 집중의 기도로 들어가도록 이끄는 성경 구절을 읽는 것이 앞서야 한다. 그리고 집중하는 기도는 자비의 선행이나 사회활동과 정의활동을 포함한다. 자비의 선행과 같은 선행의 활동이 없다면 집중하는 기도에 들어오지 못한 것으로 간주된다. 키팅의 말에 의하면, 집중의 기도에 들어오려면 현실을 뛰어넘는 한

점에 정신을 집중하는 기도도 있어야 하고 선행의 흔적도 있어야 한다. 관상 기도는 정신적, 육체적 건강을 가져오며 스트레스에서 해방되게 한다고 말한다. 그 이유는 인간의 아픔과 고통은 인간 내면의 세계에 있는 것인데, 내면의 세계에서 신과의 교제를 통하여 아픔이 치료되기 때문이다. 이것을 내적 치료 모델이라고 할 수 있는데, 성경의 가르침과는 다르다. 오히려 이것은 헬라 철학에 근거하여 세운 가정(hypothesis)이다. 이 점에 대해서는 후에 다루도록 하겠다. 확실한 것은 관상 기도는 완전한 치유가 아니라는 사실이다. 이것은 동양의 요가와 같이 자아의 세계를 벗어난 신비의 세계의 영역을 말하는 것이지, 실체의 세계는 아닌 것이다.

8) 관상 기도에 대한 결론

관상 기도에 대한 내용을 마치면서 한 가지 말할 것이 있다. 키팅 신부는 과거 종교개혁 때에는 관상 기도의 전통이 부인되었지만, 현재 신교와 복음적 전통(traditions)에 의하면 많은 젊은이들과 늙은이들까지 60년대 70년대에 동방교회를 찾아갔던 것을 독자들에게 상기시키며 다행한 일이라고 말한다. 더욱 우리를 놀라게 하는 것은 하나님을 경험하는 것 - 영적인 활동은 관상의 차원(dimension)에 속한 것으로 감각의 경험 차원만도 아니며 거듭남(born again)이 근거가 되는 하나님을 경험하는 경건(devotion)함만도 아니라고 한다. 그러면서 관상 기도는 신자의 전 삶이라고 한다. 그는 복음주의자들이 관상 기도를 절실한 것으로 여기고 있다고 생각하는 것은 다행이라고 결론짓는다.[182]

또한 관상 기도의 방법은 고요함-정적(stillness)의 시간을 갖는 것이다. 고요함에서 행해지는 관상 기도는 자아를 벗어난 세계에 존재하는 신의 세계를 만들어 가는 범신론과 맥락을 같이한다. 성경은 신자들의 선행은 절대자에게 인정받기 위한 조건이 아니라고 한다. 신자들의 선행은 하나님께서 예수 그리스도를 믿어 죄에서 구원받고 천국 백성이 되게 해주신 구원의 은혜에 대한 감사의 응답이라고 말씀한다. 또한 관상 기도의 목표가 신이 되는 것이라면, 이것은 앞에서 논한 '신격화'(deification)를 말한다. 이것은 하나님께 도전하는 것이다.

교회들은 무엇 때문에 종교개혁자들이 받아들이지 않았던 것을 분별 없이 행하고 있는지 생각해 보지 않겠는가? 뿐만 아니라 교회가 부흥했던 것은 영성이 좋아 부흥했다고 하면서, 영성을 세우는 것이 교회의 목표이고, 또한 그것을 교회 부흥의 방법으로 삼고자 하는 것은 무분별한 것이며, 성경을 버리고 헬라 철학을 교회 부흥의 뿌리로 삼겠다고 한다.

성경은 묵상에 관하여 무엇이라고 가르치는가?

성경에서 '묵상'(meditation)이란 단어는 특별히 구약에서 발견된다. 하나님께서 모세의 인도로 이스라엘 백성을 애굽에서 나오게 하시고 홍해를 건너 가나안 땅으로 들어가려고 할 때이다. 모세가 살아 있을 때에는 하나님께서 모세를 통하여 말씀하시고 십계명을 주시고 백성에게 하나님의 의지를 나타내셨다. 모세가 죽기 전에 모세는 자기가 인도했던 백성을 이끌고 가나안 땅으로 들어가는 리더십을 여호수아에게 이전하였다. 하나님께서 이스라엘 백성들에게 약속하신 가나안 땅을 정복하는 일을 여호수아에게 위임한 것이다. 하나님의 명령을 받은 여호수아이지만 그는 리더로서의 경험이 없었다. 뿐만 아니라 하나님의 백성들을 이끌고 가나안 땅을 정복해야 할 일들과 백성을 다스려야 할 일은 그에게 부담이 되었다. 그때 하나님께서 여호수아에게 말씀하신다. "오직 강하고 극히 담대하여 나의 종 모세가 네게 명한 율법을 다 지켜 행하고 우로나 좌로나 치우치지 말라 그리하면 어디로 가든지 형통하리니 이 율법책을 네 입에서 떠나지 말게 하며 주야로 그것을 묵상하여 그 안에 기록한 대로 다 지켜 행하라 그리하면 네 길이 평탄하게 될 것이며 네가 형통하리라"(수 1:7-8). 이 말씀에서 묵상은 말씀을 읽는 것과 그 말씀대로 행하는 것과 관련이 있다. 성경에서 묵상은 여호수아 1장 7-8절 외에 시편 1편 2절,[183] 창세기 24장 63절 등 그 외에 여러 곳에 있지만, 동방교회의 영성의 전통을 의미하는 묵상은 하나도 없다.

1. 묵상이란 단어의 사용과 정의

구약에는 '묵상' 이란 의미로 두 단어가 사용되고 있다. 첫 번째 묵상하다는 의미의 단어는 '하가' (hāgāh)인데, 이 단어의 의미는 '묵상하다', '신음하다' 를 파생어로 갖는다. '묵상하다' 는 의미는 여호수아 1장 8절, 시편 1편 2절, 이사야 33장 18절에 사용되었다.[184] 그리고 '한탄하다' (슬퍼하다, KJV)의 의미로 쓰인다.

"hāgāh"는 시(poetry)에 사용되고 있으며, 이 단어의 일차적인 의미는 먹이를 찾아다니는 사자의 울음 소리, 낮은 소리를 가리킨다. 절망 가운데 하나님께 도움을 구하고자 부르짖는 소리 또는 신음, 또한 나라(nation) 또는 악인의 마음에서 나오는 계략(plot)을 가리키기도 한다(시 2:1; 잠 24:2).[185] 《성경 단어 주해 사전》(*An Expository Dictionary of Biblical Words*)에 의하면, 이 단어는 깊이 생각하는 동안 낮은 소리와 신음하는 소리를 반영하는 의성적인 용어(an onomatopoetic term)같이 보인다고 한다. 이것의 대표적인 성경구절은 여호수아 1장 8절과 시편 1편 2절이다.[186]

두 번째 단어는 '시아(śîhâ)'이다. '시아'는 '말하다,' '묵상에 잠기다', '-에 대해 숙고하다', '-을 골똘히 생각하다'의 의미를 갖는다. 이 단어는 창세기 24장 63절, 시편 104편 34절, 119편 15절, 23편, 97편, 99편, 143편 5절에 사용되었다. '시아' (śîhâ)는 《구약성경의 신학 단어책》(*Theological Wordbook of the Old Testament*)에 의하면, 이 단어에서 알 수 있는 것은 묵상 또는 깊이 생각함(meditation or contemplation)이 내적으로 외적으로 행해진 것이라고 한다. 그리고 이 단어는 하나님의 사역을 조용히 생각함에 사용되었다(시 77:8).[187] 두 번째로는 하나님의 사역을 큰소리로 말하는 것 또는 묵상하는 것에 사용되었다. 또한 신자의 아픔에 대한 탄식을 표현했다.[188] 시편 55편 17절에서 다윗은 "탄식하리니"라고 외쳤다.

시편 77편은 아삽의 시인데 이곳에 '시아' (śîhâ)의 의미가 충분히 포함되어 있다.

내가 내 음성으로 하나님께 부르짖으리니
내 음성으로 하나님께 부르짖으면
내게 귀를 기울이시리로다.

나의 환난 날에 내가 주를 찾았으며
밤에는 내 손을 들고 거두지 아니하였나니
내 영혼이 위로받기를 거절하였도다.

내가 하나님을 생각하고 불안하여 근심하니
내 심령이 상하도다(셀라).

주께서 내가 눈을 붙이지 못하게 하시니
내가 괴로워 말할 수 없나이다.

내가 옛날 곧 지나간 세월을 생각하였사오며

밤에 부른 노래를 내가 기억하여
내 심령으로, 내가 내 마음으로 간구하기를

주께서 영원히 버리실까,
다시는 은혜를 베풀지 아니하실까,

그의 인자하심은 영원히 끝나는가,
그의 약속하심도 영구히 폐하였는가,

하나님이 그가 베푸실 은혜를 잊으셨는가,
노하심으로 그가 베푸실 긍휼을 그치셨는가 하였나이다(셀라).

또 내가 말하기를 이는 나의 잘못이라
지존자의 오른손의 해

곧 여호와의 일들을 기억하며
주께서 옛적에 행하신 기이한 일을 기억하리이다.

또 주의 모든 일을 작은 소리로 읊조리며
주의 행사를 낮은 소리로 되뇌이리이다(시 77:1-12).

　시인 아삽은 지난날 하나님께서 하신 일을 생각하며 하나님께서 자신에게 얼굴을 가리신 것같이 생각하여 불안해하며 근심한다. 자신의 마음은 깊이 상했다. 하나님께서 신자에게 은혜를 베풀지 않았다는 것은 신자의 자기 생각인 것이다. 이제 아삽은 6절에서 하나님을 깊이 생각(muse, 또는 contemplation)한다. 그리고 과거 하나님께서 자기에게 하신 일을 깊이 생각한다. 특별히 지난날에 하나님께서 아삽을 버리지 않으시고 은혜 베푸셨던 일을 기억하고 하신 일을 깊이 생각한다(묵상한다). 시편 77편 12절에 의하면 '묵상'이란 하나님이 하신 일을 돌이켜 보고 생각하는 것을 말한다. 그리고 자신의 생각을 사람들에게 알게 한다.

신약에 사용된 '묵상하다'의 동사는 '멜레타오'($\mu\epsilon\lambda\epsilon\tau\acute{a}\omega$)인데 디모데전서 4장 15절에서 '전심 전력하다'(한글성경)의 의미로 사용되었다. 마가복음 13장 11절에는 '미리 염려하다'의 의미로, 사도행전 4장 25절에는 '생각하다, 궁리하다'(to devise), '상상하다' (to imagine), '−깊이 생각하다'(to ponder)의 의미로 사용되었다. 한글성경에는 '−를 경영하다'(to plot, NIV)로 번역되었다. 그리고 누가복음 21장 14절에는 '미리 연구하다'(한글성경), '−을 미리 연구'(계획, to premeditate)하는 의미로 사용되었다.[189]

구약과 신약에서 묵상에 관한 두 단어를 고찰해 보았다. 구약에 쓰인 의미는 다음과 같이 정리할 수 있다. ① '시아'는 묵상, 불평, 전달, 말로 기도하다, 원망하다의 의미를 갖는다. 묵상(시 104:34; 왕상 18:27), 불평(삼상 1:16; 욥 7:13), 말함(왕상 18:27), 전달(왕후 9:11), 기도(시 64:1), 원망함(잠 23:29) ② '하가'는 묵상, 기도, 개인의 경건(devotion)을 의미한다.[190] 시편 119편 97절에서 시인은 하나님의 율법을 사랑하여 높여드리며 선포한다.[191] "내가 그것을 종일 묵상하리이다." 시편 1편 2절에도 "그의 율법을 주야로 묵상하는도다"라고 말씀한다. 그리고 여호수아 1장 8절에서도 "이 율법책을 네 입에서 떠나지 말게 하며 주야로 그것을 묵상하여"라고 말씀한다. 그리고 이어서 말씀하시기를 "그 안에 기록된 대로 다 지켜 행하라"고 하신다. ③ 신약에서는 묵상하다, 미리 염려하다, 미리 연구하다, 미리 계획하다, 생각하다, 궁리하다, 상상하다,

깊이 생각하다 등의 의미로 사용되었다.

성경에서 묵상은 하나님의 백성으로서 행위에 말씀을 적용하는 윤리성을 내포하고 있다. 그러므로 성경에 사용된 묵상이란 인간의 정상적인 인격 상태에서 이루어지는 것이다. 정상의 상태란 자신의 내적인 자아와 외적인 자아가 분리된 상태가 아니며, 심리적, 신비적, 심령적이며, 또한 소위 성령으로 된다는 카리스마 개념이 개입되지 않으며, 초월과 내재의 실존 개념과 상상의 세계에 대한 정신 작용이 전혀 배제된 것을 말한다. 이것은 오직 성경에 입각하여 예수 그리스도를 구주로 믿는 것만으로 되는 것이다. 끝으로 묵상이란 하나님의 말씀을 깊이 있게 생각함을 말한다. 우리가 '생각한다'는 말을 사용할 때는 내적인 생각이 외적인 행위로 표현되는 것을 함께 내포하는 것을 의미한다. 그러므로 묵상이란 인간의 전 인격에 속하는 것이다.

2. 성경에서 말씀하시는 묵상은 영성주의자의 생각과 다르다.

이제 우리는 확신을 가지고 깨끗한 양심으로 하나님의 말씀에 무릎을 꿇고 경배를 드리자. 하나님의 말씀에 대한 바른 사색을 갖는다면 우리는 영성주의자들이 말하는 이론에 혼미해지지 않을 것이다. 성경에는 영성에서 말하는 관상 기도는 없다. 개혁자들뿐만 아니라 20세기 신학자들도 현재 사용하는 관상(contemplation)이라는 단어를 사용한 것은 사실이다. 그러나 이들은 영성주의자들의 관상이라는 개념의 언어로는 사용하지 않았다. 다만 '하나님이 하신 일들을 깊이 생각하다'는 의미로 사용했다. 그리고 성경에 있는 '묵상'(meditation)의 단어를 사용했다. 우리는 여기서 동양 종교의 '묵상'에 관하여 전개할 필요는 없다. 그러나 확실하게 말할 수 있는 것은 묵상 기도와 관상 기도를 구분하는 영성주의자들은 마치 동양 종교와 혼합된 뉴에이지의 개념을 가지고 사용하고 있다는 것이다. 성경에서 묵상은 동방교회에서 전통으로 받드는 기도할 때의 고요함을 말하지 않는다. 영성주의자들에게 기도할 때의 고요함(stillness)은 자아의 영역의 초월을 시도하여 현재의 자신의 세계가 분리되어 어떤 생각도 없는 세계를 가리킨다. 그리고 이 고요함의 상태는 자아 부인의 자포자기로 이루어지는 것이며 판단이 멈춘 고요함을 말한다.

예수 그리스도를 자신의 구세주로 믿는 신자들은 중생한 양심을 가지고 정상 상태에서 자신의 아픔을 인식했고, 자신의 말로 하나님께 자신의 상황을 아뢰었고, 하나님께서 주시는 위로와 평화를 지식으로 분명히 알았으며, 하나님의 말씀을 읽으며 깊이 생각하고 찬송으로 하나님께 나아왔다. 그리고 그 말씀을 순종했다. 성경은 이것을 묵상이라고 말씀한다. 묵상은 어떤 희귀한 상태로 들어가는 고요함이 아니다. 이제 우리가 내릴 결론은 분명하다. 헬라 철학으로 성경을 읽는 사람들과는 신앙 사상을 같이할 수 없고 배울 필요도 없는 것이다.

각주 (Notes)

1. Larry S. McDonald, *The Merging of Theology and Spirituality*, Lanham: University Press of America, 2006, pp. 56f, 71.
2. Cornelius Van Til, *Common Grace and The Gospel*, Nutley, New Jersey: Presbyterian and Reformed Publishng Co., 1977, p. 129.
3. Pentecostalism은 성령으로 직접 영감됨을 강조하며 방언(glossolalia, 종교적 황홀경 상태에서 말하는 언어를 말함)을 그 표식으로 삼은 주의이다.
4. Philip Sheldrake, *A Brief History of Spirituality*, Malden, MA: Blackwell Publishing, 2007, pp. 2f.
5. Sheldrake, pp. 2f. Ridderbos는 육(flesh, body)과 영(spirit)은 '존재의 두 가지 양상' (two modes of existence)이라고 한다. See Herman Ridderbos, *Paul: An Outline of His Theology*, tr. by John Richard De Witt, Grand Rapids: Eerdmans, 1975, p. 66.
6. Sheldrake, p. 3. 바울이 도덕적 의미에서 영적(spiritual)이라는 단어는 '성령 안에 사는 삶'을 의미한다.
7. Sheldrake, p. 65, 93.
8. Ridderbos, p. 65. 리더보스는 '육'과 '죄 있는 육' (the sinful flesh)은 일치하지 않음을 지적한다. 예수님은 육을 가지고 사셨으며 또한 죽으셨지만 예수님은 죄는 없으셨다(히 4:15).
9. Ridderbos, *op.cit.*, p. 94.
10. Riderbos, *op.cit.*, p. 95.
11. Ridderbos, *op.cit.*, p. 231.
12. See *TDNT*, Vol. VI, p. 436.
13. Ridderbos, *op.cit.*, pp. 231f.
14. *TDNT*, Vol. VI, pp. 372f.
15. *TDNT*, Vol. IV, pp. 142f.
16. *TDNT*, Vol. VI, p. 436.
17. Wayne Grudem, *op.cit.*, p. 609.
18. Grudem, *op.cit.*, p. 609.
19. Walter Bauer, *A Greek-English Lexicon of the New Testament*, 2nd ed., revised and augmented by F. Wilbur Gingrich and Frederick W. Danker, Chicago: The University of Chicago Press, 1979, pp. 678f.
20. Bauer, *op.cit.*, p. 679.

21. Berkhof, *Systematic Theology*, p. 65.
22. Berkhof, *Ibid.*, p. 66.
23. Berkhof, *Ibid.*, p. 66.
24. Berkhof, *Ibid.*, p. 66.
25. Barbara E. Bowe, *Biblical Foundations of Spirituality*: Touching a Finger to the Flame, Lanham: Rowman & Littlefield Publishers, 2003.
26. Barbara, *op.cit.*, p. 13.
27. Barbara, *op.cit.*, p. 13.
28. Barbara, *op.cit.*, p. 13.
29. Barbara, *op.cit.*, p. 10.
30. Barbara, *op.cit.*, p. 10.
31. Barbara, *op.cit.*, pp. 10f.
32. Segundo Galilea, *The Way of Living Faith: A Spirituality of Liberation*, tr. by W. Diercksmeier, San Fracisco: Harper & Row, 1988, p. 54.
33. Galilea, *Ibid.*, pp. 54f.
34. Galilea, *Ibid.*, p. 55.
35. See Sheldrake, *op.cit.*, pp. 6-9, 동방교회와 서방교회의 영성의 역사에 관한 개관을 참고하라.
36. Philip Sheldrake, "What is Spirituality," *Exploring Christian Spirituality: An Ecumenical Reader*, ed. by Kenneth J. Collins, Grand Rapids: Baker Books, 2000, p. 25. Sheldrake는 이전의 영성은 금욕주의와 신비주의 개념으로 형성되었다고 한다
37. Barbara, *op.cit.*, p. 27.
38. Barbara, *op.cit.*, p. 27.
39. Barbara, *op.cit.*, p. 27.
40. Barbara, *op.cit.*, p. 91.
41. John *Kostas*, "Windows into Heaven: The Role of Icons in the Greek Orthodox Church," *Word & World*, Volume 28, Number 4 Fall 2008.
42. William Hendriksen, *Philippians, Colossians and Philimon*, Grand Rapids: Baker Book House, 1982, p. 72.
43. Kleinknecht, *TDNT*, Vol. II, pp. 388-390.
44. *TDNT*, Vol. II, pp. 389-390.
45. *TDNT*, Vol. II, p. 389.
46. Calvin은 이 말이 그레고리(Gregory)가 한 말이라고 한다. 칼빈은 그레고리의 말이 전적으로 잘못된 것임을 지적한다. 칼빈은 예레미야 10장 8절과 하박국 2장 18절을 인용하여 우상으로부터 하나님께 배우는 것은 모두 무익하고 거짓된다는 것을 성경에 근거한 일반적인 교리를 들어 비판한다. "형상들은 책의 역할을 한다"는 것을 구약의 예언

자들은 전적으로 정죄하고 있음을 말한다(Ins. 1.11.5).
47. Qualben, *A History of the Christian Church*, pp. 152-153.
48. Quallben, *Ibid.*, p. 153.
49. Sheldrake, *op.cit.*, p. 100
50. Sheldrake. *op.cit.*, p. 100.
51. Sheldrake, *op.cit.*, pp. 100f.
52. McGrath, *Spirituality*, p. 107.
53. McGrath, *Ibid.*, p. 107, Thomas Merton은 '고요함'을 갖는 것을 영성에서 묵상과 관상의 최선의 방법으로 제시한다.
54. McGrath, *Ibid.*, pp. 107f.
55. McGrath, *Ibid.*, p. 108.
56. McGrath, *Ibid.*, p. 108.
57. McGrath, *Ibid.*, pp. 107f.
58. "Before I had Done Speaking in Mine Heart" (KJV). "내가 묵도하기를 마치지 못하여"(한글성경).
59. Sheldrake, *op.cit.*, p. 102.
60. *Ins.* 1.11.5.
61. *Ins.* 1.11.6. 엘비라 공의회(Council of Elvira)의 결정 제36장: "교회 안에 화상을 놓아서는 안 되며 사모하거나 예배드리기 위한 목적으로 벽 위에 어떤 것도 그려서는 안 된다." 칼빈 강요 1.11.6을 보라.
62. *Ins.* 1.11.6.
63. *Ins.* 1.11.6.
64. *Ins.* 1.11.5.
65. *Ins.* 1.11.3.
66. McGrath, *op.cit.*, p. 82.
67. McGrath, *op.cit.*, pp. 82-109를 참고하라.
68. *Ins.* 2.5.19.
69. *Ins.* 2.5.19.
70. See Ins. 2.5.19의 각주 38를 보라.
71. *Ins.* 2.5.19.
72. *Ins.* 2.5.19.
73. Frederick W. Farrar, *History of Interpretation*, Grand Rapids: Baker Book House, 1961, p. 328.
74. Farrar, *op.cit.*, p. 142.
75. Farrar, *op.cit.*, p. 142.
76. William W. Klein, Craig L. Blomberg and Robert L. Hubbard, Jr., *Introduction to*

Biblical Interpretation, Dallas: Word Publishing, 1993, p. 338.
77. McGrath, *op.cit.*, p. 85.
78. McGrath, *op.cit.*, p. 85.
79. McGrath, *op.cit.*, pp. 85f.
80. McGrath, *op.cit.*, p. 86.
81. McGrath, pp. 91ff. 금욕주의에서는 '여정' (the journey)에 대한 비유를 사용하여 자기 부정의 자기 훈련의 과정을 이루고 있다. 이들은 이 같은 과정이 신자로서 효과적으로 살아가는 방법이라고 생각한다. 또한 '여정' 에 대한 비유를 가지고 신자들의 삶을 설명하는 것을 전통으로 인정하고 이 전통의 틀 안에서 영적인 것을 추구한다.
82. McGrath, *op.cit.*, pp. 111-116.
83. McGrath, *op.cit.*, p. 111.
84. McGrath, *op.cit.*, p. 111.
85. McGrath, *op.cit.*, p. 110.
86. McGrath, *op.cit.*, p. 110.
87. McGrath, *op.cit.*, p. 110.
88. McGrath, *op.cit.*, pp. 110f.
89. McGrath, *op.cit.*, p. 111.
90. McGrath, *op.cit.*, p. 111.
91. McGrath, *op.cit.*, p. 111.
92. McGrath, *op.cit.*, pp. 113-116.
93. See McGrath, *op.cit.*, p. 109.
94. McGrath, *op.cit.*, p. 99.
95. McGrath, *op.cit.*, p. 101.
96. McGrath, *op.cit.*, p. 99.
97. McGrath, *op.cit.*, p. 99.
98. McGrath, *op.cit.*, p. 99.
99. McGrath, *op.cit.*, p. 99.
100. McGrath는 형식적인 순종이라는 단어를 사용하여 말씀에 대한 순종보다 더 중요한 것은 내면 세계에서 일어나는 관상을 신앙의 내면화로 이해하고 있다.
101. McGrath, *op.cit.*, pp. 99f.
102. McGrath, *op.cit.*, p. 100.
103. McGrath, *op.cit.*, p. 99.
104. Ion Bria, "Postmodernism: An Emerging Mission," *International Review of Mission*, Vol. LXXXVI No. 343:420.
105. Bria, *op.cit.*, 343:420.
106. Daniel B. Clendenin, "Orthodoxy on Scripture and Tradition," *Westminster Theological*

Journal, 57:390 Fall 1995.
107. Clendenin, op.cit., 57:390.
108. Clendenin, op.cit., 57:391.
109. Clendenin, op.cit., 57:390.
110. Clendenin, op.cit., 57:390.
111. Ins. 2.7.1-5.
112. Randall H. Balmer, "Sola Scriptura: The Protestant Reformation and the Eastern Orthodox Church," *Trinity Journal*, 3 NS(1982) 53. See Footnote 11.
113. Balmer, op.cit., p. 53.
114. Bria, op.cit., 343:420.
115. Bria, op.cit., 343:423.
116. J. Vegh, "Two Worlds: Eastern and Western Christianity," *Westminster Theological Journal*, tr. by Ali Knudsen, 58(1996) 12.
117. Vegh, op.cit., p. 12.
118. Vegh, op.cit., p. 14.
119. Vegh, op.cit., p. 15.
120. Vegh, op.cit., p. 16.
121. Roger E. Olson, *Reformed and Always Reforming: The Postconservative Approach to Evangelical Theology*, Grand Rapids: Baker Academic, 2007, p. 9.
122. See Olson, pp. 108f. Bernard Ramm이 구 프린스턴의 신학이 성경 무오성을 말한 것을 비판함을 인용한다.
123. See Olson, p. 105.
124. Edward J. Young, *"Thy Word is Truth,"* Carlisle: The Banner of Truth Trust, 1980, pp. 142f.
125. McGrath, op.cit., pp. 141-173.
126. 이것을 apophatic(negative)의 이해라고 부른다. 또한 Pseudo-Dionysius도 같은 생각을 가지고 있으며, 그는 예배의식 중심의 신비적인 영성에 관한 신학을 발달시켰다.
127. F. Gregory Rogers, "Spiritual Direction in the Orthodox Christian Tradition," *Journal of Psychology and Theology*, 2002, Vol. 30, No. 4, pp.285-288.
128. 혹자는 영서를 받으셨다고 하나, 바른 신앙이 아니다. 성경에 영서라는 것은 없다. 만약 영서가 정당하다면 영서가 성경에 해당하는 권위를 갖는 것인가? 또한 그것을 개인의 신앙으로 삼아서는 안 된다. 하나님의 말씀으로 만족함을 얻는 신앙을 갖도록 하라.
129. Veli-Matti Kärkkäinen, *One with God: Salvation as Deification and Justification*, Collegeville, Minnesota: Liturgical Press, 2004, p. 11.
130. Paul *Negrut*, "Orthodox Soteriology: Theosis," *Churchman* 109:154-5 no. 2 1995.

131. Kärkkäinen, *op.cit.*, p. 14. 서방교회는 칭의의 법적인 면을 강조하였고 동방교회는 신격화(theosis)를 통한 신비적 연합을 강조했다. See Daniel B. Clendenin, "Partakers of Divinity: the Orthodox Doctrine of Theosis," *Journal of the Evangelical Theological Society* 37:368.
132. Kärkkäinen. p. 16.
133. Kärkkäinen, p. 21.
134. Kärkkäinen, p. 20.
135. Kärkkäinen, p. 26.
136. Kärkkäinen, p. 27.
137. Daniel B. Clendenin, 37:368.
138. Simon J. Kistemaker, *Peter and Jude*, Grand Rapids: Baker Book House, 1987, p. 248.
139. William Hendriksen, *The Gospel of John*, Grand Rapids: Baker Book House, 1985, p. 128.
140. Rogers, *op.cit.*, pp. 282f.
141. Rogers, *op.cit.*, p. 283.
142. See Clendenin, *op.cit.*, 57:371.
143. Clendenin, *op.cit.*, 57:372.
144. Rogers, *op.cit.*, pp. 283f.
145. Paul *Negrut*, "Orthodox Soteriology: Theosis," *Churchman* 109:157 no. 2 1995.
146. Negrut, *op.cit.*, 109:164f.
147. Negrut, *op.cit.*, 109:170.
148. Lawrence S. Cunningham, *The Catholic Faith: An Introduction*, New York: Paulist Press, 1987, p. 130.
149. See. McGrath, *op.cit.*, pp. 84f.
150. McGrath, *op.cit.*, pp. 85f.
151. Negrut, *op.cit.*, 109:162.
152. Negrut, *op.cit.*, 109:158.
153. See Negrut, *op.cit.*, 109:159.
154. J. Vegh, *op.cit.*, p. 16.
155. Richard J. Foster, "The Celebration of Meditative Prayer," *Christianity Today* 27:22 Oct 7 1983. Richard J. Foster는 Kansas주 Wichita시에 있는 Friends University의 저술가이며 신학 조교수이다. 여기에 소개하는 내용들은 미국 Inter-Varsity Christian Fellowship이 1983년에 출간한 《묵상기도》*(Mediative Prayer)*에서 채택한 것이다. See, p. 25.
156: See Foster, *op.cit.*, 27:22.
157. Foster, *op.cit.*, 27:22.

158. Foster, *op.cit.*, 27:23.
159. Foster, *op.cit.*, 27:23.
160. 영성에서는 마귀의 존재를 눈으로 보며 싸움을 한다고 생각하고, 영적 존재에 대한 식별을 하라고 권하고 있다.
161. Foster, *op.cit.*, 27:23f.
162. Foster, *op.cit.*, 27:24.
163. Foster, *op.cit.*, 27:25.
164. Foster, *op.cit.*, 27:25.
165. See Foster, 27:25.
166. Andrea Sterk, "Mystical Theology of the Easter Church: Prayer on the Wirtings of St. Symean the New Theologian," *Evangelical Review of Theology* 16:169 Apr. 1992.
167. Sterk, *op.cit.*, 16:169.
168. Sterk, *op.cit.*, 16:169.
169. Sterk, *op.cit.*, 16:168.
170. Sterk, *op.cit.*, 16:168.
171. Thomas Keating and Rose Marie Berger, "Be Still & Know," *Sojourners Magazine* 35:35 Dec. 2006.
172. Cornelius Van Til, *The Defense of the Faith*, Philadelphia: Presbyterian and Reformed Publishing Co., 1976, p. 39.
173. Van Til, *op.cit.*, p. 39.
174. Keating, *op.cit.*, 35:35.
175. Keating, *op.cit.*, 35:35.
176. 헨드릭슨은 이 단어는 누구도 알지 못하는 구석을 선택하는 것이라는 해석을 덧붙여 설명하고 있다. William Hendriksen, *The Gospel of Matthew*, Grand Rapids: Baker Book House, 1985, p. 323, See Footnote 312.
177. Hendriksen, *op.cit.*, p. 323.
178. Hendriksen, *op.cit.*, p. 323.
179. See Keating, *op.cit.*, 35:36.
180. Keating, *op.cit.*, 35:36.
181. Keating, *op.cit.*, 35:36.
182. Keating, *op.cit.*, 35:36.
183. See www.olivetree.com/learningcenter/articles/meditatingongodsword .php.
184. *The International Standard Bible Encyclopedia*, Vol. III, ed. by James Orr, Grand Rapids: Eerdmans, 1980, p. 2,026.
185. *Theological Wordbook of the Old Testament*, 2 Vols., ed. by R. Laird Harris, Gleason L. Archer, Jr. and Bruce K. Waltke, Chicago: Moody Press, 1981, Vol. 1, p. 205.

186. W. E. Vine, Merrill F. Unger and William White, Jr., *An Expository Dictionary of Biblical Words*, Nashville: Thomas Nelson Publishers, 1985, p. 150.
187. *Theological Wordbook of the Old Testament*, Vol. 2, pp. 875f.
188. *Theological Wordbook of the Old Testament*, Vol. 2, p. 876. See, www.olivetree.com/learningcenter/articles/meditatingongodsword.php.
189. W. E. Vine, *Vine's Expository Dictionary of Old and New Testament Words*, ed., by F. F. Bruce, Iowa Falls, Iowa: World Bible Publishers, 1981, see "Meditate."
190. *The International Standard Bible Encyclopedia*, Vol. III, p. 2,026.
191. *Theological Wordbook of the Old Testament*, Vol. 2, p. 876.

제4장
순조로운 항해

영성의 적용: 과거와 현재

'영성'(spirituality)이란 단어는 15세기부터 사용되었으며 영성에 대한 개념은 그 이전부터 있었다. 그러므로 칼빈(Calvin)이나 루터(Luther)도 '영성'에 관하여 알았을 것이다. 칼빈의 경우를 보면 그가 1528년 파리 대학(the University of Paris)을 졸업하고 대학을 떠났을 때 그 당시 영성의 선두에 섰던 이그나티우스 로욜라(Ignatius Loyola)가 파리 대학에 입학했다. 칼빈이 이를 모를 리 없었을 것이다. 그럼에도 불구하고 《기독교강요》에 영성에 대해 쓰지 않았다. 루터는 천주교의 신비주의와 금욕적인 묵상(meditation)과 관상(contemplation)에 익숙했겠지만 그는 영성에 관하여 그의 신학에 쓰지 않았다.

최근 어떤 복음주의 교회들은 영성운동(spirituality movement)에 가담하고 있다. 이들 교회들은 헬라 철학을 바탕으로 하는 비성경적인 요소가 제외된 영성운동을 하고 있다. 이들은 인간은 영성을 가지고 있기 때문에 하나님께서 인간에게 하시는 것은 영적인 것이며 선한 것이라는 생각을 가지고 영성운동을 전개하고 있다. 이들에게 영성이란, 하나님께서 매일 삶 속에 일하시는 하나님의 사역을 포함한다. 이들은 헬라 철학에 영향받은 하나님의 속성에 대한 견해와 하나님의 말씀에 합당하지 않는 요소들을 받아들이지 않으며, 신비주의의 요소와 수도원의 금욕주의로 이루어진 영성은 복음주의 교회의 영성이 될 수 없다는 견해를 갖는다. 특별히 뉴에이지(New Ages) 운동이 갖는 철학과 행동을 철저히 배제한다. 다만 초대 교부들이 행했던 영성 가운데 성경에 부합된다고 보이는 요소들을 현대 교회에 접목시키려고 한다. 이 가운데 칼 헨리(Carl F. H. Henry)의 영향을 받은 덴버 신학교(Denver Seminary)의 철학 교수인 더글라스 그루쑤이스(Douglas Groothuis)를 들 수 있다. 그루쑤이스는 영성에 있어서 중립을 취한다.[1] 그루쑤이스는 "영적"으로 인정되는 모든 것은 나쁜 것이 아니라는 전제에서 영성을 보고 있다.[2] 그는 신학과 종교와 철학이 통합된 혼합주의(syncretism)는 받을 수 없지만, 영(Spirit)으로 채워진 존재를 강조하는 것은 나쁘지 않다고 말한다. 그가 지적한 대로 종교와 철학이 통합된 혼합주의는 분명히 성경적이지 않은 것이다. 특별히 플라톤(Plato) 철학과 기독교가 통합된 것은 순전한 기독교는 아니다. 그는 영성에 관하여 이슬람의 영성, 불교의 영성, 힌두교의 영성, 뉴에이지 영성 등이 있고 기독교의 영성이 있다고 한다. 그는 이 가운데서 기독교의 영성을 찾아야 한다고 한다. 그루쑤이스 교수는 칼 바르트(Karl Barth)와 폴 틸리히(Paul Tillich)에게도 문제가 있음을 지적한다. 그가 가지고 있는 영성 사상은 마귀와의 싸움, 성령의 열매, 그리고 사랑을 행함 등과 같은 것이며, 그것을 성경에 근거해서 설명하려고 한다. 그는 영성을 신학의 대명사로 볼 필요가 있다는 생각에서 영성은 신학의 분류 가운데 '성령론'에 속해 있다고 본다. 그리고 영성은 칭의와 성화의 양면을 포괄하는 것을 강조하는 것으로 생각한다.

또 한 가지는 현대 기독교 역사를 계몽주의에 이어 성경의 권위에 대한 질문이 생기면서 여러 철학의 영향으로 성경의 무오성을 부인하고 하나님의 주권에 도전하는 역사로 보는 견해가 있다. 이 견해를 가진 사람들은 20세기 후반부터의 세대를 후근본주의 후복음주의 시대라고 부르는데, 후근본주의 후복음주의 시대의 특징은 현 기독교의 장점을 살리면서 모든 종교와 대화하는 것을 목표로 하고 있다. 이 대화를 위해서 성경의 무오성과 제한적 속죄 교리를 부인한다. 이것의 영향 아래 있는 무리들이 영성을 보는 견해는 현대 복음주의 교회를 비판하는 견지에서 갖는 생각인데, 그들은 복음주의 교회는 현대인들을 포괄적으로 수용할 수 없다고 생각하고 모두를 수용하는 방법으로 영성을 제시한다. 영성이 교회 밖에 있는 사람들을 교회 안으로 불러들이는 최선의 방법이라는 것이다. 현대인들을 교회로 끌어들이는 방법은 1세기 후기에 있었던 보편교회와 서방교회와 동방교회의 영적인 활동의 장점들을 본받는 것이라고 생각하는 것이다. 이러한 경향 속에서 영성은 동방교회의 전통을 본받은 것으로 주장한다. 영성주의자들은 복음주의 교회에 질문한다. 성경 교육을 통하여 해 놓은 것이 무엇이 있는가? 복음주의 교회의 현 상태로는 현대인에게 다가갈 수 없지 않은가? 그 대답은 동방교회의 전통을 다시 채택하는 것이라고 한다. 대표적인 사람으로 피티 스카제로(Pete Scazzero)[3]와 덴버 신학교의 조직신학 교수 부르스 더마레스트(Bruce A. Demarest)를 들 수 있는데, 이들은 모두 수도원의 고요함 가운데 서 있었던 관상의 경험을 가지고 있는 사람들이다. 또한 덴버 신학교의 교수인 더글라스 그루쑤이스(Douglas Groothuis)도 영성의 타당성을 말한다.

스카제로에 의하면, 영성운동에서 모든 사람들과 모든 신학을 하나로 묶을 수 있는 것은 내적 치유(inner healing)라고 한다. 앞에서 서술한 대로 키팅 신부의 글에서 관상 기도는 인간 내면의 삶의 영역을 다루는 것이며, 아울러 내적 치유를 가져온다고 확신한다. 영성주의자들은 인간 내면의 삶을 치료하는 내적 치유가 가능함을 믿고 있다. 관상 기도를 통하여 로고스인 그리스도로 말미암아 형성되는 인간 자신의 내면의 삶(the inner life)은 내적 치료와 하나님의 음성을 듣는 영성으로 이루어진다고 생각한다.

영성이 추구하는 내면의 삶과 내적 치료

1. 내면의 삶

가톨릭에서 나온 책들에 보면 '내면의 삶'(inner life) 또는 '내부의 삶'(interior life)이란 명칭이 사용되고 있다. '내부'라는 단어는 개인적이고 마음의 중심에 가까운 장소를 가리킨다. 인간 내부에서 하나님의 임재를 계속 회상하는 것을 내부의 삶이라고 부른다. 메리 쿠인란(Mary Quinlan)의 글에 보면, 바라트(Barat) 수녀원장은 내부의 삶은 기도를 넘어서는 것이라고 말했다고 한다.4 내부의 삶이란 예수회(the Jesuits)가 발전시켰던 신비주의를 매일의 기도에 적용하는 삶을 말한다. 이들에게 기도를 발전시키는 근거는 하나님의 임재를 항상 회상(recollection)하는 것인데 인간 외부의 삶에서는 이루어질 수 없고 오직 인간 내부에서만 가능하다고 한다. 이들에게 자신의 내부를 하나님의 행동하심에 내어놓는 상태는 즐거움이 된다.

1) 내부의 삶이란 무엇을 의미하는가?

내부의 삶이란 앞에서 논한 묵상 기도와 관상 기도를 의미한다. 내부의 삶에 관하여 테일하드 데 샤딩(Teilhard de Chardin)은 그리스도의 영이 인간의 혼(souls) 중에 혼(Soul)이 되는 것을 가리킨다고 했다.5 그래서 관상적인 삶을 사는 기도자 내부의 삶이 신성한 씨앗으로 진화(evolution)되는 것이다. 이런 이론들은 분별력이 없는 신자들을 유혹하고 있으며, 현재 교회에서 사용하는 용어들은 그들의 사상의 표현으로 사용하고 있다. 로욜라의 이그나티우스(Ignatius of Loyola)는 예수 그리스도의 마음의 신비는 인간 마음속의 내부의 삶에서 이루어지는 것으로, 하나님 자신의 삶이 인간에게 전이되어 형성되는 것을 의미한다.6 이것이 영성주의자들에게는 내면의 삶이 기도를 넘어선다는 것을 뜻한다.

인간이 사랑할 수 있는 것은 하나님이 인간을 삼위일체의 내면적 삶(the inner-trinitarian life)[7]에 연합시켜 주기 때문이라고 한다. 이와 같은 것들이 인간 내면의 중심에 이루어져야 신자들은 비로소 기도할 수 있다고 영성주의자들은 가르친다. 이것은 신플라톤주의의 신비사상이다. 이러한 사상의 근거에서 보면, 그리스도, 곧 로고스에 의해 인간이 신격화되어 인간의 마음속 중심에 원동력인 신(prime mover)이 활동함으로 인간의 문제가 치유되고 신과 교통이 되고 하나님과 연합된다는 것이 내면의 삶이다. 하지만 이같은 개념은 성경에는 없는 개념이다.

영성주의자들은 신자들이 서로 사랑할 수 있는 것은 삼위일체의 세 위격이 인간 내부에서 서로 사랑하기 때문이라고 한다. 그러나 성경은 신자들이 서로 사랑하게 된 동기를 달리 말씀하신다. 요한일서 4장 10-11절에서 "사랑은 여기 있으니 우리가 하나님을 사랑한 것이 아니요 오직 하나님이 우리를 사랑하사 우리 죄를 속하기 위하여 화목 제물로 그 아들을 보내셨음이라 사랑하는 자들아 하나님이 이같이 우리를 사랑하셨은즉 우리도 서로 사랑하는 것이 마땅하도다"라고 했다. 이 말씀은 영성주의자들이 가리키는 인간의 환상의 세계인 내부의 삶에서 하나님의 삼위가 서로 사랑하는 것이 인간 외부로 반영되는 것을 말하지 않는다. 그러므로 이그나티우스의 논리는 성경에 근거한 논리가 아님이 분명하다.

2) 영성에서 기독교인의 삶의 목표는 완전주의에 있다

이그나티우스 로욜라에게 있어서 기독교인의 삶의 성취는 현재의 삶에서 신앙과 소망과 사랑을 이루어 완전하게 되는 데 있다. 완전하게 되는 것(perfect)이 가능한 것은 아버지와 아들(하나님과 예수)이 '내면의 삶'을 이루기 때문인데, 인간은 관상 기도의 작업으로 완전함이 이루어진다는 것이다. 영성주의자들에게 내면의 삶은 인간 내면의 중심부에서 이루어지는 것이며, 인간의 '내면'은 관상 기도에서 인간에게 중심적 기도(centering prayer)의 장소가 된다. 관상 기도를 하는 삶이 인간 내면의 삶이 되며, 관상 기도를 통하여 인간은 완전함에 이른다고 한다. 그러므로 이들에게는 고요함(stillness)으로 이루어지는 영성 형성(spiritual formation)의 작업과 과정은 매우 중요한 것이다. 영성 형성은 인간의 내면 중심부에 일어나는 내면의 삶에서 이루어지며, 고요함과 침묵을 통하여 만들어진다. 이그나티우스는 영성 형성 과정에서 신의 인격이 인간의 본질에 옮겨졌다고 생각했다. 이것을 동방교회에서는 '신격화'(deification)라고 불렀으며, 이그나티우스의 신비주의 사상이 믿음과 행위에 적용되었다. 그리고 신비주의 사상은 관상을 통해 하나님과 연합하도록 사람들의 사고를 바꾸었다. 관상 기도를 통해 최고의 존재인 아버지 안에서 아들과 성령을 경험함으로 하나님과의 연합의 목표를 이루고자 했다. 영성주의자들은 인간 내면에서 관상 기도가 이루어짐으로 하나님과의 연합이 성립된다고 믿었고, 묵상 기도와 관상 기도의 자리는 인간 마음의 중심이라고 생각했다. 그러나 하나님과의 연합은 예수 그리스도를 구세주로 믿는 믿음으로 되는 것이며, 성경은 신앙과 삶의 완전주의를 가르치지 않는다.

3) '자아를 창조하는 것'에 관하여

마가렛 마일즈(Margaret R. Miles)도 같은 논리를 전개한다. 그는 인간 마음의 '내부의 주의 깊음'(an interior attentiveness)으로 자신의 자아를 창조하는 것에 기도의 기능이 이루어진다고 생각하고 있다.[8] '자아를 창조하는 것'이란 하나님께서 하나님의 형상으로 창조하신 인간 자아를 의미하지 않는다. 묵상과 관상에서의 자아는 초월과 내재의 원동력인 신(prime mover)이 활동하는 영역을 말한다.

마일즈는 마음의 내면에서 일어나는 신의 활동을 회상(recollection)하는 것을 발달시켜야 한다고 제시한다. 이유는 인간의 외부(the outward) 영역은 피곤과 노곤함만 있다는 것이다. 이 같은 인간 외부의 힘으로부터 견디어내는 것이 인간 내면에서 이루어지는 신의 활동을 회상함의 결과라고 한다.[9] 동방교회에서는 인간 내면에서 인간의 피곤과 노곤함과 모든 아픔의 문제가 안정을 갖는다고 생각했다. 서방교회에서는 토마스 아퀴나스(Thomas Aquinas)가 관상을 영적이며 육적인 관념을 종합한다고 서술[10]한 것에 근거하여 내면의 삶에 마음의 형상을 그리는 감각(sense)이 없이는 관상은 불가능하다고 생각했다.

4) 내면의 삶은 마음으로 배운다는 원리로 성립된다

지금까지 관찰한 대로 서방교회와 동방교회의 공통점은 실제적인 형상과 시각화와 묵상과 관상은 마음으로 이루어진다는 인간 마음의 내면의 삶을 말한다는 것이다. 내면의 삶을 강조하기 때문에 '마음으로 배운다' 는 것을 원리로 내세우고 있다. 이것은 마음에 그려진 형상을 정신을 사용하여 재구성하는 것이다. 여기에는 이그나티우스 로욜라의 신비주의 사상이 받침하고 있다. 또한 묵상(meditation)은 정신으로 만든 장면에 적절한 느낌을 경험하도록 돕는다고 주장한다.[11] 묵상을 통하여 인간 자신의 혼(soul) 안에 상상(imagination)이 이루어지는 것이다. 마일즈는 말하기를 기도는 하나님께 듣고 말하는 것이라고 정의한다. 그는 기도를 인간 사이의 복합적인 문제에 대해 하나님과 대화하는 것 정도의 것으로 이해한다. 묵상은 정신적인 기도(mental prayer)이며, 묵상을 위해 읽은 성경구절이나 형상(image)이 마음을 자극하는 것에 근거하는 것으로 자신의 경험과 성경 구절이나 시각으로 보이는 형상과 자유로운 연상(free association)을 갖는다고 생각한다. 그리고 관상은 말로 자주 하는 기도와 묵상으로 시작되지만, 말이 없으며(wordless) 형상이 없는(imageless) 주의 깊음을 말한다.[12] 이것들은 인간 내부의 의도로 이루어지는 것이기 때문에 그 의도가 선이든 악이든 외부의 행동보다 더 중요하게 여기고 있다.[13] 마일즈가 생각하는 기도와 묵상과 관상을 통한 내면의 삶은 성경이 말씀하지 않는다.

5) 내면의 삶은 뉴에이지 사상과 연결된다

이 같은 사상들로 미루어 보건대 인간 내면의 삶이란 서방교회와 동방교회의 공통점으로 인정되었다. 그것은 금욕주의와 수도원과 신비주의의 결합으로 인간 마음의 중심부에서 일어나는 신비의 삶을 가리킨다. 인간 내부에서의 삶은 다양한 신비 체험을 창작해 낸다. 현재 후근대주의 시대에서 인간 내면의 삶은 더욱 경의로운 일들을 만들어 내는 중심의 장소로 간주되고 있다. 이것이 뉴에이지(New Age) 사상이다. 현대의 사상은 뉴에이지로 신비주의와 초월과 내재의 철학과 상상을 통하여 자신이 하나님의 본질에 참여하여 신과 실체를 나누었다는 그릇된 사상을 가지고 인간 내면이 만들어 내는 온갖 마음의 변화와 형상들을 시각적으로 형상화하고 있다. 마치 마술로 기이한 일을 행하여(행전 8:4-25) 참된 신자들을 유혹하고 있는 것과 같다. 바울은 로마서에서 인간 내면은 죄로 말미암아 부패된 것만 있다고 기록하고 있다(롬 1:28-32, 3:9-18, 23). 인간 내면의 삶이라는 용어는 하나님의 계시인 성경에 의존하여 사색하는 신자들에게는 끌리지 않는 용어이다.

6) 내면의 삶의 예

내면의 삶을 추구하는 사람의 예를 들어보자. 사업을 계획한 어느 사업가가 있다. 식당을 하려고 한다면 관상 기도자는 우선 입을 열어 예수께서 보리떡 다섯 개와 물고기 두 마리로 남자 오천 명을 먹이신 성경을 펴고 소리내어 읽는다. 그리고 상상력을 동원하여 보리떡과 물고기를 머리에 그리고, 그것을 마음 중심으로 끌고 간다. 묵상이 시작된다. 마음으로 식당의 형상을 머리에 불러온다. 그리고 그 가운데 예수께서 손님으로 오신다. 묵상으로 들어간다. 마음속 중심 내부로 자신과 예수를 하나로 만드는 작업을 하느라 머리가 아파온다. 그러나 잡념이 많아 시작부터 안 된다. 안 되는 것은 마귀라고 생각하고, 자신의 두뇌 에너지를 사용하고 상상을 동원해서 마귀를 때려 눕히느라 애써 보았지만 쉽게 되지 않는다. 그날따라 딸에게 소리지른 것이 생각난다. 싸우다가 딸과 화해하려 했으나 이미 상처받은 딸을 달래기는 쉽지 않았다. 그러나 간신히 달랬다. 선을 행한 것이었다.

다시 마음속에 형성된 이미지를 불러온다. 어렵게 이뤄진 마음속의 상상의 세계는 평온함을 갖는다. 마음속에 있는 예수가 음식을 먹는 것을 상상한다. 이제 그는 관상의 자리로 들어간다. 말도 하지 않고 형상도 그리지 않는 세계를 머릿속으로 만든다. 시간이 오래 흘렀는데도 황홀경에 빠져 계속 앉아만 있다. 마음속에 있는 어떤 형상을 절대자로 생각하고 그를 하나님으로 여긴다. 그는 하나님과 자신이 연합되었다고 생각한다. 어떤 판단도 인식도 있어서는 안 되는 관상의 단계에서 하나님이 자신을 어떻게 만나주시는지 기다린다. 이것은 철학과 심리적 사고를 혼합한 이교도가 하는 것이지, 성경이 말씀하시는 것은 결코 아니다.

7) 성경이 가르치는 기도

우리 신자들은 하나님께 기도하며 자신의 길을 위탁할 때 머리의 상상력과 마음속의 에너지를 동원할 필요가 없다. 믿음으로 하나님의 보좌 앞에 담대히 나와 우리 자신의 언어로 아뢰면 된다(히 4:16). 마음의 생각으로 머리를 사용하고 상상력을 통하여 마음을 위탁하는 그림을 그릴 필요도 없다. 마음으로 침묵의 세계로 들어갈 필요도 없다. 하나님께 직접 나와서 믿음으로 간구하고 예수님의 이름으로 아멘으로 기도를 마치면 하나님께 기도한 것이며, 하나님께서는 그 기도를 들으시고 응답하신다(요 16:23-24). 믿음으로 간구했기 때문에 거기에는 성령님의 위로하심이 있다. "아무 것도 염려하지 말고 다만 모든 일에 기도와 간구로, 너희 구할 것을 감사함으로 하나님께 아뢰라 그리하면 모든 지각에 뛰어난 하나님의 평강이 그리스도 예수 안에서 너희 마음과 생각을 지키시리라"(빌 4:6-7)고 하신 말씀에 의지하여 하나님께 기도하는 것이다.

우리 신자들은 묵상 기도자와 관상 기도자가 추구하는 내면의 삶을 만들어 갈 필요가 없다. 그리고 묵상 기도와 관상 기도를 권하고 가르치는 것은 성경에서 벗어난 것이다. 성경은 기도하는 사람의 마음 상태에 대하여 말씀하심은 있어도, 영성주의자들이 말하는 내면의 삶이라는 개념으로 말씀하신 내용은 찾을 수 없다. 뿐만 아니라 헬라 철학과 신비주의와 수도원과 자연신학을 가지고 성경을 읽으며 철학에 근거한 사상의 창으로 성경을 해석하는 것은 성경의 원저자이신 성령의 의도를 거스르는 것이기 때문에, 이같은 사상과 논리와 모양을 채택하고 이용하고 가르치는 것은 성경적이지 않다.

2. 내적 치료

1) 영성 지도

관상 기도는 내적 치료를 이루는 방법이 된다. 관상 기도의 모든 수단과 방법은 동방교회에서 영성 지도(spiritual direction)의 개념[14]을 형성하는 것으로, 이 영성 지도가 내적 치료를 가지고 오는 것으로 본다. 그래서 그레고리 로저스(Gregory Rogers)는 동방교회의 영성은 인간의 인격 안에서 혼(the soul)의 치료와 하나님의 형상과 모양의 회복이라고 했다.[15] 그는 계속해서 인간은 하나님과의 연합으로 하나님과 친밀함의 관계를 갖게 되는데, 인간의 인격은 하나님과 친밀함을 갖는 것에서부터 성장한다고 했다.[16]

영성 지도는 카리스마적(charismatic)인 의미를 갖는다. 예를 들면 거룩함을 찾는 사람들이 하나님의 길(path)로 인도함을 받는 영적 안내(spiritual guide)를 경험하기 위해 사막으로 들어간다고 한다. 하나의 예로 수도원에서 금욕의 삶을 사는 것이다. 또 다른 하나는 성례전이다. 로저스의 말에 의하면, 사막이나 수도원이나 성례전에서 경험하는 영성 지도로 인해 의학으로 치료되지 않는 사람이 치료된다고 한다.[17] 영성 지도에 의해 영적 성장이 이루어지고 치료를 경험하게 되는 것은 하나님과의 신비적 연합에 있다고 한다. 이 신비적 연합은 하나님과 신격화된 인간의 혼(soul) 사이에 사랑의 연합을 유지하게 되는 것을 의미한다. 사랑의 연합으로 영적 성숙을 가져오게 되는데, 성숙함의 표식은 열정을 극복하고 환난 속에서도 즐거워하는 내적 평화(inner peace)를 경험하게 되는 것이라고 한다.[18] 성경은 영(spirit)이 흘러 역사하도록 '지도'하는 '영성 지도'에 관하여 가르치지 않는다.

2) 치료의 방법

로저스는 관상 기도에서 '고요함'(정적, stillness)이 혼(soul)을 치료하는 방법이 된다고 한다.[19] 이미 키팅의 관상적 기도에서 고요함의 역할을 생각해 보았다. 키팅은 고요함을 통한 마음 내면의 활동으로 인간의 몸 전체가 치료된다고 한다. 관상 기도의 고요함에서 치료를 경험하려면 키팅이 말하는 대로 마음 중심에 만들어지는 내면 세계에서 신비를 경험하는 것이 내적 치료의 길이 된다. 묵상에서 내면의 삶을 경험할 수 있는데, 묵상(meditation)이 건강에 대한 실체의 효과(substantial effect)를 가지고 온다고 인식하는 것에서부터 치료의 과학이 시작된다고 키팅은 말하고 있다.[20] 키팅은 다음과 같이 나열한다. "이 치료는 전인간적으로 긴장을 줄이고 고혈압과 스트레스에서 오는 일상적인 병 또는 우리가 대항하는 환난 같은 것들이 치료된다.[21] 병의 치료는 묵상 기도에서 집중의 기도(centering prayer)로 시작되는 관상 기도에 있는데, 먼저 할 것은 기도의 내용을 담고 있는 성경 구절을 읽는 것(Lectio Divina) 그리고 성경과 동일시되는 책,[22] 곧 신적(divine)인 책(성경이 아닌 성인들의 글)이라 생각되는 책을 먼저 읽어야 한다"고 한다. 그러면 이 책에서 얻은 이미지가 집중의 기도로 들어가게 하는 매개체가 되는데 하루에 20분씩 두 번을 하도록 키팅은 제안하고 있다.[23]

그리고 집중의 기도 때에 자비의 일과 사회봉사와 정의를 위한 봉사를 해야 한다고 한다. 이것들을 통해 성령의 열매가 활동하게 됨으로 인해 치료의 기능에 대한 능력을 늘리게 된다고 한다.[24] 한 가지 지적할 사항은 어느 인간의 글도 성경과 동등하게 인정될 수 없다(계 22:18-19). 성경은 성령께서 쓰신 하나님의 말씀으로 더하거나 빼거나 할 것이 없는 완전한 하나님의 말씀이다.

3) 로저스와 키팅의 접근의 차이점과 공통점

로저스는 키팅과 생각을 달리한다. 로저스는 관상에서의 내면적 치료는 죄, 화, 절망, 욕심, 자만, 금전, 부, 권력에 대한 탐욕의 감정이 격동하는 것에서 오는 정신적 충격, 감정의 문제, 정신적 병, 행동의 문제, 죄책, 낙심, 알코올 또는 마약에 의존하는 것들인 정신 치료(psychotherapy)로 제한하고 있다. 그리고 키팅 신부가 제안한 병들에 대하여 로저스는 병원 의사의 치료와 처방약이 필요하다고 썼다.[25] 로저스와 키팅 신부의 공통점은 치료의 방법인데, 키팅 신부가 제시한 것과 같이 하나님과 연합하는 관상 기도를 통해서이다. 로저스는 정신(nous) 안에 이 같은 문제들이 자리잡고 있기 때문에 정신적인 문제가 생긴다고 한다.[26] 더욱이 개인이 당면한 정신 치료의 뿌리는 개인의 '초자아가 지나치게 발달'(over-developed superego) 했기 때문이라고 로저스는 말한다. 이것 때문에 죄책(guilt)이 생긴다고 한다.

죄책은 죄와 분리될 수 없으며, 하나님의 말씀에 대한 불순종에 있다고 성경은 말씀한다. 죄책은 하나님의 공의를 만족시키기 위한 의무를 가리킨다. 또한 우리가 가진 죄책감은 아담의 죄의 죄책이 우리에게 직접 전가된 것이다. 그러나 죄가 없으신 그리스도께서 우리의 죄와 죄의 죄책까지 대신 지시고 십자가에서 피의 구속으로 정결하게 해 주심으로 하나님의 공의를 만족시키셨다.[27] 성경에는 '초자아'(superego)가 지나치게 발달해서 죄책이 생겼다고 하지 않으며 죄가 진화되었다는 개념도 없다.

4) 소외된 근원을 찾음과 그리스도와의 재연합

대니얼 사토(Daniel C. Sartor)는 "관상적 영성과 고난"(contemplative Spirituality and Suffering)이란 글에서 실존적 인간이 갖는 문제의 해결은 영성의 과정에서 하나님과의 관계를 추구하는 것이며, 그리스도와 같아지는 것에 있다고 한다. 이것은 비 기독교인에게도 적용된다고 하는데[28] 사토가 생각한 인간의 아픔의 근원은 창조주와의 소외(alienation)에서 온 것이므로 소외된 근원을 찾아야 한다고 한다. 한 가지 방법은 그리스도와 연합을 갖는 것이며 영적 관상을 통하여 그리스도와 재연합(reunion with Christ) 되는 것이다. 그는 그리스도와 연합되는 구체적인 방법을 다음과 같이 제시한다. 사람이 당하는 환난[29]에서 자신의 필요를 충족하기 위한 관상의 온전한 경험을 통하여 그리스도와 친밀한 관계를 갖는다고 한다.[30] 그는 또 고난은 고난 당하는 사람이 신의 속성과 연합하기 위한 초월의 수단이며, 하나님과 인간의 자아가 대면(encounter)하는 기회라고 한다. 그리고 이 신성한 대면이 영적 관

상의 목표이다.31

사토는 영적 관상의 방법으로 심리 치료를 했던 한 예를 다음과 같이 기록한다. 마음에 문제를 가지고 있는 사람의 내적 삶에 음성을 주고 마음의 정화를 위해 '내면의 실망'(inner disappointments)과 슬픔을 파헤친다. 긴 침묵의 시간을 갖는다. 피치료자는 마음속에 격리되고, 두려움과 슬픔을 갖는다. 다시 긴 침묵의 시간을 가진 후에 피치료자는 "평화를 느낍니다"라고 고백했다고 한다. 침묵의 시간에 피치료자 자신의 화와 두려움과 슬픔을 하나님께 드린다. 그러나 이것으로 치료가 된 것은 아니다. 관상이 이뤄지는 침묵의 시간에 하나님과 친밀한 관계를 가지고 그곳에 하나님이 임재하심을 믿는다.32

피치료자 마음의 중심 부분인 내부에서 싸움은 시작된다. 하나님의 임재의 개입으로 자신의 내면의 삶이 안정을 갖게 되면, 자신의 고백의 언어로만이 아니라 승리의 희열은 전 존재(entire being)를 거쳐 울려퍼지게 된다.33 사토는 피치료자가 자신의 문제를 형상화할 필요는 없다고 한다. 다만 문제를 발견하고 치료자를 통하여 그 문제가 피치료자의 마음속으로 향하게 하고 마음속에 있도록 한 다음 내면에서 격동이 일어나게 하는 것이다. 그리고 피치료자의 내면의 세계에서 하나님의 사랑과 자비를 깊이 있게 경험하게 하여 다른 사람과 사랑의 관계가 증진되도록 하는 것이 내적 치료라고 사토는 밝히고 있다.34 그의 결론은, 관상적 과정을 통하여 이루어지는 내적 치료는 현재 의학과 심리학의 치료모델의 목적과 가치와는 모순되는데, 병과 고통을 완전히 박멸할 수는 없기 때문이라고 한다.35 그럼에도 불구하고 사토는 자신의 경험에 의하여 관상적 치료는 신비적인 방법으로 하나님과 인간의 교제(communion)의 선물임을 강조하고 있다.36

5) 내적 치료에 있어서 내면의 삶에 대한 문제점

'내면의 삶'은 인간 전 존재에 대한 의문점을 갖게 한다. 내면의 삶이 2세기의 영지주의(gnosticism)가 육체를 부인하고 영의 세계만을 주장하는 사상의 반영이라면 그것은 부인되어야 한다. 뿐만 아니라 인간의 내면과 외면을 분리하여 인간 내면에 프로그램을 다시 해 넣으면 된다는 것으로 이해한다면 그것은 인간성을 파괴하는 것이다. 인간 내면에 신비주의의 개념을 넣는 것은 인간에게서 이성을 제하여 버린 주관주의 감정의 경험을 추구하는 사람으로 만드는 것이다. 정신 세계로 내면의 삶을 이해하는 것은, 뉴에이지(New Age) 인간을 만드는 것이 된다. 그리고 선과 악의 이원론의 개념으로 내면의 삶을 이해한다면, 그런 인간은 늘 악에 패배자로 살게 된다. 금욕적 철학적인 삶으로 내면의 삶을 이해하면, 그는 현 세상에서 소외된 인간이 된다. 초월과 내재의 삶을 사는 것을 내면의 삶으로 이해한다면, 그는 자신을 절대자 또는 원동력으로 잘못 알게 된다. 영성주의자들이 말하는 내면의 삶은 그리스도와의 연합과 연관성을 갖는다. 그러나 성경에서 예수님께서는 내면의 삶에 관한 것을 말씀하지 않으셨다.

하나님께서 하나님의 백성을 그리스도 안에서 선택하시고 그리스도와 영적으로 연합시키신 것은, 인간 편의 조건에 의해 취소되거나 변경되는 경우가 결코 있을 수 없다. 그리스도와의 연합은 영원한 연합이기 때문이다. 그러므로 사토가 말하는 그리스도와의 재연합이란 성경에는 없다. 또한 말씀과 성령으로 중생의 은혜에 참여한 사람은 예수 그리스도를 구세주로 믿어 하나님의 형상을 회복한다. 그리고 예수 그리스도를 믿어 하나님의 형상을 회복한 사람은 그리스도 안에서 옛 자아를 벗고 새 자아를 입은 사람이다 (엡 4:17-24; 골 3:9-10). 이 같은 말씀으로 볼 때 하나님께서는 영성주의자들의 용어인 신자의 내면의 삶이 아닌 그리스도 안에 있는 신자의 전 인격을 대하여 말씀하심이 분명한 것이다. 더욱이 플라톤 철학과 신플라톤 철학, 그리고 스토익 철학과 아리스토텔레스의 철학도 성경이 말씀하시는 하나님을 찾지 못했으며, 하나님을 알지 못했기 때문에 성경이 말씀하시는 인간을 이해할 수 없다. 그러므로 현 사회뿐 아니라 기독교회에까지 인정되고 있는 내적 치료의 근거가 되는 내면의 삶의 개념은 성경적인 개념이 아니다.

사토의 글에서는 성경이 말씀하시는 예수 그리스도를 찾을 수 없다. 예수 그리스도를 자신의 구세주로 믿는 고백도 읽을 수 없다. 다만 그 같은 용어만이 있을 뿐이다. 사토가 현 의학과 심리학이 관상적 내적 치료를 거부하고 있다고 말하면서 자신의 이론을 주장하는 것은 논리의 모순이다. 다시 말하면 자신이 행하는 내적 치료의 문제점과 한계를 시인한 것이 되는 것이다. 특히 피티 스카제로(Pete Scazzero)는 관상 기도가 반드시 내적 치료를 수반하는 것이라고 주장하여 내적 치료를 앞세운 사역을 한다. 자신의 상처받은 감정 – 아버지와 아들 또는 딸의 관계에서, 어머니와 딸 또는 아들, 부모와 자녀, 부부의 관계, 주인과 종업원 – 의 치료는 내적 치료 외에는 없다고 한다. 그의 관상 기도 세미나의 시작은 관계로 생긴 문제의 내적 치료에서 시작한다.

6) 내적 치료가 강조하는 것은 과거의 사건을 현재에 재현하는 것이다

내적 치료가 강조하는 것은 영(spirit)의 역사를 지도하는 영성 지도(spiritual direction)이다. 내적 치료에 관하여 마이크 플린과 더그 그레그(Mike Flynn & Doug Gregg)는, 내적 치료는 여러 세기 동안 내려온 영성 지도를 실행하는 것이라고 한다.[37] 앞에서 알아본 대로 영성 지도란 신비사상에서 영(성령)이 어떻게 움직이고 있는가를 말하는 것인데, 특히 1960년대 후반에 성령 강림의 경험(the Pentecostal experience)이 기독교계에 주요 사상으로 자리를 잡으면서 영성 지도의 개념을 가지고 내적 치료가 자리를 잡게 되었다.[38] 마이크 플린에 의하면 내적 치료는 상처받은 감정, 유년시대의 정신적 충격과 인간의 죄로 인해 생긴 문제들을 대상으로 한다.[39]

7) 내적 치유에 대한 예

상담자인 플린이 그의 친구 조엔을 내적 치료로 도와준 이야기를 들어보자. "그의 친구 조엔(Joanne)이 자신의 부모로부터 받은 상처로 화(anger)와 두려움을 갖게 되었던 것 때문에 하나님께 몸부림친 일이 있었다. 조엔은 하나님께서 자기를 돌보신다는 것을 믿었다. 상담을 받는 날 플린과 조엔은 예수님께서 그 자리에 임재해 주실 것을 함께 기도하고 있었는데, 그들의 생각에 그곳에 예수님이 임재했다고 생각했다. 플린과 조엔은 그 자리에 예수님이 임하심에 대한 분명한 인상을 받았다. 그것은 착각이지만 사실로 여겼다. 그래서 조엔은 그곳에 임한 예수를 붙잡으려고 몸부림쳤다. 조엔은 마루 위에서 예수님을 손으로 꼭 잡았다고 생각했다. 조엔도 웃고 플린도 웃었다."40 조엔은 마음에 평안을 찾았다. 이 무슨 희귀한 일인가? 이것이 플린이 묘사한 내적 치료이다. 진정한 용서가 이루어지지 않고 미움에 대한 고백과 회개가 없이 무엇이 어떻게 치료되었다는 것인가? 이것은 성경에 없는 것이다.

8) 프로이드의 심리학과 신비적인 시각화의 결합

현재 수많은 교회와 신자들을 속이고 있는 내적 치료는 과거에 있던 사건에서 받은 마음의 상처를 다시 재생하고 과거에 경험했던 사건이 현재에 있도록 하는 것이다. 그리고 거기에 그리스도가 있도록 한다. 내적 치료는 마음속에 간직하고 있는 치료받지 않은 과거의 상처가 현재에 생각과 행동에 영향을 주고 있다는 전제를 가지고 현재에 과거의 상처를 재현하는 것이 그 시작이 된다. 현재 시행되는 내적 치료는 프로이드의 심리학과 신비적인 시각화(Freudian psychology and occult visualization)에 근거된 것이다.[41] 프로이드의 무의식과 인간 본능적 충동의 원천인 이드(id)의 작용으로 외부로 나타난 사건에 그리스도의 신비적인 임재가 결합된 것이 내적 치료의 근본적인 개념이 된다. 엄밀히 생각해 보면 그리스도를 믿는 신자들이 이같이 생각하는 것은 신앙에 문제가 있다. "분을 내어도 죄를 짓지 말며 해가 지도록 분을 품지 말라"(엡 4:26)고 말씀하셨는데, 무엇 때문에 과거의 상처를 수년 동안 마음 속에 가지고 있을까 생각하게 된다.

9) 내적 치료의 네 가지 비성경적인 요소

"정신 이단"(Psychoheresy)이라는 글에 의하면, 내적 치료는 무의식 세계에 있는 유아기 때의 정신 충격의 아픔의 기억을 재생하고, 예수님의 임재를 마음에 상상함으로 과거의 아픈 기억을 치료시킨다는 것이다. 그러므로 내적 치료는 정신 이단인 것이다. 내적 치료 운동의 시작은 아그네스 샌포드(Agnes Sanford)가 시작했다. 내적 치료의 근본적인 사상은 동방교회의 신격화로 이루어지는 관상을 통하여 하나님께서 인간 내면의 중심부에서 일하신다는 것에 있는 것이다

(1) 무의식 세계와 과거의 상처받은 사건

무의식 세계는 현재에 인간 내면의 중심부에 대한 프로이드의 정신분석학 이론에 근거한다. 성경에 의하면, 우리의 현재 삶의 결정은 인간의 무의식과 과거의 사건에 의하지 않는다. 오직 하나님의 말씀에 따라 생각하고 결정한다(시 119:102). 성경은 프로이드의 무의식 세계에 대하여 가르치지 않는다. 무의식 영역에 누적되어 있는 신자들의 과거 아픔이 신자들의 현재 삶에 영향을 주는

것이 아니라, 부패된 죄의 본질이 죄를 짓게 하는 것이며 자신의 죄 때문에 상처받게 되는 것이다(렘 4:14, 17:9; 롬 3:23-24).[42]

(2) 기억의 사용

심리 치료자들은 개인의 무의식에 축적되어 있는 과거의 아픔의 기억을 치료하는 방법을 구상하고 있다. 그러나 과거의 아픔의 기억은 예수 그리스도께서 십자가에서 보여주신 구속의 사랑으로 새롭게 되었다. 그래서 사도 바울은 골로새서 3장 12-14절에서 우리가 행할 길은 "하나님이 택하사 거룩하고 사랑받는 자처럼 긍휼과 자비와 겸손과 온유와 오래 참음을 옷 입고 누가 누구에게 불만이 있거든 서로 용납하여 피차 용서하되 주께서 너희를 용서하신 것같이 너희도 그리하고 이 모든 것 위에 사랑을 더하라 이는 온전하게 매는 띠니라"고 하신다.

베드로 사도는 베드로전서 4장 8절에서 "무엇보다도 뜨겁게 서로 사랑할지니 사랑은 허다한 죄를 덮느니라"고 한다. 하나님 말씀에 순종하여 사는 것이 우리의 기억까지 치료받게 만든다. 그러므로 예수 그리스도를 믿는 신자가 용서함 받은 후에도 이웃의 죄를 기억하여 용서해 주지 않는, 죄의 종으로 사는 것은 예수 그리스도의 구속의 은혜를 부인하는 것과 같다. 그러므로 내적 치유가 치료의 근거로 삼는 기억은 성경적이지 않다. 이제 우리가 기억할 것은 시편 119편 11절의 "주의 말씀을 마음에 두었나이다"라고 하신 대로 말씀을 늘 기억하는 것이 죄를 이기는 길이 된다.[43]

(3) 감정의 사용

프로이드는 인간의 상처받은 감정의 치료를 생각했다. 그러나 감정이 분출되고 다른 감정으로 바뀐다고 해서 인간 마음속에 있는 죄가 해결되는 것은 아니다. 프로이드의 이론대로 외적으로 표현되는 감정의 분출로 인해 인간 무의식의 세계가 바뀐다면 프로이드는 스스로 모순의 자리에 있게 된다.44 그에게는 반복되는 아픔의 기억은 없어지지 않기 때문이다. 성경은 자신이 가질 수 있는 아픔의 감정까지도 이웃을 진정으로 용서함으로 치료되게 된다고 하신다. 분의 감정을 해가 지기까지 갖는 것은 이웃을 용서하지 않고 있다는 의미이다. 하나님을 진정으로 사랑한다면, 이웃에게 받은 감정을 자신이 다스리지 못할 이유가 없다.

(4) 마음에 상 그리기

마음에 상을 그리는 것은 내적 치료에서 심리 치료자들이 하는 것 가운데 가장 위험하다. 내적 치료사들은 인간의 마음속에 자연적으로 마음에 상을 그리는 기능이 있다고 주장한다. 마음에 상을 그리는 것은 관상의 기도에서 마음 내부의 삶에 있는 상상의 기능과 같은 것이다. 첫 번째로 생각의 작용(thought)으로 적극적인 정신적 태도와 환경을 바꾸고, 두 번째로 진언(眞言, mantra)과 적극적인 고백을 말로 하고, 세 번째로 마음 안에 그림을 시각화하거나 그림으로 마음에 상을 그린다. 이것은 관상적 기도에서 집중기도(centering prayer)와 같은 것이다. 이 과정에서 피치료자는 마음에 예수를 시각화해야 하고, 시각화된 예수는 마음에 그려진 상-유아기의 충격은 피치료자에게 치료된 형상으로 나타나므로 막힌 성화의 길이 열린다고 가르친다. 이와 같이 내적 치유사들은 마음속에 시각화된 예수를 실제의 예수라고 인정한다. 그리고 이 예수를 붙잡는다.

예수님께서는 도마에게 예수님을 육신의 눈으로 보지 못하고 믿는 자들이 복되다고 하셨다(요 20:29). 그러므로 예수님을 눈으로 보고자 하는 것은 예수님의 가르침과 반대가 된다. 예수님을 시각화하는 것은 예수님을 우상으로 만들겠다는 것이다. 내적 치유에서 예수님을 시각화하는 것은 정신의 작용으로 되는 것이기에, 앞에서 말한 관상에서 마음 중심의 자리에 일어나는 내적인 삶(life)과 같은 것이다. 뿐만 아니라 내적 치유자들은 내면의 아픔이 치유된다는 것을 '성화'의 수단으로 삼고 있다. 그들이 과거 마음의 상처를 치료받기 위해 과거의 아픔을 심리 작용으로 마음속에 그림을 그리고 예수를 눈으로 보고 마음에 위안을 얻은 것으로 성화가 된다고 생각하는 것은, 하나님의 말씀을 완전히 저버린 것이며, 하나님의 계시인 성경에 의존하여 사색하는 신자들에게는 있을 수 없는 일이다. 위의 견해로 볼 때 내적 치유는 일종의 '자기 최면'이라고 할 수 있다. 경험에 근거하여 형성된 것을 교리화하는 것은 성경에 의존하여 사색하고 결정하는 것이 아니므로 반드시 거부되어야 한다.[45]

프랜시스 쉐퍼와 영성

"영성, 성경적인가?" 하는 질문에 대한 자료를 모으는 일은 쉬운 일이 아니다. 왜냐하면 복음주의 학자들 가운데 영성에 관한 연구가 거의 되어 있지 않기 때문이다. 오히려 영성에 관하여 호의적인 경우를 더 많이 접하게 된다는 사실에 놀라움을 갖게 된다. 기독교 안에서 최근 '래버린스'(Labyrinth)가 성행하고 있다는 것은 마음 아픈 일이다. 래버린스란, '미로' 또는 '미궁'(maze)이라는 말로 번역되며, 단어의 문자적인 의미는 '실마리'(clew, clue)이다. 래버린스는 기원전 430년으로 거슬러 올라가게 되는데, 그리스의 신비사상에서 착안된 것이었다. 이것은 로마와 영국, 프랑스를 비롯한 유럽과 그리고 미국으로 건너와 학교, 병원, 심지어는 교회에까지 래버린스가 그려져 있고, 현재는 래버린스의 집회를 열어 기독교인이든 아니든 누구나 참여할 수 있도록 해 놓았다. '래버린스'란 이미 마련된 원을 밖에서부터 중심으로 걸어가는 것인데, 걸을 때 고요함(stillness)이 요구되며 신과 연합되는 관상의 상태(a contemplative state)를 성취하기 위해 신비감을 갖도록 돕는 것으로 사용되고 있다. 성경 신앙을 가진 신자들이 래버린스에 호기심이나 접근이나 참여도 하지 않는 것은 래버린스가 성경에 없을 뿐만 아니라 성경이 말씀하시는 하나님을 예배하는 것이 아니기 때문이다.

이 같은 현실을 사는 우리가 프랜시스 쉐퍼(Francis A. Schaeffer) 박사의 글을 읽을 수 있다는 것은 다행이다. 그는 영성에 관하여 특별히 두 책을 집필했는데, 첫째는 《진정한 영성》(*True Spirituality*)이며, 둘째는 소책자로 된 《새로운 초영성》(*The New Super-Spirituality*)이다. 쉐퍼 박사는 동방교회의 교리를 가지고 있는 젊은 대학생들에게 '현재 우리의 신앙은 합리적인가?' 하는 질문을 받게 되면서 이들에게 자신의 견해를 밝힐 필요를 느꼈다. 그래서 그는 신앙에 있어서 합리적인 내용들을 간추려 책자로 만들었다. 쉐퍼 박사가 이 글을 쓴 근본적인 동기는 "현재 우리의 삶을 위한 그리스도의 완성한 사역의 의미"에 관한 것을 생각하게 되었으며, 그래서 젊은이들에게 있는 영적인 문제의 해답을 주고 심리적인 필요를 채워 줄 목적으로 글을 썼다고 서문에서 밝히고 있다.46

1. 프랜시스 쉐퍼의 영성에 대한 시각

프랜시스 쉐퍼 박사도 영성(spirituality)이라는 단어를 사용했는가에 대한 의문을 갖게 되는 것은 자연스러운 일이다. 독자들은 쉐퍼 박사가 영성를 바라보는 시각과 의도를 깊이 살펴 보아야 한다. 또한 우리가 질문할 것은 쉐퍼 박사가 채택한 영성이라는 단어 외에 성경적인 다른 단어는 없는가 하는 것이다. 쉐퍼 박사가 사용하고 있는 '진정한 영성'(true spiritaulity)의 의미는 무엇인가? 이것에 관하여는 뒤로 미루기로 하자. 우선 알아볼 것은 쉐퍼 박사의 영성 이론을 전개한 근본적인 사상에 관하여 생각하는 것이다.

1) 동방교회가 사용하고 있는 영성 개념의 잘못된 점

쉐퍼 박사의 책 《진정한 영성》(*True Spirituality*)에서 그는 반복하여 동방교회가 사용하고 있는 영성의 개념이 잘못되어 있음을 지적하고 있다. ① 진정한 영성은 인간이 경험하는 무아의 경지의 황홀경(ecstasy)에 도취되어 있는 상태가 아니며, 매혹적인 경험이 아니라고 말한다.47 쉐퍼 박사는 영성이란 추상적이며 종교적인 경험이 아님을 밝힌다. ② 진정한 영성은 동방교회에서 생각하는 신비주의(mysticism)가 아니다. 진정한 영성은 만족함이 없는 경험에 기초한 것이 아니라 역사적이며 시간과 공간의 실체를 명제로 삼아 이루어지는 진리에 기초한 것이다. 그러므로 진정한 영성은 이성과 지성을 부인하지 않는다.48 쉐퍼 박사는 동방교회의 신비주의는 역사의식과 역사에서 알 수 있는 내용과 성경의 사실에 대한 진리를 잃어버렸다고 한다. 그렇기 때문에 결국 인간 개인의 인격 상실을 가지고 왔다.49 ③ 동방교회는 실존적 또는 종교적이라고 할 수 있는 경험에 치중하고 있음을 지적한다.50 이성과 지성에서의 도피를 추구하는 데서 자유를 찾는 경향을 갖고 있다. ④ 동방교회는 의식적으로 행동해야 하는 신앙의 실제(reality)에 관하여는 가르치지 않았다고 지적한다. 칭의함을 받은 후에 의롭다 함을 받은 신자로서의 신앙의 삶의 열매가 있어야 함을 가르치지 않았다는 것이다.51 동방교회의 전통은 기독교인의 삶의 의식적인 면을 강조하지 않았다.52 ⑤ 동방교회는 외부적 실체를 하나님의 본질과 연결하여 생각했다고 지적하였다. 동방교회는 물질을 축소시켜 결국 하나님을 꿈(dream)에까지 축소시켜 버렸다. 쉐퍼 박사는 다음과 같이 말한다. "우주는 하나님이 아니다. 이것은 실재하는 대상적인 존재이다. 또한 우주는 하나님 자신의 부분도 아니다."53 이어서 쉐퍼 박사는 동방교회의 철학적 관념주의는 허위임을 밝힌다. 이들의 철학 체계는 잘못되었으며 변절된 것이라고 말한다.54 ⑥ 쉐퍼 박사는 동방교회가 구원받은 사람과 유기된 사람의 구별을 파괴했다고 말한다.55

2) 새로운 초영성(The New Super-Spirituality)으로서의 현대 영성

쉐퍼 박사는 그의 책에서 동방교회의 '영성'을 근본적으로 받을 수 없음을 분명하게 말하고 있다. 뿐만 아니라 쉐퍼 박사는 현재 확장되고 있는 영성의 문제점을 '새로운 초-영성'(the new super-spirituality)에서 구체적으로 설명하고 있다. 쉐퍼 박사는 이 소책자에서 젊은 세대들의 문화의 성격을 엄밀히 조사하여 구성하였는데, 젊은이들은 매개체에 관하여 그들 나름의 '관념적인 생각'(the ideological answer)을 가지고 있음을 서술했다. 우선 쉐퍼 박사는 현 사회를 구성하고 있는 사상은 '초월적 신비주의'(transcendental mysticism)라고 정의한다. 이성(reason)을 부인하는 초월적 신비주의는 다양한 형태와 결합하게 된다.

동방교회는 신비주의와 신비스러운 작용(the occult)이 결합된 생각을 발전시켜 나갔다. 교회 안에서 젊은이들이 동방교회의 사상을 추구하는 이유는, 그들이 말하는 관상적인 종교 활동을 통하여 초월적 신비주의의 황홀함을 경험하기 위해서이다. 이들은 자신의 관념의 세계를 만들기 위하여 성경도 하나의 매개체로 여기고 있는 것이다. 자연적으로 교회 안에서까지 이성의 작용을 통하여 진리에 이르는 것을 원하지 않게 되었다. 또한 성경에 대하여 지적인 자세(intellectual stance)를 반대하고 선험적인 신비주의를 만들어 가는 것이다. 결국 감각을 자극하는 의식을 구상하게 된 것이다. 쉐퍼 박사가 지적하는 현대 영성의 현상들을 알아 보도록 하자.

(1) 플라톤적인 사고의 부활

쉐퍼 박사는 현재 교회에서 예배와 성경 공부와 개인의 기도 시간에 이성을 부인하고 말씀을 지적으로 접근하는 자세를 반대하고, 초월적 신비주의를 택하고 있으며, 그 같은 분위기를 조성해 가는 것은 '플라톤적인 사고'가 주입된 것이라고 했다.56 쉐퍼 박사가 지적하는 플라톤주의(Platonism)는 육신(body)에 대하여는 찬성의 뜻을 보이지 않고 단지 혼(the soul)만이 선(good)하다고 가르쳤다. 그러므로 쾌락에서부터의 자유함을 형성하게 된 것이다.57 이 사상은 인간에게 있어서는 인간의 혼만이 가치가 있는 것이므로 혼이 천국에 간다고 했다. 그리고 육체로 구성된 인간은 없어지는 것이다. 플라톤적인 사고가 지성(the intellect)과 문화에 영향을 주어 미(美)를 다시 해석하여 아름다움을 플라톤적 사고로 정의하게 되었고, 인간 육체는 본질적으로 악하다고 생각하게 되었다.58

이 사상이 동방교회 안에 들어오게 되었다. 동방교회는 인간의 혼에 해당하는 것에 초점을 두어 그것을 영성이라고 부르고, 영성을 개발하고 영적인 것-곧 신비스러운 것을 추구했고, 영적인 것을 만들어 신의 본질에까지 연결시켜 생각하게 되었다. 그래서 인간을 '신격화' 하기에 이른다. 예술품 자체는 물질이기에 의미가 없지만, 거기에 의미를 부여하여 물질 속에 있는 신적인 것들을 찾아내는 것을 시도한 것이다.

(2) 율법적인 형식주의에서의 도피

중류 사회가 생활의 기준(norm)으로 정한 규범을 행동과 언어의 기준으로 여기면서 그 규범을 성경과 같은 절대적인 기준으로 받아들이게 되었다. 그 결과 성경이 절대적으로 신앙과 생활의 기준이라는 것이 점차적으로 무너지게 되면서 복음주의에서도 자유주의와 같이 절대적인 것은 없다는 생각을 갖게 되었다고 쉐퍼 박사는 생각하고 있다.59 쉐퍼 박사의 생각을 토대로 보면, 현재는 성경이 절대적이며 오류가 없는 하나님의 말씀인 것을 거부하고 있다. 그러나 우리는 성경은 절대적인 하나님의 말씀이며 전혀 오류가 없음을 의심 없이 믿고 그렇게 알고 있다. 기독교는 하나님의 말씀인 성경에서 지적인 통일성을 갖는다. 인간은 성경에서 성령의 인도하심을 받고, 미의 개념을 갖게 되며, 자유함을 누리게 된다. 그러므로 어떤 사회나 전통이 가치를 정한다고 해도 그것은 판단의 기준이 될 수 없다. 그러나 동방교회는 영성이라는 이름을 가지고 인간의 혼이 인간 내면의 삶에서 자유함을 누리는 것을 추구하였다. 이것은 관상이라는 방법으로 되는 것으로 이해하였고, 이와 같은 자유함은 성령의 영역이며, 성령의 활동이라고 생각한 것이다. 쉐퍼 박사는 이것을 이름하여 '신 플라톤적 영성'(the new Paltonic spirituality)이라고 부른다.60 동방교회의 잘못된 생각에서 벗어나는 길은 하나님의 계시인 성경 의존 사색으로 돌아오는 것이다.

(3) 신성령강림운동의 출현

쉐퍼 박사가 말하는 '신성령강림운동'은 영성의 진위를 보게 하는 외적인 표식과 표명을 가리키는 것이라고 한다.61 옛 성령강림은 교제와 용납이 우선적인 표식이었다. 그리고 옛 성령강림은 성경의 내용이 강조되었고 복음을 전하였으며 성령의 역사를 중시하였다. 그러나 신성령강림운동은 새로운 내용을 강조했던 이전 것과는 전혀 달리 외적인 표식에 치중하였다. 자유주의 신학이 실존의 철학과 진화론의 개념으로 진리인 성경을 관찰함으로 성경을 재해석하게 되었으며, 기독교적인 용어는 초월과 내재의 개념으로 의미를 다시 만들게 되었고 경험이 강조되었다. 그리고 이 경험은 인간의 내부와 외부를 주관하는 명칭으로 자리를 잡게 되었다. 이 같은 점으로 볼 때 신성령강림운동은 자유주의와 통하는 개념을 갖게 되는 것이다.

신성령강림운동은 신앙의 객관적인 진리인 성경 중심의 사고에서 개별적인 사람들의 주관적인 가치를 존중하게 되는 것에 기초를 두고 있다. 이로써 진리의 절대성은 배제되었으며, 신비주의가 혼합된 사상을 진리로 간주하고, 주관적인 표현을 추구하고, 표현의 상대성을 진리로 가정하며 평가하는 방법을 공유하게 되었다. 신비주의는 자유주의의 성격을 갖게 되었는데, 이것은 하나님께서 성경에 말씀하시는 하나님이 의도하신 진리의 내용의 자리를 객체의 주관의 경험이 대신하는 것으로 나타나게 되었다. 곧 주정주의(emotionalism)에 의미를 두었다. 쉐퍼 박사는 이것이 하나님과의 경험적인 관계를 갖게 한다고 말한다. 우리들의 신앙의 근거는 내용에 있는 것이지 경험에 있는 것이 아니다.[62] 신자들은 플라톤주의적인 생각으로 성경에 입각한 기독교의 신앙을 고백할 수 없다. 왜냐하면 거기에는 경험과 개인의 주관적인 감정만 있기 때문이다. 현재의 영성은 쉐퍼 박사가 사용한 신성령강림운동의 개념 안에 있다. 외적인 표식에 치중하여 자신의 귀로 하나님의 음성을 들어야 하고, 자신의 눈으로 이상한 현상을 보는 것으로 신앙의 기준을 삼으며, 신앙의 질(quality)로 삼는 것은 성경적이지 않다. 자신의 사고의 범위를 초월하고 마음속에 내재하는 절대자를 추구하는 것은 성경의 진리에서 벗어난 것이다. 우리의 신앙은 객관적인 진리인 성경에 근거한 신앙이다. 그러기에 우리의 신앙은 참된 신앙이다. 또한 우리의 신앙은 신앙의 내용이 되는 것들에 대하여 지성(intellect)을 포함하는 신앙이다.

신성령강림운동은 하나님의 자녀들이 모여 있다고 생각되는 수도원의 신학으로 자리를 차지하였고, 이 운동은 플라톤의 철학에 근거하여 금욕적인 형태를 수반하게 되었다. 수도사들은 금욕적인 수도원 안에서 그들 자신들의 육체를 벗어나 자유함을 얻고자 하는 시도가 일반화되었으며, 이 시도는 현재 영성이라는 이름을 가지고 신앙 단체 안에서 또는 개인에게 합법적인 것으로 인정받고 있다. 이 같은 것은 하나님의 계시인 성경에 의존하여 사고하는 것에 반대되는 것이다.

(4) 새로운 초영성(The New Super-Spirituality)

쉐퍼 박사는 '새로운 초영성'을 '신 플라톤적 초영성'(the new Platonic super-spirituality)이라고 부른다.63 쉐퍼 박사는 신플라톤적 초영성의 문제점을 몇 가지로 지적하고 있다. 첫째는 자율적인 이지주의(autonomous intellectualism)와 자율적인 명상(autonomous contemplation)이다. 사도 바울은 고린도전서 1장과 2장에서 지식에 의해 구원받는 것[쉐퍼 박사는 이것을 부수적 영지주의(the incident gnostisim)라고 부른다]과 세상적인 지혜64를 부인하고 있다. 이 두 가지는 특별 계시인 성경에 의해 하나님께서 우리에게 주신 지식에 반대가 되기 때문이다.65 둘째는 자신의 귀로 천상의 음성을 듣겠다고 하는 것임을 쉐퍼 박사는 지적하고 있다. 한동안 거룩한 소리(the holy voice)를 들으려고 했고 이것은 또 다시 재생되고 있다고 쉐퍼 박사는 지적한다.66 현재에도 기도하는 동안 실제적으로 하나님의 음성을 듣고자 하는 의도를 가지고 기도하고 그것을 듣기 위해 조용히 있다는 것은 잘못된 것이다. 셋째는 몸을 경시하는 금욕주의(asceticism)가 사람들의 의식을 도전하고 있다. 쉐퍼 박사에 의하면, 이같은 의식이 그리스도의 육체적 부활과 기독교인의 몸의 부활의 중요성을 약화시키기 시작했다고 한다. 지성이 강조되고 있는 것만큼 인간의 몸은 있을 곳을 잃어 버렸다. 또한 불신자의 경우 반이지주의(anti-intellectualism)에 젖어 있는 사람들은 초월적 신비주의를 추구하고 있다.67

쉐퍼 박사는 현대 신자들이 신플라톤주의(New Platonism)에 빠지는 것을 경고하고 있다. 특히 플라톤주의 영성에 대하여 신자들은 하나님의 계시인 성경에 근거한 내용(content)을 강조하라고 촉구하고 있다. 우리의 자유함도 성경이 말씀하시는 것 안에 있어서의 자유함이다. 성령의 역사하심으로 성경 안에서 생각하고 행동하는 것에 자유함이 주어진다. 그러나 성경 사상에 어긋나는 것에 대하여는 자유함이 없다. 그러므로 신앙의 근거는 인간의 경험이나 감정이나 초월이나 내재에 의한 정신의 작용에는 있을 수 없다. 오직 하나님의 말씀인 성경에 의한 것이며 말씀에 의해 생각하고 행동하는 것이다.68 쉐퍼 박사는 다음과 같이 결론을 내린다. "우리는 새로운 초영성으로 가는 경향에 대해서는 저항해야 한다."69 "현재 우려되는 것은 지정주의(emotionalism)가 옛 사상과 새로운 사상에 합병되는 경향이 있다."70 감정적인 면이 강조되고 있는 것에 비하여 지성적인 해답은 충분히 나오지 않고 있다고 경고한다.

2. 프랜시스 쉐퍼의 영성의 특징

쉐퍼 박사가 쓴 《진정한 영성》(*True Spirituality*)은 읽는 이들에게 마치 조직신학 책을 읽는 느낌을 갖게 하는데, 이 책에서 그가 전개한 영성은 '새로운 초-영성'이 제외된 영성이라는 것을 거듭 강조하고 있다. 그가 전개하는 방향은 우리에게 주의를 이끌고 있음은 분명하다. 쉐퍼 박사는 그의 책에서 은혜로부터 자연을 분리하는 자발적인 인간 이성을 반박하고 이를 따라서는 안 된다고 경고하고 있으며,71 은혜와 자연이 통합된 영성을 구상했다. 쉐퍼 박사의 영성에 대한 이론은 용어와 내용에서 신플라톤주의의 개념을 제외한 이원론적인 형식을 채택했다고 보는 것이 맞는 표현이 될 것이다.

1) 두 종류의 세계

쉐퍼 박사의 영성은 내부의 세계(the inward world)와 외부의 세계(the external world)로 이루어져 있다. 이 두 세계는 동방교회에서 말하는 것과는 연속성이 없고, 외부에서 내부로 생각의 방향이 흘러 들어가는 개념도 없다. 다만 외부의 세계는 내부의 세계의 열매이며 표현이다. 쉐퍼 박사가 생각하는 영성은 외부로 표현되는 항목들이 진정한 영성이 아닐 수가 있기 때문이다. 예를 들면 '내가 느꼈다'고 하는 것은 진정한 영성을 형성하지 못한다. 왜냐하면 내부 세계의 느낌이 없다면 외부 세계의 느낌은 거짓이기 때문이다. 그렇기 때문에 쉐퍼 박사는 사람의 '내부'(inward), 그리고 '외부'(outward) 두 가지 영역에 대한 서술과 접근으로 인간이 생각하고 판단하고 결정하고 표현한다고 한다.72 하나님의 명령은 본질적으로 인간의 마음 내부에 대한 것이다. 물론 이 말은 외부에 대한 것을 부인하는 것이 아니라고 그는 반복한다.

(1) 석연치 않은 표현

쉐퍼 박사는 한 곳에서만 '마음'의 기능에 관하여 서술하고 있다. 그는 '마음의 상태'라는 말을 사용하는 것 대신에 '내적 세계'를 다루는 것이 중요한 것이라고 한다. 그는 예수님께서는 인간의 내부 상태가 바르냐 바르지 않느냐고 하셨다고 지적했다.73 쉐퍼 박사가 혹자는 '마음'(the heart)을 '내부'와 구별하여 생각하겠지만 우리는 단순히 '내부 세계'를 다루는 것이 중요하다74고 했다. 이 말을 보아서 쉐퍼 박사의 내부 세계는 마음을 포함하는 것일 수 있다. 그렇다면 성경에서 마음에 관해 말씀하시는 내용을 쉐퍼 박사는 단순히 마음과 마음 상태의 의미로 읽는 것이 아니라 그 이상의 의미를 가지고 읽는다는 의미가 된다. 이 가정이 맞다면 그것이 과연 무엇인지 생각하게 된다. 쉐퍼 박사가 마음이라는 단어 대신에 사람의 '내부'라는 말과 사람의 '외부'라는 말을 쓴 것은, 단지 성령이 사역하시는 영역을 표시하기 위해서만은 아닐 것이다. 그는 말씀을 통한 성령의 사역을 인간의 내면과 외면을 구별하여 생각하기를 원했을 것이다. 그의 의도는 인간의 깊은 본질의 문제가 외적인 것을 형성하는 것이라고 생각함으로 외부 세계와의 접촉점으로서의 내적인 영역을 말하려고 했을 것이다.75

(2) 두 가지 우주

쉐퍼 박사는 두 가지 우주(universe)에 대한 개념을 가지고 있다. 그것은 자연적 세계(the natural world)와 초자연적 세계(the supernatural world)이다.76 이 두 세계에는 법칙이 작용하고 있으며 이 두 세계의 연합(union)이 온전한 우주를 형성하게 한다. 자연주의에 기울어져 있는 현세는 폐쇄 체계(a closed system) 안에서 초자연적인 실존의 실체를 구성해 나가려고 시도하고 있다. 인간이 주최가 된 폐쇄 체계 안에서는 진정한 '두 가지 우주'의 연합이 이루어질 수 없다. 왜냐하면 쉐퍼 박사의 초자연적 세계는 그리스도의 구속의 죽음에 관하여 생각하는 영역이며, 그와 함께 진정한 기독교인의 삶이 있는 영역이기 때문이다. 기독교인의 삶은 초자연적 세계에 대한 성경의 강조와 연합되어 있는 것에서 분리될 수 없으며, 초자연적 세계에 대한 개념이 기독교인의 성경적 이미지(image)에 대한 감각을 갖도록 하기 때문이다. 성경에 사용된 이미지 가운데 하나가 그리스도와 신자의 관계를 신랑과 신부에 비유한 것이다.77 신랑이신 그리스도의 세계는 초자연적인 세계이며, 그리스도의 신자의 세계는 자연적인 세계에 속하는 것이라고 한다. 기독교인인 신부가 신랑이신 그리스도에 대한 관념(the idea)을 발견하게 될 때 구원의 가르침이 효력이 있으며, 우리가 살고 있는 전 우주(초자연적 우주와 자연적 우주)의 초자연성을 성경이 가르치고 있음을 생각하게 된다면 신자들은 성경이 초자연적 세계에 대해 강조함을 알게 되고 거기에 진정한 기독교인의 삶이 열매로 나타나게 된다.[78] 만약 쉐퍼 박사의 이 같은 논리가 도이빌드의 영향에서 온 것이라면, 신랑으로서의 그리스도의 실존의 세계는 신부 된 신자의 세계와 유사함을 의심하게 된다. 도이빌드는 경험 자체와 사고(thought)에 대한 이론적 태도의 구조가 내적 본질인 근본적인 초월적 특성에 대한 질문을 가지고 온다고 했기 때문이다.[79] 그러나 초자연적 세계에 대한 이론적 구조와 초자연적 세계가 가지고 있는 내적 본질이 성경적인 이미지에 대한 감각을 만들 수는 없다. 왜냐하면 성경의 저자인 하나님께서는 자신의 독자적인 의도로 그리스도와 신자의 관계를 신랑과 신부에 비유한 것이기 때문이며, 초자연적 우주가 가지고 있는 내적 본질과 자연적 우주가 가지고 있는 내적 본질의 유사함에 관해서는 성경이 말씀하시지 않기 때문이다. 이런 점에서 쉐퍼 박사의 내부 세계와 외부 세계의 개념은 두 가지 우주의 연합 안에서 이루어지는 맥락에서 이해될 수밖에 없다. 인간의 내부 세계는 초자연적인 세계이며, 하나님의 법의 영역이다. 그리고 외부 세계는 내부 세계의 반영으로 본다.

반틸(Van Til)은 도이빌드가 생각하는 인간 자아는 논리적으로 자아 자체와 무시간의 존재인 절대자와의 사이에 있는 내적인 연결의 내부로 들어가야만 된다고 한다.80 그러나 인간 객체 안에서는 어떤 구조도 찾을 수 없으며, 인간 자아는 자신이 생각하는 이론적인 생각을 초월적으로 생각해야만 하는 것이다. 또한 초월적으로 구성된 이론적 생각은 우주적 시간과 관계를 갖고 있는 것이다.81 그러나 결국 시간 속에서 자신의 생각을 잊어버리게 되는 것이다. 쉐퍼 박사가 말하는 기독교인의 초자연적인 우주로서 인간의 내적인 세계에 속하는 것이 기독교인의 이야기, 곧 성경 이야기라고 할 수 있다. 인간 자아의 외부 세계의 열매인 성경 이야기는 진실하다는 가정에 근거하여 형성된 이론적 생각과 경험의 구조는 참된 신앙을 형성할 수 없는 것이다.82

이 같은 가정에서 쉐퍼 박사가 '마음'(the heart)이라는 단어 대신에 '내부'(inward)라는 단어를 사용하고 마음이라는 것보다 '내부의 세계'(the internal world)를 다루는 것의 내용을 그의 책 《진정한 영성》에 서술하지 않았기 때문에 잘못된 이론의 전개는 위험함을 시인할 수밖에 없다. 그러나 앞에서 인용한 문구이지만 쉐퍼 박사가 "혹자는 마음을 내부와 구별하여 생각하겠지만, 우리는 단순히 내부 세계를 다루는 것이 중요한 것이라고 한다"는 점은 석연치 않은 부분이다.83

(3) 바울은 마음이란 단어로 내적 사람(inward man)을 정의한다
성경에 보면 하나님께서는 마음이라는 단어로 인간의 내면 세계를 표현하시기 원하셨다. 사도 바울은 내적 사람(inward man, 엡

3:16)을 정의할 때에 이해(nous, understanding), 마음(heart), 의지(will), 혼(soul), 영(spirit), 양심(conscience)으로 표현했다.84 이 가운데 마음(heart, καρδία)은 신약 전반에 사용되고 있으며, 사도 바울은 이 용어를 인간 자아(the human, ego)를 암시하는 개념이 있는 용어로 사용했다.85 리더보스(Riderbbos)는 성경에서 마음이라는 단어가 사용된 것은 생각, 애정, 열망, 결정, 하나님께 대한 인간의 관계와 인간을 둘러싸고 있는 세상과의 관계를 암시하는 데 사용되었을 뿐만 아니라 마음(heart) 안에 거하며 또한 마음으로부터 솟아난다고 했다.86

성경에서 마음이 사용된 경우들을 살펴보면 마음이라는 단어는 하나님께 대한 이해를 표현하는 것으로, 하나님과 연결된 것을 주제로 삼고 있다. 또한 마음은 인간 존재의 중심으로, 하나님께서 자신을 인간의 마음 안에 그의 계시를 통하여 선포하실 때를 제외하고 인간은 어떠한 경우라도 인간 자신을 초월할 수 없다.87 리더보스는 로마서 2장 14절 이하의 말씀이 이 사실을 증명해 준다고 말한다.88 율법을 가지고 있지 않는 이방인들에게도 그들의 마음속에 쓰여진 율법의 사역의 증거를 주셨다. 하나님께서 인간의 마음에 하나님 자신을 나타내시고 하나님의 계획을 이루어 가심으로 마음은 하나님께서 자신을 인간에게 계시하시는 장소라고 바울은 말한다. 고린도후서 3장 15-18절에 보면 이스라엘에 대하여 하나님께서 말씀하시기를 이스라엘이 주님께로 돌아올 때까지 그들의 마음을 덮었다고 하시는데, 이는 그리스도 안에 있는 하나님의 계시를 마음 안에 비추시는 것을 말씀하신 것이다. 또 고린도후서 4장 6절은 "하나님께서 예수 그리스도의 얼굴에 있는 하나님의 영광을 아는 빛을 우리 마음에 비추셨느니라"고 말씀하셨다. 그러므로 인간의 마음은 인간 존재의 진정한 중심(the real center)이며, 하나님께서는 자신의 계시를 통하여 자신을 인간의 마음에 계시하신다. 그러므로 마음은 인간이 하나님의 계시에 대한 응답의 주체가 되는 것이다. 바울은 하나님께서 우리의 마음을 감찰(test)하신다고 하였다. 로마서 8장 27절에 다음과 같이 적었다. "마음을 살피시는 이가 성령의 생각을 아시나니 이는 성령이 하나님의 뜻대로 성도를 위하여 간구하심이니라." 또 데살로니가전서 2장 4절에 "사람을 기쁘게 하려 함이 아니요 오직 우리 마음을 감찰하시는 하나님을 기쁘시게 하려 함이라"고 하였다. 하나님께서는 사람 마음의 뜻을 나타내신다(고전 4:5). 하나님을 믿는 것도 마음의 작용이다(롬 10:10). 사람이 정욕(lusts)을 갖는 장소도 마음이다(롬 1:24). 순종함도 마음의 역할이다(롬 6:17). 마음으로 하나님의 뜻을 순종한다(엡 6:6).[89]

이들 말씀들에 근거하여 리더보스는 다음과 같은 결론에 이른다. "인간은 누구인가? 인간이란 자신의 마음 상태에 따라 결정을 내린다. 마음(heart)이라는 단어가 자주 쓰인 것은 인간에 관하여 말할 때에 주어진 결정적인 선언이다. 이것은 인간이 인도함을 받으며 다스림을 받는 것을 알게 하신 것으로, 인간은 하나님의 계시에 대해 영향을 받기 쉽다는 것과 생각하고 의지하고 행동하는 것에 대한 책임이 주어져 있는 진정한 인간임을 보여주는 것이다."[90]

(4) 성경에서 마음이라는 단어는 장소의 상태를 의미한다

성경에서 마음이라는 단어는 시간과 공간성을 가지고 운동하는 개념을 가진 단어가 아니라 장소의 상태를 의미하는 단어이다. 그러기에 우리가 '내면의 세계'(internal world) 또는 '내부'(inward)라는 단어를 사용할 때에는 성경에서 사용하는 마음의 의미로 사용해야 한다는 생각을 갖게 한다. 성경 기자는 마음이라는 단어에 인간의 내면 상태와 인간 외면의 심리적인 성격까지 포함시키고 있기 때문이다.[91]

2) 두 가지 양상

쉐퍼 박사는 인간들은 두 가지 우주의 연합의 개념 안에서 초자연적인 우주의 실체(reality)를 만들어 가며 그 안에서 살고 있다고 말한다.[92] 그런데 이 초자연적인 우주는 인간에게 있어서 내면의 세계이며, 진정한 영성을 추구하는 세계이다. 내면의 세계가 형성되어 가는 데는 의식의 세계에서 진리(특히 성경의 진리)를 구성하는 두 가지 논리의 방법이 필요하다. 쉐퍼 박사는 그것을 부정적인 양상(the negative aspects)과 긍정적인 양상(the positive aspects)이라고 말한다. 쉐퍼 박사는 이 두 가지 양상을 '진정한 영성'에 적용한 것이다. 신자의 진정한 기독교인의 삶에도 똑같이 두 가지 양상이 있다. 그는 말하기를 진정한 기독교인의 삶(true Christian life)인 진정한 영성(true spirituality)을 이루기 위해서는, 신자 객체는 성경의 진리에 대한 부정적인 양상과 긍정적인 양상을 바로 이해하고 적용할 때에 진정한 기독교인의 삶, 곧 진정한

영성을 이룰 수 있다고 한다.93

쉐퍼 박사는 성경에 있는 각각의 교리에는 이 두 가지 양상이 있다고 한다.94 성경의 진리를 기독교인의 삶에 적용하는 데에도 두 가지 양상으로 되는데, 이 두 양상은 동방교회의 가르침에 기인한 것임을 쉐퍼 박사는 암시하고 있다.95 그는 로마서 6장 4절을 예로 든다. "그러므로 우리가 그의 죽으심과 합하여 세례를 받음으로 그와 함께 장사되었나니……그리스도를 죽은 자 가운데서 살리심과 같이 우리로 또한 새 생명 가운데서 행하게 하려 함이라." 이 말씀에서 그는 6장 4절 전반절의 "우리가 그의 죽으심과 합하여"는 부정적인 양상이라고 강조한다. 쉐퍼 박사는 부정적인 양상을 분명히 이해하지 않는다면 칭의든 기독교인의 삶이든 긍정적인 양상은 결코 있을 수 없다고 주장한다.96 또 이어서 예를 들기를 갈라디아 6장 14절의 "그러나 내게는 우리 주 예수 그리스도의 십자가 외에 결코 자랑할 것이 없으니 그리스도로 말미암아 세상이 나를 대하여 십자가에 못 박히고 내가 또한 세상을 대하여 그러하니라"고 하신 것은 성경에서 부정적인 내용이라고 했다.97 이에 대한 긍정적인 내용은 갈라디아 2장 20절이라고 한다.98 이어서 성경이 말씀하는 부정적인 양상과 긍정적인 양상은 내면 세계에 속하는 일이라고 했다.

내면 세계에 속하는 일은 초자연적인 우주의 영역의 것으로, 보이지 않는 세계에서 일어나는 일이다. 이런 이유로 쉐퍼 박사는 성경이 주로 사용하는 마음(heart)이라는 단어를 버리고 '내부'와

'외부', 그리고 '내면의 세계'와 '외면의 세계'를 채택한 것으로 보아야 할 것이다. 그는 이 네 가지 용어를 번갈아 사용하고 있다. 내부 또는 내면이 진정한 기독교인의 삶, 곧 진정한 영성이 형성되는 장소이다. 만약 내면이 바른 삶을 갖는 것을 자아가 붙잡으면 외면은 열매를 갖게 된다. 내면에서 일어나는 부정적인 생각이 삶에 긍정적인 열매를 가져오지는 않는다.99 부정적인 양상은 인간 내면의 부정적인 태도를 구성한다.100 인간 내면의 세계에서 부정적인 것이 긍정적인 것으로 변했을 때 삶에 긍정적인 것이 표현된다.101 왜냐하면 인간 내면의 세계에서 생기는 논리는 부정적인 양상의 다양함 안에 있는 논리의 통일성을 초월해야 하는 것이 있어야 하는데, 인간 내부에 내재하는 부정적인 논리의 통일성(an immanent coherence)으로는 우주 전체의 의미를 나타내기에는 충분하지 않기 때문이다.102 쉐퍼 박사는 성경이 가르치는 기독교인의 삶의 중심을 그리스도의 죽으심에 두고, 자신의 부정적인 양상과 긍정적인 양상에 대한 논리를 가지고 성경의 사실(facts)을 취급하고 있다.103 그러나 그리스도의 성육신의 개념 안에서 인간의 문제를 보는 자유주의는 잘못된 것이라고 지적한다.104 삶에 부정적인 양상이 긍정적인 것으로 내면의 세계에서 바뀌는 사상은 초대 교회가 가지고 있었던 사상이라고 쉐퍼 박사는 서슴지 않고 말하고 있다.105

3) 부정적인 신학과 긍적적인 신학

부정적인 신학(negative theology)과 긍적적인 신학(positive theology)의 두 가지 양상과 개념은 이미 서방교회와 동방교회에 있었던 사상이었다. 폴 네그루트(Paul Negrut)는 "동방교회 구원론: 신격화"(Orthodox Soteriology: Theosis)라는 글에서 부정적인 신학과 긍정적인 신학에 관하여 자세하게 다루고 있다. 네그루트의 글을 소개하는 목적은 쉐퍼 박사가 말하는 신학과 진정한 기독교인의 삶에 있어서 부정적인 양상과 긍정적인 양상의 내용이 동방교회가 주장하는 개념과의 차이점을 알아보기 위한 것이다.

(1) 두 신학적 양상의 역사적 배경

첫째로 네그루트는 부정적인 신학과 긍정적인 신학의 개념은 구원론과 관계되어 있음을 지적하고 있다. 이것은 서방교회와 동방교회에 모두 해당되는 것이지만 이 두 교회가 지향하는 내용은 다르다. 서방교회는 칭의 교리로 인간과 하나님과의 법적인 관계를 발전시켰으며, 이에 따라 교회론과 선교에 대한 교리를 발전시켜 나갔다. 그러나 동방교회는 하나님과의 연합의 신비적인 양상을 발전시켰고, 교회적으로는 신격화(theosis)에 치중하는 데 힘을 쏟았다.106

둘째로 네그루트는 부정적 신학과 긍정적 신학의 역사적인 배경을 451년에 열린 칼케돈 회의(the Council of Chalcedon)에 두었다. 이 회의는 신학적인 전통을 세우기 위한 것이었다. 이 기간 동안 긍정적 신학적 체계에 대하여는 위원회나 신학자들 누구도 관심을 갖지 않았고, 부정적인 체계를 당연한 것으로 여겼다. 이 회의의 주요 내용은 진리이신 그리스도가 어떻게 동시에 역사적이고 초월적인 존재로 헬라와 유대인 교회가 채택하느냐는 것이었다. 이때 동방교회는 헬라 철학에 근거하여 '역사 밖에 있는 것'(beyond history)으로 이해했는데, 이것을 '아포파틱 접근'(apophatic approach)이라고 부른다. 반면에 서방교회는 유대인의 전통에 의해 계시의 긍정적인 양상의 의식을 첨가시켰다. 그래서 '자연적 이성'(natural reason)에 의해 인간은 지식을 얻는다고 이해했다. 이것을 '카타파틱 접근'(cataphatic approach)이라고 부른다. 동방교회는 헬라 철학에 근거한 견해와 아포파틱-카타파틱 접근의 방법을 자체의 틀로 삼게 된다. 특별히 나지안주스의 그레고리는 삼위의 하나님은 궁극적인 실체이며 존재의 근원이라는 생각을 굳히게 된다.107 특별히 하나님은 지식의 대상이며, 본질에 있어서는 초월이며, 나타나심은 내재라고 생각하게 된다. 드디어 신학적 인식론에 영향을 주게 되고 전통을 성경과 같은 권위로 인정하기에 이른다.108

(2) 인식론에 준 영향

동방교회에서는 사람들이 하나님과 대면하는 것은 '나-당신'(I-Thou)의 형태를 취하는 하나님과의 계시적인 만남을 통하여 하나님과 대면하게 된다는 생각을 갖게 되었다. 사람들은 성경이 말씀하시는 살아 계시며 절대자(the absolute)이신 하나님이 하나님과의 계시적인 만남에서 자신을 같은 시간에 내재하며 초월하는 것을 선언한다고 생각했는데, 이 하나님을 변증적으로 알려지기도 하고 알려지지 않기도 하는 하나님으로 인식했다. 변증적인 인식에 의해 삼위일체 객체의 존재가 하나님의 초월적인 존재에 속해 있는 동안 삼위의 객체는 각자에게 주어진 사역을 한다고 동방 교회는 생각했다.109 동방교회는 모든 신학적 지식은 계시(revelation)에 근거한다는 생각을 갖게 되면서 '계시'(gnosis, 영적 지식 또는 신비적 직관을 계시에 사용함)의 목적을 인간의 신격화에 두게 되었다. 그리고 이 계시와 신격화의 관계를 '내려감'(descent)과 '영적으로 올라감'(ascent)으로 표시한다. 후자를 아나바시스(anabasis), 전자를 카타바시스(katabasis)라고 부른다.

로스키(V. Lossky)에 의하면 카타바시스는 지식의 길이 아니다. 다만 본질적인 선, 자연적인 신성과 왕적인 존엄함이 독생자를 통하여 아버지로부터 성령으로 흐른다.110 아나바시스에 관하여 로스키는 수도-디오니시우스(Pseudo Dionysius)의 견해를 따라 단정지어 말하기를, 계시는 영적으로 올라감의 길로서 모든 지각(perceptive)과 이성적인(rational) 기능 밖에 있는 것이다. 이것은 모든 지식과 모든 존재를 초월하는 하나님과 연합에 대하여 완전한 무지에 이를 수 있기 위해서이다.111 동방교회는 모세가 하나님을 만나서 시내 산에 올라간 것을 아나바시스의 예로 든다(출 19장, 20:18-21). 이 같은 논리로 보건대 아나바시스는 수도 디오니시우스의 견해를 따라 "아무것도 알지 못하는 것", 곧 초월의 영역에서 하나님과 연합되어 있는 것을 가리키는 계시는 인간의 지능 능력을 능가하는 것이어야 한다. 이 견해는 헬라의 신비신학에 근거한 것이다.

(3) 두 가지 신학적인 체계

셋째로, 지금까지 설명한 카타바시스와 아나바시스의 개념은 두 가지 신학적인 체계를 구성한다. 하나님께서 인간에게 내려오심을 표현하는 신학을 '긍정적 신학'(positive theology, cataphatic theology)이라고 하고, 인간이 하나님을 찾아간 것을 '부정적 신학'(negative theology, apophatic theology)이라고 부른다.

① 긍정적 신학

카타파틱 신학이란 하나님에 대한 지식으로 우리들을 인도한다. 그런데 신비신학에서는 상층부의 지식은 상층부의 본질이어야 하며, 또한 상층부의 본질은 상층부의 지식을 갖는다. 그렇기 때문에 하층부에 있는 인간에게는 긍정적 신학이란 불완전한 방법이 된다. 그래서 로스키는 우위의 존재가 하위의 존재에게 내려온 것이라고 설명한다. 긍정적 신학을 가지고 있는 사람들은 어떻게 인간이 높은 장소에 이를 수 있겠느냐고 질문한다.112 수도 디오니시우스는 성경을 전적으로 하나님의 계시로 보지 않고, 하나님이 계시하신 신적 진리를 포함하는 성경에서 긍정적 신학이 나온 것이라고 한다. 이 성경이 인간을 향하여 내려왔고 사역한다고 했다. 수도 디오니시우스는 하나님의 지적 속성이 긍정적 신학의 특징이라고 말한다. 이 말의 의미는 인간의 개념으로는 하나님의 본질에 대해 제한된 것만을 알게 되며 깊이 있는 것을 알 수 없다는 의미라고 한다.113 닛사의 그레고리(Gregory of Nyssa)는 긍정적 신학의 사닥다리에 대해 논하면서 성경이 기록하는 신의 이름들이 인간의 마음속에 합리적 개념을 구성하는 것은 인간의 마음에는 의도되어 있지 않다고 말한다. 그러나 이미지 또는 관념은 모든 이해를 초월하는 관상(contemplation)을 하도록 의도되어 있다고 했다.114

그러나 성령께서 성경에 기록하신 지식은 예수 그리스도를 믿는 신자들에게 하나님에 관하여 알게 해 주신 지식이며, 하나님에 대한 완전하고 충분한 지식이 있음을 기억해야 한다(요 16:1-15). 성경에 하나님께서 하나님 자신을 계시해 주지 않으신다면 우리는 하나님에 대한 바른 지식을 가질 수 없다.

② 부정적 신학

긍정적 신학과 달리 부정적 신학은 사람이 하나님께 향한 태도와 생각을 말하는 것으로, 하나님을 알고 인식하는 것을 가리킨다. 로스키는 인간이 올라감의 생각 안에서 삼위의 초월의 본질을 고백함으로 하나님의 존재를 인식하게 된다고 말한다. 그 방법은 하나님이 세상을 창조하시고 성육신 되심에서 자신을 계시하시는데, 이 하나님의 사역에 부정적 신학의 개념을 가지고 적절하게 응답하면 된다고 한다.115 하나님께 응답하는 방법은 이미지와 관념을 통한 관상 기도로만 되는 것이다. 그러므로 로스키는 부정적 신학을 다음과 같이 정의한다. "부정적 신학은 하나님에 대한 개념을 구성하는 것과 인간이 생각하는 방법을 따라 체계적인 복합 개념을 만드는 것을 거절한다. 반대로 하나님과 신비적인 연합에 의해 실존적인 태도를 갖는다. 여기서의 태도는 전 인간이 기준이며 인간의 마음의 태도가 진리에 순응되었다는 표식을 포함하는 것을 말한다."116

부정적 신학은 절대자의 현존 앞에서 신의 본질에 참여하는 인간의 하나님께 대한 태도를 말한다. 부정적 신학의 견지에서 하나님을 알고 하나님에 대한 지식을 가지려고 노력하지만 인간의 언어와 마음이 통일성을 갖지 못하여 하나님에 대한 지식에 도달하지 못하면 성경과 교리의 역할을 생각해야 한다고 한다. 부정적 신학의 개념에서 하나님의 얼굴과 얼굴을 대면하는 만남은 하나님의 은혜에 따라 혼동될 수 없는 것이다. 예수님의 죽으심에 대한 부정적 신학의 개념은 인간도 함께 죽은 것이라는 생각을 갖게 한다. 이와 같은 부정적 신학의 개념은 하나님과의 연합에 대한 질문과 신비적 체험에 대한 질문을 갖게 만든다. 그리고 이 개념은 하나님의 본질에 도달할 수 있느냐 없느냐는 질문을 갖게 한다. 그리스도의 죽음에 참여하는 초월의 경험은 부활하신 예수님에 대한 응답으로, 예수님의 부활에 참여하여 실제로 신의 본질에 참여자가 되느냐에 있는 것이다.117 로스키는 동방교회에서의 부정적 신학은 관상(contemplation)에서 인간이 신에 대한 응답으로 올라감의 과정을 갖도록 이끌어 준다고 한다. 그래서 모든 실체를 이해하게 된다고 한다.

4) 쉐퍼 박사의 부정적 양상이 진정한 영성을 구성한다.

쉐퍼 박사의 영성에 대한 글과 동방교회의 영성에 대한 글을 보면서 이둘의 차이점을 보게 된다. 그것은 쉐퍼 박사가 사용하는 부정적 양상과 긍정적 양상은 동방교회의 신비사상은 아니라는 것이다. 쉐퍼 박사는 부정적 신학에서 영성에 관한 개념을 빌려

온 것이 확실하다고 보겠다. 왜냐하면 동방교회의 부정적 신학은 인간 내면에서 발생하는 것으로, 인간이 하나님을 향한 자아 의식을 갖고 하나님에 대한 고백을 하며 하나님의 실체에 참여하는 것이기 때문이다. 그러나 우리의 주의를 끄는 것은 쉐퍼 박사가 사용하는 자신의 부정적 신학에서의 부정적 양상은 동방교회의 부정적 신학이 말하는 인간 내면에서 발생하는 것으로, 인간이 하나님을 향한 자아 의식을 갖고 하나님에 대한 고백을 하며 하나님의 실체에 참여하는 것이기 때문이다. 그러므로 쉐퍼 박사는 부정적 신학의 형성의 장소인 인간 내면의 개념의 영역을 벗어날 수 없었다. 그는 '내면의 삶'이라는 용어를 선택했고, 마음이라는 단어 대신에 내면의 삶을 선호했던 것이다. 그러나 쉐퍼 박사의 진정한 영성은 용어와 형태를 동방교회에서 빌려와 자신의 신학을 삶에 적용하는 수단으로 삼았다고 보는 것이 정확한 평가로 보인다. 왜냐하면 그는 동방교회의 초월의 영역에서 생기는 경험을 원하고 있지 않기 때문에 신앙에 대한 내용을 중시했던 것이다. 그럼에도 불구하고 그가 내면의 세계와 영성의 관계를 맺는 것은 동방교회 교리의 용어를 선택하였다는 것을 가리킨다.

(1) 진정한 영성의 정의

쉐퍼 박사는 자신의 '진정한 영성'을 "죄의 속박(the bonds)에서 자유함의 삶을 사는 것"이라고 보았다. 물론 이것은 완전주의의 삶은 아니다. 쉐퍼 박사는 참된 자유를 잃은 세대에게 초자연적인 실체(the reality)를 보여주는 것을 진정한 영성의 역할이라고 생각했다.[118] 쉐퍼 박사는 그의 진정한 영성을 구원과 연관시켜 이해 하기를 원하고 있다. 그것은 신자의 성화의 삶을 말한다. 그러나 쉐퍼 박사의 진정한 영성에는 동방교회가 말하는 어둠에서 밝은 곳으로 나가는 개념과 고요함(stillness)에서 만들어 내는 초월과 내재의 개념은 없다. 이와 같이 쉐퍼 박사가 동방교회의 교리와 헬라 철학을 부인한 것 위에 그의 '영성'의 개념을 세웠다는 것은 칭찬해야 한다.

(2) 쉐퍼 박사의 삶의 부정적 양상의 구심점(centrality)

쉐퍼 박사는 자신의 진정한 영성에서 예수님의 죽으심이 부정적 양상의 구심점을 이룬다고 생각한다.[119] 쉐퍼 박사는 기독교인의 삶의 부정적 양상과 긍정적 양상이 있음을 말하고 있는데, 삶에 있어서 부정적 양상(aspect)인 예수님의 죽음이 중심이 되어야 긍정적인 양상인 예수님의 부활도 있다는 생각으로 그의 영성을 전개시키고 있다.[120] 쉐퍼 박사는 신학에서 부정적 양상과 긍정적 양상을 찾아 그것을 신자의 성화의 삶에 적용하였다. 이 두 가지 양상을 확신을 가지고 강조한 것은 초대 교회의 신학[121]에서 그리스도의 대리자로서의 죽음(the substitutionary death)이 중심을 이루었다고 생각했기 때문이다.[122] 이 확신 때문에 쉐퍼 박사는 자신의 진정한 영성을 삶의 부정적 양상의 개념 위에 세웠다. 그의 논리대로 부정적인 양상인 죄의 속박이 있어야 긍정적인 양상인 자유함의 삶을 사는 것이 형성된다. 그리고 이 삶은 내면의 세계 영역에서 이루어지는 것이다. 부정적인 양상이 신자의 신앙과 삶의 구심점이란 죄의 속박에서부터 자유함을 누리는 삶으로 올라가는 신자의 삶의 여정(journey)을 가리키는 것이다.

쉐퍼 박사는 이 같은 부정적인 양상의 접근은 교회사에서 매우 오래된 것이라고 말하여 앞에서 논한 동방교회의 교리의 형태를 취했던 것으로 생각을 갖게 한다. 만약 쉐퍼 박사의 부정적 양상과 긍정적 양상이 헬라 철학에 근거한 관상의 매개체인 부정적 신학과 긍정적 신학에서 빌려온 것이라면 깊은 주의를 기울여야 한다. 그러나 확실한 것은 쉐퍼 박사는 동방교회의 '관상'의 개념을 사용하지 않은 것은 분명하다. 또한 관상에서 황홀경으로 들어가는 것도 부인한다. 동방교회가 말하는 카타바시스와 아나바시스의 개념으로 삶의 부정적 양상과 긍정적 양상을 설명하지는 않는다. 다만 그리스도의 죽음이 부활로 이어진다는 생각에서 부정적 양상이 긍정적 양상으로 이어진다는 것이 쉐퍼 박사의 견해이다. 이 점이 쉐퍼 박사의 순수한 영성이 동방교회의 아나바시스의 개념을 삶의 부정적 양상과 긍정적 양상으로 설명한 것이 아닌가 하는 추측을 갖게 한다. 쉐퍼 박사는 진정한 영성에서 삶의 부정적 생각과 행동은 내면의 부정적 양상에서 오는 것이므로 내면의 삶에 부정적인 양상이 긍정적인 양상으로 변해야 외부에 긍정적인 생각과 행동이 나타나게 된다고 하여 삶의 부정적인 것과 긍정적인 것은 내적인 태도와 관계됨을 지적하고 있다.[123] 그리고 쉐퍼 박사는 삶의 부정적 양상의 성취는 오직 성령의 역사에 있음을 강조한다.[124]

(3) 쉐퍼 박사의 삶의 부정적 양상의 구심점의 문제점

① 삶의 부정적 양상에 대한 이해

쉐퍼 박사의 삶의 부정적 양상에 대한 견해는 예수님께서 "누구든지 나를 따라오려거든 자기를 부인하고 자기 십자가를 지고 나를 따를 것이니라 누구든지 제 목숨을 구원하고자 하면 잃을 것이요 누구든지 나를 위하여 제 목숨을 잃으면 찾으리라"(마 16:24-25)고 하신 말씀에서 그 의미를 이해할 수 있다. 쉐퍼 박사가 말하는 대로 "자기를 부인하는 것, 자기 십자가를 지고 주님을 따르는 것"은 삶의 부정적인 면이다. "누구든지 나를 위하여 제 목숨을 잃으면 찾으리라"는 말씀은 삶의 긍정적인 면이 된다. 우리의 현재 삶에서 믿음을 요구하는 것은 모든 것에 대하여 죽는 삶을 살 때 하나님께 대하여 살게 되는 것에 있다.[125] 바울은 "나의 자랑을 두고 단언하노니 나는 날마다 죽노라"(고전 15:31)고 했다. 우리가 하나님의 거룩을 이루기 위해서는 죄에 대하여는 죽은 자로, 그리고 그리스도 예수 안에서 하나님을 산 자로 여기는 삶(롬 6:11)을 살아야 한다. 이와 같은 삶은 하나님께서 레위기 22장 31-33절에서 말씀하신 대로 하나님의 거룩을 이루는 삶에는 "하나님의 계명을 지키며 행하라"고 하신 하나님의 명령을 따라야 한다. 이들 말씀으로 볼 때 신자들이 하나님의 거룩을 이뤄가는 성화의 삶을 사는 것은 그리스도를 믿는 믿음으로 죄의 속박에서 진정한 자유함을 누리는 데 있는 것이다.[126] 그리고 이 삶은 성령께서 역사하심으로 이뤄지는 능동적 수동(an active passivity)으로 되는 삶이다.[127] 한 가지 첨부할 내용은 삶의 부정적 양상은 외부 세계의 영역으로 연결되는 것이다. 예수님께서도 속마음의 상태에 대하여 말씀하셨다. 마음속에 악한 것이 있기 때문에 악한 것이 밖으로 표현되는 것이다(막 7:21-23). 그러나 예수님께서는 속마음에 대한 것을 말씀하실 때 외부의 삶까지 말씀하시는 전인간적인 것을 지적하셨다. 쉐퍼 박사는 인간의 내면이 인간의 외면과 같다고 강조하고 있다.128

② 부정적 양상의 구심점

쉐퍼 박사의 삶의 부정적 양상과 긍정적 양상의 측면에서 예수님의 죽으심이 신자의 신앙과 삶에 중심 역할(centrality)을 한다는 것은 성경에서 균형 있는 관찰은 아니다. 쉐퍼 박사는 기독교인 삶의 부정적 양상이 긍정적 양상으로 이어지는 것에 진정한 기독교인의 삶(영성)을 세웠는데, 쉐퍼 박사에게 있어서 성화의 삶의 '구심점'이 무엇인가 하는 문제는 영성과는 다른 질문이다. 쉐퍼 박사가 말하는 대로 "죄의 속박에서 자유함을 누리는 삶"을 추구하는 것이 삶의 목표라고 한다면, 그는 예수님의 부활에서 삶의 구심점(centrality)을 찾아야 했기 때문이다. 리처드 개핀(Richard B. Gaffin, Jr.)은 예수님의 부활이 양자와 칭의와 성화와 영화의 구심점이라고 말하고 있다.129 개핀은 예수님의 부활은 예수님의 죽으심이 없이는 있을 수 없는 것이라고 말하면서 사도 바울의 관심은 우리를 구원하시는 구속 역사(redemptive history)에 있었음을 분명히 하고 있다. 또한 개핀에 의하면 보스(Vos)와 리더보스(Ridderbos)는 바울에게 있어서 구속 역사의 중심 사건은 예수님의 부활이라고 한다.130 그리고 믿음으로 예수님의 부활에 참여된 신자들이 죄에 대하여는 죽고 의에 대하여는 사는 은혜에 참여된다.131 이 같은 이유로 확실하게 말할 수 있는 것은 신자의 신앙과 경건은 그리스도의 부활로 성립되는 것이다.

그래서 칼빈(Calvin)은 그리스도의 죽으심에 대하여 말할 때에는 반드시 그리스도의 부활이 있음도 함께 말해야 한다고 강조하고 있다.132 이같이 단정하는 이유는 그리스도의 십자가와 죽음과 장사 지냄에서는 연약함밖에 없기 때문에, 신앙이 완전한 힘을 얻기 위해서는 이 모든 사실들을 뛰어넘어야만 하기 때문이다. 예수님의 죽으심에서 우리는 하나님과 화목되었고 하나님의 공의의 심판은 만족되었으며 저주는 제거되었고 형벌은 완전히 지불되었다. 또한 우리를 거듭나게 하사 산 소망이 있게 하시며 그리스도의 죽으심을 통하여서가 아니라 '그리스도의 부활을 통하여' 이루어지는 것이다(벧전 1:3). 그리스도께서 다시 살아나심에서 죽음을 이기신 승리자로 우리에게 나타나신 것이다. 그래서 죽음을 이긴 우리 신앙의 승리는 오직 그리스도의 부활에만 있는 것이다. 바울의 말이 이를 잘 보여주고 있다. "예수는 우리가 범죄한 것 때문에 내줌이 되고 또한 우리를 의롭다 하시기 위하여 살아나셨느니라"(롬 4:25). 죄는 그의 죽으심으로 제거되었고, 의는 그의 부활로 다시 살아나 회복되었다고 말씀한다.······그의 부활을 통해서는 의가 회복되고 생명이 일어나 그의 죽음이 우리 안에서 능력과 효력이 나타나게 되었는데 그것은 그의 부활의 덕분인 것이다······그리스도의 부활에 그의 하늘의 권능을 나타내 보이셨기 때문에 이는 그의 신성을 보여주는 맑은 거울이며 우리의 신앙의 확고한 지주가 되는 것이다(고후 13:4).······ "너희는 그를 죽은 자 가운데서 살리시고 영광을 주신 하나님을 그리스도로 말미암아 믿는 자니 너희 믿음과 소망이 하나님께 있게 하셨느니라"(벧전 1:21). 그것은 신앙이 그의 죽으심에 의해 지탱이 되는데 이 신앙이 흔들린다는 것이 아니라 우리를 신앙으로 지켜 주시는 하나님의 권능이 특별히 부활 자체에 나타나는 것133이라고 칼빈은 말하고 있다. 우리 신앙의 내용은 예수님의 죽으심과 예수님의 다시 사심이다. 그러므로 칼빈은 그리스도의 죽으심과 다시 사심은 분리할 수 없음을 반복하여 지적하고 있다. 그리스도의 부활을 신앙과 경건의 구심점으로 삼는 것은 그리스도의 부활이 단번에 이루어진 구속의 완성에 있다.134

그러므로 예수님의 제자들은 자신들을 "예수님의 부활의 증인"으로 소개하고 있다(행 2:31-32, 3:15). 이유는 무엇일까? 예수님의 부활이 성화에 있어서 신앙과 경건 생활의 구심점이기 때문이다. 예수 그리스도를 믿는 신자의 신앙과 삶은 그리스도의 죽으심을 구심점으로 하는 성화에서 생기는 것이 아니라, 그리스도의 부활을 구심점으로 하는 성화의 삶으로 그리스도와 함께 죽고 그리스도와 함께 부활하는 것이다.135 신자들은 성화에서 죄에 대하여 죽고 하나님께 대하여는 살도록 점진적으로 나아가라는 권고를 받고 있다. 신자들은 그리스도와 함께 일으킴을 받은 것에서 죄의 권능과 다스림으로부터 자유함을 누리게 된다(롬 6:1ff).136 사도 바울은 고린도전서 15장에서 예수님의 부활을 신앙과 삶의 근거로 삼고 있을 뿐만 아니라 예수님의 부활을 우리가 두렵고 떨림으로 이루는 구원(빌 2:12)의 구심점으로 삼고 있다. 예수님의 부활 신앙이 신자들의 삶에 근거가 된다. 뿐만 아니라 예수 그리스도를 구주로 믿는 우리 신자들은 분명히 예수님의 부활에 참여된 자들이며, 예수님께서 재림하실 때 우리도 예수님과 같이 부활의 몸을 입고 천국에 가서 영원토록 살게 된다. 고린도전서 15장 58절에서는 "그러므로 내 사랑하는 형제들아 견실하며 흔들리지 말고 항상 주의 일에 더욱 힘쓰는 자들이 되라 이는 너희 수고가 주 안에서 헛되지 않은 줄 앎이라고 했다." 예수님의 부활이 신자들의 부활의 근거가 되기 때문에 그리스도 안에 있는 신자들에게는 주님의 일에 더욱 힘써야 하는 의무가 지워지는 것이다. 신앙과 삶에서 경건을 이루어야 할 신자의 책임이 성립되는 것이다. 또한 바울이 신자들에게 육과 영의 온갖 더러운 것에서 자신을 깨끗하게 하자(고후 7:1)고 한 것도 신자의 몸의 부활이 있기 때문이다.[137] 하나님의 이름을 높이며(롬 14:11), 하나님을 향하여 거룩한 손이 들려지고(딤전 2:8), 몸을 하나님이 기뻐하시는 거룩한 산 제물로 바칠 것도 부활이 근거가 된다. 신자들이 영적 예배를 드림(롬 12:1)과, 세대를 본받지 않으며 하나님의 선하시고 기뻐하시고 온전하신 뜻을 분별함(롬 12:2)도 예수님께서 부활하심과 신자들이 예수님의 부활에 참여함이 근거가 되어 있기 때문이다. 그래서 영혼에 있어서와 똑같이 육체로도 하나님을 섬겨 하나님께 영광돌릴 것을 우리에게 권고하신 것이다(고전 6:20).[138]

사도 바울은 고린도전서 15장 20절부터 신자들의 육체의 부활의 확실성을 강조하고 있는데, 신자들의 육체의 부활은 예수님의 부활이 앞에 있기 때문이다. 예수님의 부활이 확실한 것 이상으로 신자들의 부활도 확실한 것이다. 그러므로 사도 바울은 로마서 6장 13절과 19절에 우리의 지체를 의의 병기로 하나님께 드리라고 말씀하신다. 우리가 성만찬에 참여함도 분명히 부활이 있기 때문이다. 이 같은 견지에서 보면 쉐퍼 박사의 '죽음의 구심점'에서부터 삶의 부정적 양상과 긍정적 양상을 이끌어 내고 그것을 '진정한 영성'이라고 이름하고 부정적인 양상을 성화의 동기로 삼는 것과 성화의 동기를 예수님의 '부활의 구심점'에서 보는 것과는 거리가 있다. 예수님의 '부활의 구심점'에서부터 이끌어 내는 신앙과 생활의 접근에서 보면 쉐퍼 박사의 진정한 영성은 받아질 수 없는 논리의 빈약함을 갖는다. 쉐퍼 박사가 정의하는 죄의 속박에서 자유함을 누리는 삶은 그의 영성으로는 이루어질 수 없다. 죄의 속박에서 자유함을 누리는 삶은 예수 그리스도의 부활에 근거하여 이루어지는 것이지, 예수 그리스도의 죽으심에 근거하는 부정적 양상과 긍정적 양상으로 구성되는 영성으로는 이루어질 수 없기 때문이다.

영성과 신앙과 삶의 관계

우리는 지금까지 영성(spirituality)에 대한 철학적이며 역사적인 배경과 영성의 개념이 어떻게 사용되고 있는지와 영성을 실제로 행하고 있는 것들에 관하여 살펴보았다. 그리고 영성과 관계를 갖는 교리와 성경의 내용들을 살펴보았다. 영성이라는 용어는 서방교회와 동방교회 양 교회에 있었던 것이지만 특별히 헬라 철학과 동방교회의 신학이 받침이 되어 발전한 것임이 확인되었다. 묵상과 관상과 침묵으로 이루어지는 신자의 기도는 성경이 가르치는 기도는 아니다. 초월과 내재의 개념이 근거가 된 신비주의와 수도원의 금욕주의가 함께 구성된 것이 영성이기 때문에 영성은 결코 성경적이지 않다. 20세기에 들어와서는 성령강림운동(pentecostalism)이 합세하면서 신비주의의 경향은 더욱 두드러지게 되었다.

헬라 철학이 바탕인 영성은 절대자의 본질에 참여하는 것이 목적이 되었다. 이들 영성주의자들은 인간이 관념으로 만들어 놓은 내면의 세계에서 절대자와의 연합을 추구한다. 그리고 절대자와의 연합은 신격화(deification)를 이루어 신의 본질을 소유하여 완전함에 이르게 된다. 그것을 위해 침묵(stillness) 속에서 이루어지는 관상 기도(contemplative prayer)를 방법으로 택하며, 관상 기도를 위해 아이콘(icons) 또는 이미지(images)를 매개체로 사용한다. 이러한 방법으로 어떤 수도승들은 사막에서 관상을 하기도 하고 어떤 이들은 독방에서 하기도 했다.

그러나 영성의 과정에서 마음이 정화될 수도 없고, 죄가 없어지는 것도 아니며, 용서가 선포되는 것도 아니다. 관념(idea)은 실제(reality)를 이룰 수 없기 때문이다. 뿐만 아니라 행동이 고쳐질 수도 없다. 정신적인 활동과 마음의 관념이 내면의 세계를 만들어 감으로 미움이 사랑으로 변하는 것도 아니다. 영성으로 하나님과 연합하고 하나님과 대화하고 교제하는 것은 아니다. 인간이 그리스도의 성육신에 참여함으로 하나님과 연합한다는 것은 거짓이다. 특별히 영성을 주장하는 이들은 영지주의를 이단으로 인정하고 있지만, 오히려 이들은 인간의 영과 육을 나누어 '영'의 면을 강조하고 인간의 영을 하나님의 영과 동일하게 만들려고 시도하는 것은 육을 약세시키는 금욕주의 사상의 영향을 받은 것이다.

이 같은 이유로 어떤 의미로든 영성이란 개념의 단어는 성경과 거리가 멀다는 결론에 이르게 된다.

그러므로 예수 그리스도를 구세주로 고백하는 신자들에게는 영성을 추구하여 내면의 세계를 창작하고 형상을 통하여 하나님과 접근하는 것과 침묵에서 판단도 없고 의식도 없는 세계로 자신을 끌고 가서 자신을 그와 같은 상황에 두고자 하는 행동은 분명히 성경적이지 않다. 성경이 말씀하시는 신자의 신앙과 삶은 초월과 내재의 인격 안에서 이루어지는 것이 아니라, 정상적인 의식과 이성의 판단이 있는 온전한 인격 안에서 말씀과 성령으로 이루어지는 것이기 때문이다. 이 같은 이유로 우리는 성경에서 하나님의 거룩에 참여한 신앙과 삶의 개념과 이에 합당한 용어를 찾아내는 노력이 있어야 한다.

영성 대신에 사용할 성경의 용어와 개념

1. 영성이라는 용어를 사용할 수는 없다

맥그래스(McGrath)는 16세기의 종교개혁자들, 특히 루터와 칼빈은 '경건'(piety, godliness)이라는 용어를 사용했는데, 이 용어는 20세기에 와서 '영성'(spirituality)이라는 단어로 바뀌었다고 한다.[139] 맥그래스의 견해로는 현재 신교의 저자들은 교회의 전통에서 사용된 영성이라는 용어를 채택해 쓰기 시작했으며, 지금은 모든 교파들이 사용하고 있다고 한다.[140] 영성이라는 용어는 우리가 지금까지 살펴본 대로, 또 맥그래스가 말한 대로 신비주의와 금욕주의의 배경을 가지고 있는 용어로 이해되고 있다.141 맥그래스는 기독교인 영성을 "기독교인의 믿음의 범위 안에서 믿음에 근거한 삶에 대한 경험 전부와 기독교의 근본적 개념이 제시하는 것을 포함하는 순수한 기독교인의 존재와 성취된 존재에 대한 탐구"라고 정의한다.142 우리는 맥그래스의 정의를 읽으면서 몇 가지 단어를 보게 된다. 기독교인, 믿음, 삶, 경험, 개념과 존재이다. 이 단어들이 내포하는 사상은 인간 실존과 초월과 내재의 경험을 탐구하는 것을 영성이라고 부른다는 것을 알 수 있다. 이 단어들은 철학의 내용을 가진 것이기에 하나님의 계시인 성경에 의존한 사색(계시 의존 사색)과는 전혀 다른 것임이 분명하다. 그러므로 우리는 영성이라는 용어를 채택할 수 없다. 맥그래스가 말한 영성의 개념은 성경에서 찾아볼 수 없다. 그는 "경건은 영성을 의미한다"고 말하여 성경의 경건을 헬라 철학으로 설명하고 초월의 관념과 내재의 관념으로 풀어보려고 시도하였기 때문에 그는 스스로 불경건의 자리를 선택하였다. 그는 금욕주의와 신비주의로 황홀적인 영적 지식을 창작하고, 창조주 하나님을 추구하였으며, 신격화의 개념으로 경건과 사람을 보았다.

2. 성경에 쓰여진 경건을 다시 사용해야 한다

이제 우리는 종교개혁자들이 사용했던 용어, 성경에 쓰여진 '경건'을 사용해야 한다는 결론에 이를 수밖에 없다. 우리는 성경으로 돌아가야 하며, 계시 의존 사색을 우리의 사고(thought)의 방법으로 삼아야 한다. 왜냐하면 경건이라는 단어는 사도 바울이 즐겨 사용했는데, 바울은 신자의 경건(piety or godliness)에 신앙과 생활의 전 영역을 포함시켜 사용하기를 즐겨했기 때문이다. 이와 같은 이유로 이제부터 우리는 경건에 초점을 맞추어 탐구해 보려고 한다.

3. 성경에 쓰인 경건이라는 단어의 의미와 사용

1) 유세베이아와 유세베스

'경건'이라는 단어는 구약과 신약에 함께 사용되었는데, 헬라어로 경건은 유세베이아($εὐσέβεία$)인데 이 단어는 구약에 이레아트 야웨(יראת יהוה)로 사용되고 있다.[143] 이사야 11장 2절, 33장 6절과 잠언 1장 7절에 사용되었는데, '여호와를 경외함'(the fear of the Lord)이라고 번역되었다.[144] 경건함에 반대되는 단어는 잠언 13장 11절에 '망령되다'(dishonest)로 사용되었다. 또한 이사야 32장 7절에 '악한 자', 이사야 24장 16절에 '신뢰를 배신하는 자', 잠언 12장 12절에 '악인'으로 사용되었다.[145]

신약성경에 '여호와를 경외'(유세베스, $εὐσεβης$)라는 단어는 한국 말 성경에 '경건'으로 번역되었다. 저자 누가는 사도행전 10장 2절과 7절에 고넬료를 경건한 사람으로 소개했다. 그리고 베드로후서 2장 9절에는 "주께서 경건한 자는 시험에서 건지신 줄 아시고"라고 하실 때에 베드로는 같은 단어를 사용했는데, 이 단어를 영어성경은 '경건한 사람'(godly men, NIV)으로 번역하였다. 키텔은 '유세베스'라는 단어는 베드로후서 2장을 제외하고는 기독교인의 신앙과 삶을 나타낼 때에는 사용되지 않았음을 지적하고 있다.[146] 신약에서는 일반적으로 유세베이아가 경건의 의미로 사용되고 있다. 사도행전 3장 1-10절에 보면, 베드로와 요한이 미문에 앉아 구걸하던 사람에게 "나사렛 예수 그리스도의 이름으로 걸으라"고 말하며 오른손을 잡아 일으켰을 때, 구걸하던 사람은 발과 발목이 곧 힘을 얻고 뛰어 서서 걸으며 그들과 함께 성전으로 들어가면서 걷기도 하고 뛰기도 하며 하나님을 찬양했다. 그리고 병 나은 사람이 베드로와 요한을 붙잡았다. 이것을 본 모든 백성들이 놀라 달려 나아가 솔로몬 행각에 모여들었을 때 베드로가 다음과 같이 말을 했다. "이 일을 왜 놀랍게 여기느냐 우리 개인의 권능과 경건으로 이 사람을 걷게 한 것처럼 왜 우리를 주목하느냐?" 베드로는 자신의 믿음의 열매로서의 삶을 경건이라는 의미로 사용한 것을 보게 된다. 또한 키텔은 바울에게 있어서 경건은 믿음과 사랑으로 대치되었으며, 도덕적으로 자격을 갖춘 덕행(virtues)은 될 수 없는 것이라고 지적한다.[147]

2) 목회 서신에 사용된 유세베이아

경건이란 단어인 '유세베이아'는 목회서신에서 신앙과 삶에 대한 특별한 태도를 나타낸다.[148] 디모데후서 3장 12절에는 "그리스도 예수 안에서 경건하게 살고자 하는 자는 박해를 받으리라"고 하신다. 여기의 '경건하게 살고자 하는 자'는 '여호와를 경외하는 삶을 살고자 하는 자'를 가리킨다. 디도서 2장 12절은 하나님의 은혜가 신자들로 하여금 경건의 훈련을 시키심을 말씀하시는데, 여기에 사용된 경건은 '여호와를 경외' 하는 의미로 사용되었다. 경건은 신자가 자기 자신과 다른 사람과 하나님과의 관계를 가리킨다. 유세베이아가 사용된 예를 보도록 하자.

"임금들과 높은 지위에 있는 모든 사람을 위하여 하라 이는 우리가 모든 경건과 단정함으로 고요하고 평안한 생활을 하려 함이라" (딤전 2:2)

"망령되고 허탄한 신화를 버리고 오직 경건에 이르도록 네 자신을 연단하라"(딤전 4:7).

"육체의 연단은 약간의 유익이 있으나 경건은 범사에 유익하니 금생과 내생에 약속이 있느니라"(딤전 4:8).

"오직 너 하나님의 사람아 이것들을 피하고 의와 경건과 믿음과 사랑과 인내와 온유를 따르며"(딤전 6:11).

디모데전서 2장 2절은 신자들의 행위를 말하고 있는데, 경건을 실천하라고 하신다. 구체적인 방법은 디모데전서 4장 7절이 말씀하시는 '망령되고 허탄한 신화'를 버림에서 시작되는 것이다. 바울은 경건을 '육체의 연단' (딤전 4:8)과 대조를 이루는 것으로 말씀하고 있는데, 키텔은 여기의 '육체의 연습'에 대해서 금욕주의를 예로 들었다.[149]

말씀에 근거한 경건은 신자의 삶에 긍정적인 효과를 가지고 온다. 바울에게 경건은 의를 따라가는 것이며, 믿음과 사랑과 인내와 온유의 삶과 관계를 갖는 것이다. 그러므로 경건은 바른 교리에 근거한 열매인 것을 바울은 강조했던 것이다. 바울은 디모데전서 6장 3절에서 "누구든지 다른 교훈을 하며 바른 말 곧 우리 주 예수 그리스도의 말씀과 경건에 관한 교훈을 따르지 아니하면"이라고 기록했다. 경건하지 않는 사람들의 특징은 주 예수 그리스도의 말씀과 경건에 관한 교훈을 마음에 두지 않는다. 바울은 디모데전서 6장 3절에서 '다른 교훈을 하는 것'은 경건이 아니며, 그런 것을 하는 사람은 '경건하지 않은 사람'이라고 말하고 있다. 그러므로 경건은 '주 예수 그리스도의 말씀'에 마음을 깊이 뿌리내리는 것을 가리킨다. 그리고 거기서 경건의 삶이 나오는 것이다.

바울은 마지막 때에는 경건함이 없는 삶을 산다는 것을 말씀하면서 디모데후서 3장 5절에 마지막 때의 상태를 다음과 같이 썼다. "경건의 모양은 있으나 경건의 능력은 부인하니 이 같은 자들에게서 네가 돌아서라." 이렇게 해야 할 이유가 있다. 하나님의 의의 말씀을 가지고 있지 않기 때문에 주 예수 그리스도의 말씀을 버리고 세상의 기준에서 살기 때문이다. 바울은 디모데전서 6장 4절에서 경건하지 못한 사람들의 삶을 나열하여 말하기를 "그는 교만하여 아무것도 알지 못하고 변론과 언쟁을 좋아하는 자니 이로써 투기와 분쟁과 비방과 악한 생각이 나며"라고 했다. 마음속에 진리가 없기 때문에 그들의 마음이 부패하여지고, 진리를 잃어버려 경건을 이익의 방도로 생각하는 자들의 다툼이 일어나게 되는 것이다(딤전 6:5). 그러므로 경건은 우리들의 구주이신 그리스도에게 깊이 뿌리를 내리는 데 있다. 바울은 디모데전서 3장 16절에 경건의 비밀을 찬양하며 목메어 환희와 감사의 찬송을 하나님께 외치고 있다.

> "크도다 경건의 비밀이여,
> 그렇지 않다 하는 이 없도다.
> 그는 육신으로 나타난 바 되시고
> 영으로 의롭다 하심을 받으시고
> 천사들에게 보이시고
> 만국에서 전파되시고
> 세상에서 믿은 바 되시고
> 영광 가운데서 올려지셨느니라"(딤전 3:16).

예수 그리스도께서는 인간의 몸을 입으시고 죄인들을 위해 죽으시고, 죽으실 뿐만 아니라 성령의 권능으로 다시 살아나셨다. 그리고 승천하셔서 하나님 우편에 계셔서 구원 받은 우리를 위해 간구하신다(롬 8:34). 부활의 그리스도를 우리의 구세주로 믿는 이들마다 죄의 용서함을 받으며 구원을 받고 하나님의 자녀가 되는 권세를 받고 영생함을 받는 것은 참으로 놀라운 은혜인 것이다. 그래서 사도는 외친다. "크도다 경건의 비밀이여." 하나님을 공경하며 예배하는 것은 얼마나 놀라운 은혜인가! 하나님을 공경하는 신자에게 죄를 멀리하며 하나님의 거룩에 참여하는 경건의 삶이 있다.

4. 경건의 비밀(딤전 3:16)은 온전한 의식 세계에 속한다

하나님께서 성경에 기록하신 경건의 비밀(딤전 3:16)은 그리스도이시다. 우리들은 "경건의 비밀"이신 그리스도를 믿어야 한다. 이 믿음은 관념의 세계에서 일어나는 것이 아니며 초월이나 내재의 관념에서 일어나는 것도 아니다. 믿음은 온전한 의식 세계에 있다. 그리고 이 믿음은 신자들의 삶에서 이루어야 할 성경이 말씀하시는 경건의 근거가 된다. 그러므로 성경은 경건의 근거가 되는 믿음에서 떠나지 말 것을 말씀하신다. 디모데후서 2장 18절에 "진리에 관하여는 그들이 그릇되었도다 부활이 이미 지나갔다 함으로 어떤 사람들의 믿음을 무너뜨리느니라"고 했고, 이어서 19절에 "그러나 하나님의 견고한 터는 섰으니 인침이 있어 일렀으되 주께서 자기 백성을 아신다 하며 또 주의 이름을 부르는 자마다 불의에서 떠날지어다 하였느니라"고 했다. 그러므로 경건은 예수 그리스도의 진리에 참여하는 것에서부터 시작된다. 예수 그리스도를 구주로 믿음으로 하나님의 천국 백성이 된 사람들을 하나님께서는 영원토록 버리지 않으시고 세상 끝날까지 사랑하신다. 하나님께서는 참 믿음을 가진 주님의 백성들을 계약 관계에 두시고, 천국 시민으로서 해야 할 의무를 수행할 것을 말씀하셨다. 디모데후서 2장 19절에서 하나님께서는 자기 백성들에게 말씀하신다. "주의 이름을 부르는 자마다 불의에서 떠날지어다." 하나님께서는 경건의 의무를 수행할 것을 명령하신 것이다. 하나님께 선한 일에 예비함이 된 사람들은 온갖 죄에서 자신을 깨끗게 하는 일에 힘쓴다. 그들은 세상을 사랑하지 않는다(요일 2:15-16). 하나님께서는 이와 같이 경건의 훈련과 열매를 가진 사람을 쓰신다(딤후 2:21). 그리고 하나님께 쓰임받을수록 더욱 수준 있는 경건을 요구하신다. 신자들이 이루어야 할 경건은 무엇인가? 청년의 정욕을 피하라. 신자들과 함께 의를 이루는 것에 힘쓰라. 함께 이루는 믿음과 사랑과 화평은 경건에 초점을 맞추는 의이다. 분명한 것은 신자의 경건은 구원의 조건이 아니라 예수 그리스도를 믿고 천국 백성이 되었기 때문에 천국 백성으로서의 의무인 것이다(딤전 2:2).[150] 경건의 열매는 계속 맺어야 할 열매이다. 이와 같은 경건은 관념의 세계에 속한 것이 아니라 온전한 의식 세계에 속한, 말씀에 근거한 믿음의 열매이다.

5. 경건의 정의

1) 경건은 하나님을 아는 전제 조건

칼빈(Calvin)은 경건이 신자에게 반드시 필요한 것임을 강조하였다. 특히 경건을 하나님을 참으로 아는 전제 조건으로 보았다.[151] 왜냐하면 하나님을 안다는 것은 단지 하나님이 계시다는 것을 자각하는 것만이 아니라 하나님을 앎으로 하나님의 백성들에게 주시는 유익을 붙잡으며 하나님께 영광이 되기 때문이다.[152] 이어서 칼빈은 우리가 하나님을 아는 것은 여호와의 종교가 있는 곳, 진정한 경건이 있는 곳에서만 되는 것이라고 말하였다.[153] 여호와의 종교가 있는 곳에 진정한 경건이 있는 것이다.

2) 경건은 하나님을 예배하게 한다

우리는 하나님의 이름에 합당한 경배를 드리지 않고는 잠잠할 수 없다. 하나님을 경배하는 것이 우리의 전 생애가 될 때에 하나님의 은혜는 우리에게 더욱 분명히 다가올 뿐만 아니라 우리의 마음과 생각과 행동까지 다스려 주신다. 그래서 칼빈은 우리가 하나님을 경배하지 않고는 하나님을 이해할 수 없다고까지 말하고 있다.[154] 하나님께 드리는 경배는, 하나님만이 창조주이시고 보호자이시며 주권을 가지시고 섭리로 우리에게 관계된 모든 것을 권능으로 통치하심을 아는 것으로만 되지 않는다. 하나님은 우리를 보존하시며 유지하시고 우리와 함께하시는데, 이같은 은혜를 받을 수 있는 것은 우리가 하나님의 공평과 정의로 다스리심을 믿고 하나님께 무릎을 꿇을 때만 가능한 것이다. 만약 하나님만이 우리의 삶과 모든 민족과 나라와 온 우주와 피조물의 주권자이심을 믿지 않는다면, 그리고 하나님만을 찾고 우리의 모든 삶에서 하나님을 구하지 않는다면, 우리가 하나님을 경외하고 경배하며 찬양하는 경건은 헛된 슬로건으로 끝나게 될 것이다.[155] 이와 같은 경건은 예수 그리스도께서 십자가에서 이루신 구속에 근거한다. 오직 한 분 중보자이신 그리스도께서 십자가에서 죽으심으로 우리는 율법의 저주에서 해방되었으며 하나님과 화목을 이루었다. 그리고 우리는 구원을 이루신 예수 그리스도를 믿음으로 구원받고 천국의 은혜에 참여되었으며 삶에서는 경건의 열매를 맺는 은혜를 받았다.

3) 칼빈의 정의

칼빈은 "경건이란 하나님께 대한 사랑이 함께하는 경외인데, 그 사랑은 하나님의 은혜(benefit)에 대한 지식을 포함한다"고 정의한다.156 신자들은 하나님께서 자신의 사랑으로 우리에게 좋은 것을 아끼지 않으시고 부어 주심에 대한 감사가 넘쳐나야 한다. 칼빈은 신자들이 하나님께 받은 모든 선한 것은 만물의 주인이신 하나님의 은혜로 돌려야 함을 인정할 때에 비로소 우리의 아버지이신 하나님에게서 양육함을 받는다고 말하고 있다.157 신자의 전 생애가 하나님을 벗어나서는 존재할 수 없음을 확신하고 하나님께 절대적으로 순종하며 복종할 때 인간에게는 최대의 행복과 위로와 평강과 인생의 의미가 있는 것이다.

6. 성경이 말씀하시는 경건

1) 경건의 근거

칼빈은 《기독교 강요》에서 '경건은 하나님을 신앙함이 근거가 됨'을 여러 곳에서 강조했다. 《기독교 강요》는 경건에 대한 교과서라고 생각할 정도로 칼빈은 《기독교 강요》에서 경건을 깊이 있게 다루고 있다. 칼빈에게 있어서 경건은 하나님을 아는 지식과 밀접한 관계를 두고 있다. 그래서 그는 성경이 말씀하시는 하나님을 바로 알고, 하나님의 본질에 대한 정의가 성경에 근거하여 세워져 있을 때에 경건함이 있게 된다고 말한다. 하나님을 아는 지식은 하나님의 말씀인 성경에 근거한 '계시 의존 사색'으로 얻은 것이어야 한다. 성경에서 얻은 하나님에 대한 지식은, 우리에게 하나님을 두려워함(fear)과 경외(reverence)를 가르쳐 주며 우리의 인도자요 선생의 역할을 하게 되는 것이다.158 그리고 하나님의 주권에 순복하는 삶은 우리를 하나님께 드리는 진정한 경외함과 예배의 삶이 되도록 하는 것이다. 신자의 전 생애가 하나님께 드리는 예배의 삶이 되는 곳에 죄와 싸우고 세상과 싸우며 자신과 싸우는 싸움이 있다. 거기에 하나님께서 높임을 받으시며 영광을 받으시는 것을 보는 신자들에게 감사와 기도의 승리가 보장되어 있는 것이다. 그러므로 칼빈은, 경건을 향한 첫 단계는 우리 아버지이신 하나님께서 예수 그리스도를 믿어 구원받은 우리들을 모아 그의 왕국의 영원한 기업을 주실 때까지 우리를 감찰하시고 다스리시며 양육하심을 인정하는 것이라고 했다.159 그리스도를 떠나서는 하나님께 관한 구원의 지식은 설 수가 없는 것이다. 다시 말해서 경건의 시작은 성경에 말씀하신 하나님을 알고 믿는 데서부터 시작된다. 그러므로 그리스도를 믿는 믿음 위에 세워진 경건은 신앙과 삶에 분명한 흔적을 갖는다.

2) 경건의 성격

(1) 하나님을 두려워한다

경건은 하나님을 두려워하는 성격이 있다. 하나님은 모든 선의 원천이시며 근본이 되신다는 하나님에 대한 지식을 하나님의 말씀에서 얻고 말씀에 의지하여 생각하고 추리하여 얻은 사실들에 근거하여 신자들은 삶에서 하나님께 경외와 경배를 드리게 되는 것이다. 우리는 매일의 노동에서 하나님의 말씀으로 우리 자신의 타락된 자아가 죽임을 당하지 않는다면, 뿔 달린 우리 자아가 거룩하신 하나님께 횡포를 부리고 말 것이다. 신자들은 성경에 자신을 계시하신 하나님을 하나님으로 믿고 바라보며 만족함을 갖는다.[160]

신자는 하나님의 말씀에 순종하며 죄를 멀리한다. 경건한 신자들은 피조세계에서 일어나는 모든 일들 안에 나타난 하나님의 권위를 생각한다. 그리고 하나님의 사랑과 친절을 보며 하나님의 위엄에 경외를 드린다. 하나님께서 피조물들을 통하여 하나님의 영광을 나타내심을 보면서 하나님의 위대하심에 찬송을 드린다. 하나님은 공의와 사랑을 집행하시는 전능하신 하나님이심을 고백한다. 그러면서 두렵고 떨림으로 우리에게 주신 구원을 이루기 위하여 우리 자신을 거룩하게 지키기 위해 힘쓴다. 하나님의 거룩의 속성에 대한 경건한 마음을 가진 신자의 응답이 있다. 그것은 하나님의 말씀에 합당하지 않는 작은 악의 모양이라도 버리기 위해 애쓴다는 것이다. 우리는 형벌이 두려워서 죄를 스스로 억제하는 것이 아니라 하나님 아버지를 경외하고 사랑하기 때문에 하나님의 말씀에 순복한다.[161]

위선적인 행위(hypocrisy)는 하나님의 존엄에 대한 경외에서 생기는 자발적인 두려움에 의해서가 아니고 하나님의 심판이 임할 것을 생각하여 강제적이고 굴종적인 공포에 끌려 나오는 것으로 결코 하나님을 생각하지 않는다. 칼빈은 거기에서 죄가 생긴다고 보았다.162 그러므로 여기에는 하나님의 심판을 피할 수 없다. 그러나 믿음의 사람들은 삶에서 경건의 훈련을 받고, 하나님의 주권의 위대하심을 보며, 하나님을 경외하며 하나님께 예배한다. 그래서 칼빈은 두려움을 두 가지로 말하고 있는데, 하나는 자발적인 경외와 또 하나는 율법에 명시되어 있는 합법적인 예배를 포함하는 것이라고 한다.163 그러므로 칼빈은 순수하고 참된 종교는 말씀에 근거한 신자의 경건함에 있다고 말한다.164 그리고 순수하고 참된 종교는 하나님에 대한 성실한 두려움이 함께하는 믿음을 갖는다.165

하나님을 두려워하는 곳에 바른 신앙과 삶이 있다. 사람이 말씀에 근거한 믿음을 저버리면 그 사람은 하나님께서 계시지 않는 자아를 구상하게 된다. 인간을 우주의 주인으로 만들고 마침내는 하나님께서 계시지 않는 자아, 곧 타락한 자아의 상상(imagination)과 감성으로 구성되는 내면 세계의 환상의 영역을 넓혀 가게 되는 것이다. 하나님의 주권을 부인하면 인간의 자유가 스스로의 법이 되어 하나님의 영역을 침해하게 되는데, 거기에는 도덕의 기준이 없어지게 된다. 사람들은 각자가 법과 기준이 되어 소견에 옳은 대로 행하는 것이다(삿 21:25).

하나님을 두려워함이 있는 곳에 진정한 믿음과 경외함과 참된 예배가 있다. 그리고 성경이 말씀하시는 진정한 믿음과 참된 삶을 말하는 경건함이 있다. 성경이 말씀하시는 경건함이 있는 곳에 성경에 근거한 '자기 인식'과 자신에 대한 바른 지식이 있다.

"경건은 하나님께 대한 경외를 갖도록 해 줄 뿐만 아니라 두려움과 함께 자신을 하나님께 내어 드린 사람에게 하나님께서는 은혜의 감미로움과 유쾌함으로 채워주시고 그와 동시에 찬미로 채워주신다. 그리고 이 은혜로 채움받은 사람은 하나님을 의지하고 자신을 하나님의 권능에 겸손히 순복하게 된다."166 그러나 성경이 말씀하시는 경건함을 가지지 않는 마음, 하나님을 경외하며 예배함이 없는 마음에는 초월과 내재의 세계를 내면의 세계에서 만들어 가며 환상의 세계에 의존할 수밖에 없다.

(2) 신령적 예배를 드림

신령적 예배(spiritual worship)는 성경이 가르치고 있다. 경건은 보이지 않는 하나님께 신령적 예배를 드리게 한다. "너를 위하여 새긴 우상을 만들지 말고 또 위로 하늘에 있는 것이나 아래로 땅에 있는 것이나 땅 아래 물속에 있는 것의 어떤 형상도 만들지 말며 그것들에게 절하지 말며 그것들을 섬기지 말라"(출 20:4-5). 십계명의 제1계명에서 하나님은 자신을 유일하신 하나님으로 선포하신다. 그리고 우리에게 주어진 임무는 하나님 외에 "다른 신들을 네게 있게 말라"고 하신 것이다. 칼빈은 제1계명의 의미를 "하나님을 떠나서 다른 어떤 신들을 상상하거나 가져서는 안 된다"고 했다.167 그리고 제2계명에서 우리의 하나님은 어떤 하나님이신가를 말씀하신 것인데, 특별히 우리가 성경이 말씀하시는 합법적인 예배를 하나님께 드림으로 하나님을 높여 드릴 것을 말씀하신 것이다. 인간의 어떤 수공물이든 또는 자연물이든 하나님을 예배하는 데에 합법적인 것이 될 수 없을 뿐 아니라 마음속의 상상

(imagination)으로 하나님을 그리는 것도 합법적인 예배가 될 수 없는 것이다. 성경에서 성경이 말씀하시는 하나님 외에는 어느 것도 용납되거나 허락해 준 일이 없기 때문이다. 그러므로 "새긴 우상을 만들지 말고……아무 형상도 만들지 말며 그것들에게 절하지 말며 그것들을 섬기지 말라"고 하신 것이다. 어떤 사람들은 손으로 새긴 화상은 예술의 표현이며 예술품이기 때문에 허락할 것을 요청하고 있다. 또한 그 그림을 교육의 재료로 쓸 것을 말한다. 그러나 예술품과 교육의 재료라 할지라도 그 그림에 실체의 의미를 부여하고 그 그림을 인격화하여 그림 속의 인물을 대화의 대상으로 삼는 마음이나 의도는, 그것을 이미 우상으로 만들어 버린 것임을 부인할 수 없다. 이런 이유로 형상(icon)을 매개체로 두고 아이콘(icon)을 통하여 예수님과 대면한다거나 특정 인물의 세계와 자신의 현실을 동일시하는 것을 금하는 것이다.

진정한 경건은 하나님을 합법적으로 예배하는 데에 있다. 진정한 경건은 제2계명이 가르치는 대로 하나님을 합법적으로 예배하는 것에 있다. 조금이라도 미신적인 의식이나 생각이나 상상으로 하나님을 유추(analogy)하려고 시도하는 것은 합법적인 예배가 아니다. 자신의 실존을 벗어나기 위해 상상의 세계를 마음속에 만들고, 인간 내면의 감성의 영역에 절대자가 내재한다고 생각하고 마음속 감성의 영역에 있는 절대자와 대화하며 그 절대자를 붙잡으려고 하는 시도는 성경이 말씀하시는 예배가 아니다. 내면의 세계에서 만들어지고 행해지는 고요함의 침묵은 예배가 될 수 없다. 인간의 타락한 마음을 제어함이 없이 예배를 통해 하나님과 교제하려는 것은 진정한 경건이 될 수 없는 것이다.

합법적 예배는 말씀과 성령으로 이루어진다. 그리스도 안에서 하나님의 소유로 선택하신 우리가 말씀과 성령의 가르침이 없이는 하나님께서 받으시는 예배를 드릴 수 없음을 아시고 제2계명에서 우리를 교육하시기를 하나님께서 기뻐하셨던 것이다. 그래서 칼빈은 "우리가 신령적 예배를 하나님께 드리도록 하나님께서 우리들에게 합법적인 예배의 기준을 충족시키신다"고 말하고 있는 것이다.168 우리가 성경이 가르치시는 대로 하나님께 합법적인 예배를 드리지 않는다면, 우리의 예배는 우상 숭배의 죄에 떨어지게 되는 것을 하나님께서 아시기 때문에 하나님께서 제2계명에 합법적인 예배에 관하여 말씀하신 것이다. 그러므로 경건한 신자의 마음은 두려움과 경외함으로 하나님께 합법적인 예배를 드리는 것을 기뻐하는 것이다. 그리고 하나님께서는 그 예배를 기뻐 받으시고 예배로 주어지는 모든 축복들을 신자들이 실제의 믿음의 삶에서 누리도록 해 주시는 것이다.

그러므로 진정한 종교는 우상과 구별되시며 홀로 한 분이신 하나님께 완전한 명예를 돌려드린다고 칼빈은 확실에 찬 선언을 하고 있는 것이다.169 하나님 한 분께 성경이 말씀하시는 합법적인 예배를 드리는 것이 경건이다. 이런 이유로 칼빈은 경건의 성격이 확고부동한 터 위에 세워지기 위하여 신자들은 자신을 하나님의 말씀 안에 있도록 하기 때문에, 예배의 대상과 방법에 대하여는 방황하지 않는다고 했다.170 성령께서 신자의 마음속에 말씀을 통하여 증거하시기 때문에 신자들은 미신에 관하여는 분명한 분별함(discernment)이 있는 것이다.

합법적인 예배는 하나님의 말씀에 순종함을 생명으로 여긴다. 예수님의 형상(image)을 보고 형상 속에 있는 예수와 같다는 착각을 갖는 사람들이 있다. 형상을 통해 형상이 예수와 일치가 되면 하나님과 영적 연합이 이루어지고 인간이 하나님의 본질에 참여된다고 주장하는 것은 합법적인 예배가 아니며 '경건'이 아니다. 그러므로 칼빈이 말한 대로 경건이란 모든 삶 속에서 하나님의 말씀에 의존한 사색을 갖는 것으로, 자신의 생각과 행동의 한계를 정하는 것이다. 이런 이유로 경건은 하나님 말씀 안에서만 진정한 자유를 누리는 것으로 만족한다. 뿐만 아니라 경건은 신자가 하나님의 주권 안에 있다는 것으로 하나님께 경외를 돌린다. 그리고 경건은 하나님의 말씀에 순종함을 생명으로 여기며 경건의 가치를 말씀 안에서 찾는다. 하나님께서는 출애굽기 20장 5절에서 온 인류로 하여금 하나님께 순종하도록 하기 위해 하나님께 대한 합법적인 예배가 무엇임을 말씀하신다. 그래서 하나님만이 유일한 입법자가 되시려고 진정한 신자들을 하나님께 결합시키시고 하나님의 뜻에 따라 하나님께 바르게 예배하는 규칙을 신자들에게 정해 주신 것이다.[171] 율법은 신자들로 하여금 죄를 억제하며 하나님의 신성을 하나님께만 돌리게 하므로 신자들은 하나님께 영광을 돌리게 되는 것이며 하나님께 드리는 예배는 침해를 받지 않는다.

그러므로 우리의 생각과 말과 행동과 일과 일터, 그리고 사람들과 대화하고 물건을 사고 팔며 예술 활동을 하며 공부하는 모든 것은 하나님께 드리는 예배의 연속이 되어야 진정한 경건이 된다.

신자들의 삶의 장소와 삶을 영유하는 모든 일들이 하나님께 드리는 예배가 되지 않는다면, 우리의 타락한 본능은 우리의 생각을 주장하여 결국 죄의 노예가 되는 것을 보게 된다.

합법적인 예배는 '믿음과 삶'에 열매를 맺는다. 진정한 경건은 예수 그리스도의 말씀에 기인하는 믿음에 근거한다. 그리고 복음의 은혜 안에 거하는 그리스도 예수의 사람은 '경건'의 열매를 맺는다. 우리의 믿음이 능력이 없는 이유는 자신의 경건이 이미 손상을 받고 있기 때문이다. 자신의 경건이 침해를 당하면 믿음에 손해를 본다. 그러므로 어떤 이유든 자신의 삶이 주일 하루의 예배의 연속이 되지 않으면 경건은 찾을 수 없고, 예배가 없는 사람은 허약한 신앙만이 있게 된다. 그래서 제4계명에서 하나님께서는 안식일을 기억하여 거룩하게 지키라고 하신 것이다(출 20:8-11). 제4계명의 의미는 구약에서는 6일 동안의 노동이 7일째의 안식으로 마치는 예배였지만, 신약에서는 예수님께서 죽음에서 부활하신 날을 신약의 안식일로 삼고 이 안식일에 예배로 시작되는 6일 동안 천국의 삶을 살도록 하신 것이다. 하나님께서는 예수 그리스도를 믿음으로 구원받아 천국 백성이 된 신자들이 하늘나라의 안식에서부터 시작되는 예배를 구상하신 것이다. 그러므로 신약의 예배는 하루의 안식에서 시작되는 6일 동안의 노동과 연결되는 예배이다. 이와 같은 이유로 6일 동안의 노동은 천국 백성으로서 말씀에 의해 믿음으로 드리는 예배의 장소가 된다. 신약에서 하나님의 백성들의 이 땅에서의 삶은 믿음의 삶이어야 한다는 것을 강조하신 것이다. 그러므로 사도 바울은 신자들의 모든 삶이 믿음으로 성립된다는 의미에서 "믿음을 따라 하지 아니하는 것은 다 죄니라"(롬 14:23)고 말한 것이다. 히브리서 저자는 에녹이 삼백오십육 년을 "하나님과 동행한"(창 5:24) 삶을 산 것에 대해 "에녹은 하나님을 기쁘시게 하는 자"(히 11:5)라고 소개한다. 이어서 히브리서 11장 6절에 "믿음이 없이는 하나님을 기쁘시게 못하나니 하나님께 나아가는 자는 반드시 그가 계신 것과 또한 그가 자기를 찾는 자들에게 상 주시는 이심을 믿어야 할지니라"고 기록했다. 경건이란 에녹과 같이 하나님을 예배하는 하루와 6일 동안의 노동이 하나님을 기쁘시게 해 드리는 진정한 예배가 되는 삶을 말한다. 이것이 하나님을 예배하는 삶이며, '진정한 경건' 이다. 그러므로 칼빈은 제4계명의 목적을 다음과 같이 말한다. "4계명의 목적은 우리들의 성향과 행위에 대하여는 죽고 하나님의 나라를 묵상하며 하나님께서 세우신 방법으로 하나님의 나라를 깊이 생각(meditation)하도록 하는 데 있다."172

합법적인 예배는 천국에서의 신자의 영적 안식과 연관을 갖는다. 제4계명에서 말씀하시는 일곱째 날의 휴식을 만드신 입법자께서 의미하시는 것은 ① 이스라엘 백성들이 영적인 휴식(spiritual rest)을 갖도록 하여 자신들이 하는 일들을 옆에 두고 하나님께서 자신들 안에서 일하시도록 하나님께 드리기 위한 것이며, ② 정한 날에 백성들은 율법을 듣기 위해 모여 의식을 행하고, 특별히 하나님께서 하신 일들을 깊이 생각하기 위해 하루를 하나님께 드리며 하나님께서 하신 것을 기억함으로 경건의 훈련을 받기 위한 것이며, ③ 일하는 일꾼들에게와 다른 사람의 권위에 속해 있는 사람들에게 하루를 쉬도록 하여 힘든 일에서 얼마간의 휴식을 취하도록 하는 의도가 있는 것이다.173 이와 같은 의도는 하루를 휴식함으로 시작되는 신약의 안식일인 주일174에도 똑같이 적용하게 되어 있다. 하루의 안식을 주신 것은 천국에서의 영적인 안식을 계속하여 깊이 생각하도록 하는 데 그 목적이 있다.175 하루의 휴식은 6일 동안의 노동에서 하루를 쉬는 것만이 아니라 노동으로부터 영구한 휴식을 공포하는 의도가 있는 것이다.176 그래서 이사야 58장 13-14절에 이사야 선지자는 안식일에 행할 천국 백성의 경건의 기준을 자세히 설명해 주고 있는 것이다. 특별히 천국을 예표하는 이 땅의 교회를 중심하여 구원받은 하나님의 백성들과 함께 주일 하루의 천국 백성의 안식을 수행하는 것이다.

(3) 성경을 경건의 원리로 삼는다

성경에 의존하여 사색함으로 진리 지식을 얻는다. 하나님의 특별계시인 성경에 의존하여 사색함이 아니면 경건은 있을 수가 없다. 성경에 의존하지 않는 믿음은 믿음에 이르는 진리 지식을 얻을 수가 없기 때문이다. 경건은 성경이 말씀하시는 진리 지식에 근거하는 믿음을 갖는 것에서부터 시작되기 때문이다. 일반계시(general revelation)에 근거하여 추리하고 사색하는 데에서는 성경에서 말씀하시는 하나님을 아는 바른 지식을 소유할 수 없다. 영성주의자들이 하는 대로 일반계시와 특별계시를 동등한 것으로 여기든지 또는 일반계시가 우월하다고 주장한다면, 그런 사람은 예수 그리스도는 우리를 죄에서 구원해 주시는 구원의 주라는 사실을 알 수가 없다. 뿐만 아니라 특별계시인 성경을 통하지 않고

자연을 통하여 하나님께 나아갈 수 있다고 주장하는 것은 인간이 만드는 상상의 세계에 자신을 가두어 그 세계에서 절대자를 가공하게 된다. 이렇게 만들어지는 하나님은 성경이 말씀하시는 하나님은 될 수 없다. 일반계시에서 추구되는 절대자는 실제 의식의 영역 안에서 이루어진 특별계시가 가르치는 하나님이 아닌 초월의 신이거나 아니면 실존 속에 내재하는 인간이 생각과 상상으로 정한 관념의 신인 것이 분명하다. 그러므로 일반계시를 진리의 근거로 보는 것은 특별계시인 성경을 부인하는 것이 된다. 칼빈은 하나님의 계시인 성경을 무시하는 것은 경건의 원리를 내던져 버리는 것이라고 단호하게 말하고 있다.[177] 왜냐하면 특별계시인 성경만이 경건의 원리가 되기 때문이다. 성경은 신앙과 생활의 절대적인 기준이 되는 것임을 우리는 고백하고 있다. 하나님께서는 성경의 가르침을 멸시하고는 생활의 기준과 방법과 양식과 생각과 행동의 원리의 근거를 세울 수 없도록 하셨다. 유대교나 동방교회 또는 서방교회는 그들의 신앙의 근거를 성경에 두지 않고 그들의 전통에 두었고, 성경 대신에 전통을 생활의 기준으로 삼았다. 그들에게는 경건의 모양은 있었지만 능력이 없었고(딤후 3:5), 경건의 능력이 없는 곳에 성령을 자신들의 교사로 삼는다고 생각하고 창안해 낸 이론이 영성이며, 영성이 경건을 의미한다고 주장하는 것은 하나님의 말씀을 멸시하는 행위인 것이다.

성경 중심의 신앙과 삶을 갖는다. 성경에 기록된 경건한 믿음의 사람들은 하나님의 말씀에 생명과 존경과 가치를 드리고 높였다. 그리고 이 무리들이 그리스도께서 말씀을 통하여 다스리시는 하나님의 권위 아래에서 참되고 완전한 행복을 갖게 된 것은 오직 하나님의 말씀으로 된 것이었다.[178] 사도 바울의 경건을 기억하자. 그는 셋째 하늘에 이끌려 갔다 왔지만(고후 12:2) 결코 그것을 자신의 자랑거리로 삼지 않았다. 그는 고린도 교회에 보내는 편지에 자신의 이름을 기록하기를 결코 원하지 않았다. 바울은 오히려 자신을 위하여는 약한 것들 외에 자랑하지 않겠다고 했던 것이다 (고후 12:5). 그리고 10절에 "이는 내가 약한 그 때에 강함이라"고 하나님의 능력과 주권에 자신을 위탁했다. 그만큼 사도 바울은 하나님의 말씀이 자신의 신앙과 삶의 기준이었고, 선지자들이 가르치는 교리에 의하여 자신의 신앙의 유익을 얻었던 것이다.[179]

그래서 바울은 디모데전서 4장 13절에서 디모데에게 "내가 이를 때까지 읽는 것과 권하는 것과 가르치는 것에 전념하라"고 말했던 것이다. 성경을 사모하여 사랑하고 읽으며 성경에서 책망을 받으며 바르게 하며 의로 교육을 받음으로 하나님의 사람으로 온전케 되는 유익을 받게 되는 것이다(딤후 3:16-17). 그러므로 신앙과 삶의 기준인 성경만이 신자 경건의 교과서인 것이다. 칼빈은 자신의 글에서 성령께서 우리에게 약속하신 것은 복음이 가르치는 바른 교리를 우리들의 마음에 인쳐주시겠다는 것이라고 밝히고 있다.[180] 새롭고 들어보지 못한 계시를 만들어 내는 일을 하거나 우리가 받은 복음의 교리에서 우리들을 떼어 놓으려고 새로운 종류의 교리를 꾸며내는 것은 성령의 역사가 아님을 칼빈은 분명히 하고 있다.[181]

성령께서는 신자의 마음속에 하나님 말씀의 확증을 주신다. 우리의 마음속에 하나님의 말씀이 성령의 증거에 의하여 확증될 때 그 말씀 자체에 대한 확실성을 명확하게 가질 수 있는 것이다. 성경의 저자는 성령이기 때문에 성령께서 성경에 기록하신 자기의 진리와 밀착되어 있어서 하나님의 말씀에 주어진 합당한 명예와 존경을 성령께서 나타내 보여주시는 것이다. 그러므로 성령이 없이는 진리의 빛은 가려져 있을 뿐만 아니라 하나님 자녀의 유익을 누릴 수도 없다. 또한 하나님께서 신자들에게 성령의 조명을 베풀어 주시는 하나님의 말씀을 깨달을 수 없다.[182] 하나님에 대해 성경이 말씀하시는 지식과 자아에 대한 지식을 가질 수 없을 뿐만 아니라 신자의 거룩한 삶은 있을 수 없다. 그러므로 성령을 소멸하지 말 것과 예언을 멸시하지 말라고 하신 것이다(딤전 5:19-20).

하나님의 말씀을 부지런히 배우라. 제5계명은 "네 부모를 공경하라 그리하면 네 하나님 여호와가 네게 준 땅에서 네 생명이 길리라"(출 20:12)고 하시는데, 특별히 경건한 자들을 위하여 하나님께서 주시는 자비의 은혜로 장수의 복을 말씀하신 것이다. 율법이 부모 공경을 명령하시고 또한 계명을 지키지 않는 불경건한 자녀들에게는 형벌이 약속되어 있는데, 하나님의 말씀을 배우지 않는다면 하나님의 법을 알 길이 없는 것이다. 성경을 펴게 하시고 읽게 하시는 이는 성령이시다. 성령으로 말씀을 읽고 들으며 지키는 사람의 마음속에 성령께서 역사하시고, 읽은 말씀에 대한 바른 인식을 갖도록 하시며, 말씀을 순종하지 못한 것을 회개하게 하시고, 말씀에서 교훈을 받고 책망을 받으며 바르게 함과 의로 교육함을 받게 하시고, 실제로 자신의 삶에 적용하도록 성령님께서 마음속에 일을 하시는 것이다.

성경은 경건의 원리이다. 성경을 떠나서는 믿음이 성립될 수 없으며, 믿음이 없이는 천국 백성의 거룩한 삶은 있을 수 없다. 그러므로 신자의 믿음의 삶의 구체적인 내용과 적용은 성경의 가르침을 따라야 한다. 그래서 칼빈은 율법의 목적은 인간이 삶에서 신적인 순결의 모범을 행함으로 의를 완성함에 있다고 했다.[183] 하나님께서는 율법 안에 자신의 성격을 묘사하셨기 때문에 만약 사람이 율법이 명령한 행동을 행한다면 하나님께서는 그 사람의 삶에 하나님의 형상인 의와 거룩을 나타내시는 것이다.[184] 그래서 하나님께서는 모세를 통하여 다음과 같이 말씀하신다. "이스라엘아 네 하나님 여호와께서 네게 요구하시는 것이 무엇이냐 곧 네 하나님 여호와를 경외하여 그의 모든 도를 행하고 그를 사랑하며 마음을 다하고 뜻을 다하여 네 하나님 여호와를 섬기고 내가 오늘 네 행복을 위하여 네게 명하는 여호와의 명령과 규례를 지킬 것이 아니냐"(신 10:12-13). 경건이란 하나님께서 요구하시는 것, 곧 하나님 여호와를 경외하고, 하나님의 말씀을 따라 순종하며, 하나님을 사랑하는 것을 말한다. 그래서 칼빈은 율법을 가르치는 목적은 사람이 삶의 거룩으로 하나님과 함께하도록 하는 것이며, 그 사람을 하나님께 붙어 있도록 하기 위한 것이라고 기록했던 것이다(신 11:22, 30:20). 하나님께서 계시하신 특별계시인 성경을 주신 것은 율법에 주어진 하나님의 명령 안에서 사랑과 경건의 의무를 구하며 찾도록 하기 위한 것이다.[185]

성경에 근거한 믿음이 경건을 이룬다. 하나님께 대한 진실한 믿음은 경건을 이루는 문과 같은 역할을 하는 것이다. 그래서 히브리서 저자는 믿음이 없이는 하나님을 기쁘시게 할 수 없다고 분명하게 말하고 있는 것이다(히 11:6). 확실한 것은 믿음이 없이는 하나님을 사랑하는 것은 있을 수 없다는 것이다. 하나님을 진실되게 두려워함이 없이는 하나님을 존경함과 사랑함은 유지될 수 없는 것이다. 하나님의 사랑에 대한 감격과 감사와 하나님께 대한 애정을 모르고서야 하나님께서 자신의 형상으로 지으신 사람을 사랑할 수 없다. 그래서 요한 사도는 "누구든지 하나님을 사랑하노라 하고 그 형제를 미워하면 이는 거짓말하는 자니 보는 바 그 형제를 사랑하지 아니하는 자는 보지 못하는 바 하나님을 사랑할 수 없느니라"(요일 4:20)고 자신의 서신에 기록한 것이다. 칼빈은 하나님을 순진하게 믿으며 하나님을 경외하고 사랑하며 경건한 두려움으로 하나님을 섬기고 예배하며 하나님의 말씀을 조건 없이 순종하며 사람들을 사랑하는 것에서 경건에 대한 실증을 얻게 된다고 말했다.[186] 그러므로 경건은 하나님의 명령을 실행하는 것이며, 율법을 이루는 것을 가리킨다. 하나님의 말씀이 우리에게 첫 번째로 요구하시는 것은 하나님을 진실되게 믿는 것이며, 두 번째는 하나님을 합법적으로 예배하는 것이다. 그리고 이에 따라 나오는 열매가 이웃에 대한 사랑이다. 다시 요약하면 하나님께 대한 경건한 두려움에 대한 표식으로 우리들은 사람들에게 옳은 행동과 공평을 매일의 삶에서 수행할 임무를 우리에게 주신 것이다.[187] 진정한 경건은 특별계시인 성경에 근거하는 것이기 때문에 사도 바울은 다른 교훈을 가르치지 말라고 디모데에게 명령했던 것이다(딤전 1:3). 그래서 신자들로 하여금 신화(myths)와 족보에 몰두하지 않도록 하기 위함이었는데, 헛된 것에 몰두하면 "믿음으로 하나님의 일을 하는 것"보다 헛된 논쟁에 휩싸이고 말기 때문이다(딤전 1:4). 바울의 이 같은 명령의 목표는 신자들이 "청결한 마음과 선한 양심과 거짓이 없는 믿음에서 만들어지는 사랑"을 이루기 위함이었다(딤전 1:5). 칼빈은 하나님을 경외하는 참 경건이 먼저이고, 경건에서부터 사랑이 나온다고 이 말씀의 의미를 설명해 주고 있다.[188]

경건은 삶에 선행의 열매를 맺는다. 성령의 역사로 복음을 믿음으로 말미암아 그리스도의 은혜에 참여한 우리 속에 하나님께 대한 경건한 두려움이 있다고 한다면, 매일의 삶에 경건한 두려움이 선행의 열매로 나타나 보이게 되는 것이다. 《웨스트민스터 신앙고백서》(*The Westminster Confession of Faith*)는 '선행'(good works)을 다음과 같이 정의한다. '선행' 이란 "신자들이 하나님께 지음 받은 사람들로서 행할 선행은 하나님의 거룩한 말씀 안에 명령된 것으로 참되고 살아 있는 믿음의 증거이며, 열매로 하나님의 명령에 순종하는 것이다. 신자들은 선행으로 감사를 표시하고 자신들의 확신을 강하게 하며 형제들을 세워주며 복음의 고백에 광채를 더하며(adorn) 사탄의 말을 멈추며 하나님께 영광돌리는 것이다."[189] 선행은 하나님께서 죄인을 구원해 주신 사랑의 원칙에 근거하여 (엡 2:4) 구원의 은혜를 마음으로 감사하며(갈 5:6), 그리스도를 믿는 믿음을 매일의 삶에 보이는 것(약 2:22)으로 신자 모두에게 요구하신 것이다. 신자에게 선행은 구원의 조건이 아니라 신자의 마음 안에 넘치는 하나님의 구원에 대한 감사의 표현인 것이다(엡 1:6, 12). 그래서 사도 바울은 디도서에서 "경건하지 않은 것과 이 세상 정욕을 다 버리고 신중함과 의로움과 경건함으로 이 세상에 살고"(딛 2:12)라고 하시며, "선한 일을 열심히 하는 자기 백성이 되게"(딛 2:14, 3:8) 하는 것이 하나님의 의도라고 말하고 있는 것이다. 그리고 선행은 성령의 역사로 이루어지는 것(딛 3:6-8)이라고 말씀하신다.

경건은 죄를 죽이는 삶을 갖는다. 《웨스트민스터 신앙고백서》는 "하나님의 율법에 관하여" 말하기를 "예수 그리스도를 믿는 신자들은 더 이상 행위 언약(a covenant of works) 아래 있지 않다. 행위 언약으로 저주를 받는다든지 의롭게 되는 것은 아니다. 이제 그리스도 안에 있는 신자들에게 하나님께서는 신자들이 행할 삶의 규칙으로 하나님의 뜻을 알리시고 그들에게 의무를 지워 주신 것이다. 이 율법으로 자신의 본질과 마음과 삶에서 죄의 오염을 발견하고 자신들을 조사하여 죄를 미워하고 겸손과 확신에 나아가도록 하셨다. 그러므로 하나님의 율법에 대한 완전한 순종이 요구되어 있는 것이다. 이제 율법을 통하여 자신의 타락을 억제하며 죄를 금하신 것이다. 이제 신자들은 순종으로 하나님께 대한 승인을 보여주며 율법을 수행함으로 축복을 기대하는 것이다."190

경건은 하나님의 말씀을 순종한다. 우리는 여호수아에게 주신 명령과 우리의 의무를 기억하여야 한다. 하나님께서는 모세를 이어 백성을 이끌고 함께 가나안으로 들어갈 사명을 받은 여호수아에게 다음과 같이 말씀하신다. "오직 강하고 극히 담대하여 나의 종 모세가 네게 명령한 그 율법을 다 지켜 행하고 우로나 좌로나 치우치지 말라 그리하면 어디로 가든지 형통하리니 이 율법책을 네 입에서 떠나지 말게 하며 주야로 그것을 묵상하여 그 안에 기록된 대로 다 지켜 행하라 그리하면 네 길이 평탄하게 될 것이며 네가 형통하리라"(수 1:7-8).

하나님께서 여호수아에게 명령하신 것은 온 백성들과 함께 순종해야 할 것으로 하나님을 경외하는 진정한 경건을 이루는 것이었다. 하나님께서는 하나님을 믿고 하나님의 이름에 합당한 경외를 돌리고 예배하면 하나님을 사랑하는 사람과 동행해 주실 것을 약속하셨다. 그리고 하나님의 율법에 조건 없는 순종을 요구하신 것이다. 여기에서 경건의 열매를 맺게 되는 것이다. 하나님께서는 여호수아에게 세 가지를 말씀하셨다. 첫째, 하나님의 율법책을 읽을 것, 둘째, 읽은 것을 주야로 묵상할 것, 셋째, 그 말씀을 다 지켜 행할 것이다. 이 세 가지에 진정한 경건을 행하면 경건의 열매를 삶에서 보게 되며, 또한 경건을 이루는 주님의 백성들에게 하나님께서 함께 동행해 주시는 은혜가 약속되어 있는 것이다. 그런데 셋째의 "그 말씀을 다 지켜 행함"은 하나님의 율법책을 읽고 읽은 것을 주야로 묵상함이 없이는 할 수 없는 것임을 우리는 알 수 있다. 웹스터(Webster) 사전에 '묵상'(meditation)은 "글을 지은 이의 생각으로 표현하도록 의도된 강론이며 또는 묵상하는 행동이나 과정"이라고 정의되어 있다.[191] 그러므로 묵상이란 성령의 조명하심과 신앙의 눈으로 성경을 읽으며 연구하여 성경에 기록된 하나님의 본질과 하나님의 말씀에 대하여[192] 성경의 저자인 성령의 의도를 깊이 생각하는 것을 가리킨다고 할 수 있다. 칼빈은 기도에 묵상이 함께함을 말하면서 하나님의 본질과 하나님의 말씀을 묵상(깊이 생각)하는 것은 신앙과 경건에 유익이 된다고 했다.193 칼빈이 의도한 묵상은 동방교회에서 가르치는 묵상이 아니다. 동방교회는 묵상이라는 단어를 하나님과의 연합의 방법으로 인식하여 신비적인 의미를 추가하여 사용하였다.

진정한 묵상은 경건의 열매를 얻게 한다. 성경 신앙에 근거한 기독교인들은 자신이 읽은 하나님의 말씀에서 하나님의 뜻을 알고, 그것을 자신의 삶에 빠짐없이 적용하여 지켜 행하는 것에 힘을 써야 한다. 신자는 계시 의존 사색에 근거한 묵상을 통하여 경건의 열매를 보게 된다. 진정한 묵상은 성경에서 말씀하시는 하나님의 본질과 하나님의 말씀을 생각하는 것이다. 그리고 말씀에 자신을 비추어 회개에 합당한 열매를 맺으며 하나님의 거룩으로 다가가는 경건을 위한 수단으로 사용하는 것이다. 이 같은 묵상은 기도의 내용이 된다. 그리고 말씀의 묵상에 근거한 기도는 경건을 이루는 원천이 되는 것이다.

경건을 힘써 배우라. 경건에 이르기를 연습하라. 이제 마지막으로 바울은 우리의 타락한 본성이 우리를 자주 공격하는 것을 알고 우리가 할 일을 기록해 주심을 생각해 보도록 하자고 한다. 그것은 "망령되고 허탄한 신화를 버리고 경건에 이르도록 네 자신을 연단하라"(딤전 4:7)고 하신 것이다. 하나님께서 우리에게 "경건에 이르기를 연단하라"고 말씀하신 의미는, 우리 자신이 자신을 경건하게 훈련시키라는 것이다. 우리 자신이 악에 물들지 않도록 절제하지 않고 악은 모양까지라도 버리는 일(살전 5:22)에 힘쓰지 않는다면, 타락한자아는 죄로 기우는 경향이 있다는 것을 우리는 알고 있다. 그러므로 우리 자신이 우리의 마음과 생각과 몸을 어떻게 해서라도 하나님의 말씀에 순종하도록 만들지 않는다면, 하나님께 대한 두려움과 경외의 예배를 드릴 수 없고, 하나님의 주권에 복종할 수 없는 것이다. 바울은 다음과 같이 기록했다. "내가 내 몸을 쳐 복종하게 함은 내가 남에게 전파한 후에 자신이 도리어 버림을 당할까 두려워함이로라"(고전 9:27). 경건에 이르기를 연습함이 하나님께서 우리를 향하신 하나님의 뜻이기 때문에, 하나님께서 우리가 경건에 이르도록 은혜를 주시고 그 경건을 성령으로 이루어주심은 너무나도 확실한 것이다. 그래서 성경은 경건을 배우기를 힘쓰라고 권면하시는 것이다. 디모데전서 5장 4절에 "만일 어떤 과부에게 자녀나 손자들이 있거든 그들로 먼저 자기 집에서 효를 행하여 부모에게 보답하기를 배우게 하라 이것이 하나님 앞에 받으실 만한 것이니라"고 하신 것이다. 율법을 통하여 경건의 참 성격을 배우도록 하시는 것이 하나님의 의도인 것이다.[194] 그래서 우리가 하나님의 위엄 앞에 직면할 때 우리에게는 의가 하나도 없고, 의를 행하고자 하는 의도도 없으며, 우리 자신의 모든 신뢰를 포기하고 자신의 전적인 궁핍을 실감하여 자신이 깨어지고 진정으로 낮아져서 전적으로 하나님을 신뢰하게 되는 것이다. 하나님께서 주시는 은혜로만 되는 것을 알 때 우리는 더욱 겸손의 자리에 있게 될 뿐만 아니라 하나님께 드리는 우리의 예배까지 더욱 순수해지며 열정의 예배가 되게 하신다.[195]

양심은 말씀으로 교훈을 받아야 한다. 우리의 양심이 하나님의 말씀으로 교훈을 받지 못한다면 죄로 타락한 우리의 양심은 하나님을 향하여 나아갈 수 없으며, 성경이 말씀하시는 선의 기준을 세울 수 없고, 하나님의 말씀을 행함도 없다. 우리의 양심이 평안함을 얻으며 하나님 앞에 담대하게 서게 된다는 것은 놀라운 축복인 것이다. 양심을 책망할 것이 없다면 신자는 놀라운 위로와 평안을 갖게 되는 것이다. 그러므로 우리가 하나님의 말씀에서 경건을 배우지 않는다면, 그리고 말씀으로 우리의 양심이 인도함을 받지 않고 말씀으로 절제되지 않는다면, 하나님의 거룩에 참여하는 삶의 흔적은 없게 된다. 바울은 믿음의 아들 디모데에게 교훈할 때에 믿음과 착한 양심을 가질 것을 권면했다. "믿음과 착한 양심을 가지라 어떤 이들은 이 양심을 버렸고 그 믿음에 관하여는 파선하였느니라"(딤전 1:19). 이 말씀에서 바울이 디모데에게 의도한 것은, 하나님을 섬기는 살아 있는 성향과 경건하게 그리고 거룩하게 살아야 할 신실한 노력을 촉구하고 있는 것이다.[196] 그래서 말씀과 성령으로 중생한 양심은 하나님을 향해 나아가며 하나님의 말씀으로 교훈과 책망을 받고 고치며 의로 교육받은 것에서 최고의 의미를 갖게 되는 것이다. 하나님의 주권을 절대적인 것으로 받아들이며 판단하고, 행하는 윤리의 활동은 객관적이며 절대적인 진리인 하나님의 특별계시인 성경 말씀에 완전히 사로잡혀 있을 때에만 가능한 것이다. 또한 거기에 성경이 말씀하시는 경건의 흔적을 삶에서 보게 되며, 하나님께 영광돌리는 삶을 살게 되는 것이다. 그래서 하나님과 우리와의 관계를 말씀에서 바로 파악하지 못한다면, 우리의 구원을 세우는 기초만이 아니라 하나님께 대한 경건을 세우는 것도 가질 수 없게 된다.197 그러므로 성경에 기초하여 믿음의 도리를 바로 붙잡을 때, 하나님께서 기뻐 받으시는 신자의 경건은 더욱 힘을 얻고 하나님께 영광을 돌리는 자리에 나아가게 되는 것이다.

(4) 경건은 기도로 강화된다

　말씀에 근거한 믿음의 기도를 받으신다. 하나님께서 우리에게 주신 경건의 의무 가운데 성경이 더 빈번히 명령하시는 것이 기도이다. 그런데 하나님께서는 기도하라고 하실 때 기도를 믿음과 연결시켜서 말씀하신다. 예를 들면 첫째, 야고보서 1장 6-7절로 하나님께서 응답하심을 의심하고 구하는 것은 믿음이 없이 구하는 것이므로 이런 사람은 주께 얻기를 생각하지 말라고 하신다. 둘째, 야고보서 5장 15절에서 '믿음의 기도' 만이 옳고 정당한 기도임을 강조하신다(막 11:24). 셋째, 마태복음 8장 13절에서 하나님께서는 각자의 믿음에 따라 필요의 요청을 채워 주신다고 하셨다. 이 말씀에서 우리는 하나님께 드리는 어떤 요청이라도 믿음을 떠나서는 얻을 것이 없다고 하신다. 이 말씀에 근거하여 칼빈은 무엇이든지 기도로 허락되는 것은 신앙으로 된 것이라고 말했다.198 신자들의 기도가 말씀을 빗겨간 기도라면 그 기도는 타락한 것이다.199 그러므로 기도는 말씀에서 확인되어야 하며 말씀에 근거한 믿음이 바른 기도의 모체이다.200 믿음에서 솟아나기 시작한 기도는 바른 기도이며, 그 믿음은 하나님의 말씀을 들음에서 생기는 것이다. 확실한 것은 이 같은 기도에서 하나님만 높임을 받으시며 의심 없이 하나님이 찬송을 받으시게 되는 것이다. 확실한 믿음으로 하나님을 '아버지'로 불러 최대의 경배를 돌려드리게 된다(마 6:9). 그래서 칼빈은 우리에게 경건함이 없다면 하나님께 최대의 경외함을 돌려드리는 신자의 기도와 언어는 있을 수 없다고 말한다. 경건함이 하나님의 이름에 거룩함을 드리며, 하나님의 위엄은 점차적으로 밝히 빛나게 되는 것이다.

경건은 기도로 더욱 힘을 얻는다. 주님께서 가르쳐 주신 주님 기도의 첫 세 가지 간구는 하나님께서 우리들의 경건함을 증명해 주심을 이끌어 내는 기도이다.[201] 네 번째 간구부터는 우리들이 믿음을 실행하기 위해 하나님의 돌보심과 보호 아래에서 우리의 육신까지 하나님의 친절의 은혜 아래 두시기를 기뻐하신 것이다.[202] 칼빈은 하나님의 축복과 하나님 아버지의 호의(favor)가 우리가 매일 필요로 하는 양식에 보이지 않는다면, 현세와 내세를 위한 약속을 붙잡는 경건이 필요가 있겠느냐고 질문하고 있는 것이다.[203] 말씀에 근거한 믿음으로 이루어진 경건은 믿음의 기도와 함께 일하며 우리의 신앙과 생활에 하나님의 위로와 평화를 갖게 될 뿐 아니라 영육간에 하나님의 축복을 받아 누리게 된다.

복음의 설교를 통하여 하나님의 자녀로 불린 사람들이 하나님께 드리는 기도에 하나님의 친절과 부드러움이 알려지게 된다. 그리고 복음의 은혜에 참여한 사람들이 하나님께 믿음의 기도를 드리게 된다.[204] 믿음은 경건의 근거를 마련해 주기 때문에 기도로 경건은 더욱 힘을 얻게 된다. 그러므로 칼빈은 복음을 통하여 하나님의 긍휼을 배운 사람, 곧 복음으로 하나님의 긍휼하심이 준비되어 있다는 것을 확신하는 사람이 하나님께 기도할 수 있다고 힘주어 말하고 있는 것이다.[205] 복음으로 예수 그리스도를 믿는 사람들이 하나님께 바른 기도를 드릴 수 있기 때문에 우리의 기도는 허공을 치는 기도가 되지 않도록 성령께서 도우실 뿐만 아니라 우리가 하나님의 뜻대로 구하도록, 그리고 응답의 확신을 가지고 구하도록 우리를 인도하시는 것이다.

죄를 죽이는 삶을 통하여 경건에 이르기를 기도하라. 경건에 관한 모든 내용들이 하나님께 기도할 내용들이 된다. 그것은 우리의 믿음과 하나님을 경외하고 두려워하며 예배하고, 하나님의 거룩을 이루는 모든 생각의 동기와 행동의 내용과 삶의 전부를 포함하는 것이다. 특별히 우리에게 있는 죄와 죄책의 문제는 경건을 이루어 가는 우리에게 때때로 마음에 두드러지게 자리를 차지하게 된다. 이때 우리의 죄는 복음의 은혜 안에서 하나님의 능력을 알고 있는 우리에게 괴로움으로 나타나게 된다. 우리의 믿음의 삶에 우리의 비참과 빈곤과 깨끗지 못함이 있다고 할지라도 우리의 믿음은 폐지되지 않는다는 것을 확실히 알아야 할 필요가 있다.[206] 우리의 확실한 믿음은 우리를 하나님의 은혜의 보좌로 나오도록 우리를 인도한다. 우리 속에 무서운 죄의 큰 덩어리가 있음을 알 때 하나님께서는 우리의 죄를 사해 주신다는 믿음을 가지고 더욱 하나님께 사죄의 은혜를 간구하게 되는 것이다. 칼빈은 이것을 "우리 죄의 광대한 죄의 덩어리는 우리로 하여금 기도하도록 우리를 자극하고 또는 기도하도록 몰아붙인다"고 했다.[207]

존 오웬(John Owen)은 죄를 죽이는 것에 관하여 "신자들에게는 죄를 죽이는 임무를 주셨다"고 말하고 있다.[208] 죄를 죽이는 일은 죄의 뿌리를 겨냥한 것이다.[209] 바울은 로마서 8장 13절에서 죄를 죽이는 임무에 관하여 말하고 있다. "너희가 육신대로 살면 반드시 죽을 것이로되 영으로써 몸의 행실을 죽이면 살리니." 바울은 신자들에게 죄를 죽임으로 거룩함을 이루어갈 것을 촉구하고 있는 것이다. 우리의 옛 사람은 세속의 열정(carnal affection)에 싸인 몸이며, 자범죄와 원죄를 가지고 있는 사람이라고 불리운다. 그래서 옛 사람(old man)은 타락한 세속의 열정을 본체로 사용한다.[210] 그러므로 예수 그리스도를 믿음으로 하나님의 형상을 회복한 새 사람(new man)이 된 신자—그리스도 안에서 새로운 피조물인 그리스도의 사람(고후 5:17)—에게 성령의 인도하심을 받아 말씀으로 죄를 죽이는 경건의 삶의 열매를 얻게 되는 은혜를 주셨다. 신자에게 있는 죄의 성향과 죄를 범하는 것(operation)에 계속 대항함으로 점차적으로 죄를 죽이는 신자의 삶이 이뤄지는 것이라고 말하고 있다.[211] 그래서 바울이 말하는 우리가 벗을 옛 사람(엡 4:22-24)은 속이는 정욕(lust)에 의해 부패가 계속 자라고 있는 사람이라고 말하는 것이다.[212] 이 옛 사람이 그리스도를 믿음으로 의와 진리의 거룩함으로 지으심을 받은 새 사람을 입는 은혜에 참여하는 것이다.

자기 십자가를 지고 그리스도를 따르는 삶을 위해 기도하라. 바울은 로마서 7장 22절에서 새 사람을 가리켜 하나님의 법을 즐거워하는 특징이 있다고 말한다. 로마서 6장 6절은 옛 사람과 새 사람의 차이점을 "우리가 알거니와 우리의 옛 사람이 예수와 함께 십자가에 못 박힌 것은 죄의 몸이 죽어 다시는 우리가 죄에게 종 노릇 하지 아니하려 함이니"라고 지적하고 있다. "성령으로 말미암아 너희 속사람을 능력으로 강건하게 하심"(엡 3:16)으로 믿음이 그리스도에게 더욱 뿌리를 내리고 강하게 될 뿐만 아니라 우리의 마음을 말씀과 성령으로 다스려 주시는 것이다.

칼빈은 죄를 죽이는 것을 "자기 십자가를 지고 그리스도를 따르는 삶"이라고 말한다.[213] 우리에게 십자가가 필요한 것은 우리의 교만을 꺾고, 하나님의 능력을 구하며, 하나님의 임재를 실감하기 위해서이다.[214] 우리가 예수 그리스도를 믿은 후에 죄를 죽이고 하나님의 거룩에 참여한 신자의 경건의 삶을 사는 것은 신자들에게 놀라운 축복이다. 바울이 "두렵고 떨림으로 너희 구원을 이루라"(빌 2:12)고 한 성화의 삶에 참여한 것이기 때문이다. 우리가 여러 가지 역경에 부딪칠 때에 그리스도와의 교제는 한층 더 분명해진다. 고난의 십자가는 인내를 키워주며 하나님께 순종을 키워주는 하나님의 도구이다.[215] 아브라함은 독자 이삭을 제물로 바치라고 하신 하나님의 말씀에 순종함으로 자신의 경건을 입증하였다.[216] 하나님께서 믿는 우리에게 십자가를 주심은, 그리스도를 믿는 믿음을 통하여 우리의 교만을 죽이며 고난을 이기는 하나님의 능력과 우리 자신을 부인하고 그리스도를 따르며 고난에서도 보호해 주시는 신적인 능력의 임재를 경험하는 은혜를 주시기 위한 것이다. 신자들은 자신을 부인하는 십자가를 지는 삶을 통하여 경건의 자리로 나아갈 뿐만 아니라, 하나님의 주권에 대한 인식을 통하여 하나님을 더욱 경외하며 예배의 자리로 나아가게 된다. 자기를 부인하고 그리스도를 따르는 신자의 예배와 기도와 찬양이 얼마나 진지하고 순수하겠는가? 또한 그들의 경건함은 얼마나 주님을 기쁘시게 해 드리는 것이겠는가? 이와 같은 이유로 하나님께서는 죄를 죽이는 삶, 즉 자기 십자가를 지고 자기를 부인하고 그리스도를 따르는 마음을 경건의 마음이라고 부르고, 거기에 경건의 삶이 있게 하셨다.217

다윗은 자신의 고통 속에서 부르짖기를 "여호와여 내게 은혜를 베푸소서 내가 주께 범죄하였사오니 나를 고치소서"(시 41:4)라고 외쳤다. 자기 십자가를 지고 주님을 따르는 신자에게 귀중한 경건의 삶은 "환난 날에 하나님의 이름을 부르는"(시 50:15) 예배와 기도와 찬양의 삶이다.218 그래서 다윗은 시편 65편 1-2절에서 "하나님이여 찬송이 시온에서 주를 기다리오며 사람이 서원을 주께 이행하리이다 기도를 들으시는 주여 모든 육체가 주께 나아오리이다"라고 외쳤던 것이다. 신자들이 거룩하신 하나님께 나아와 거룩한 성호를 찬양하고 감사하며 하나님의 이름에 합당한 영광을 돌려드리는 기도와 예배와 경배가 있을 뿐만 아니라 자신의 삶에서 말씀에 순종하여 말씀대로 행하고 하나님께 영광을 돌리며 하나님께서 기뻐 받으시는 경건의 삶의 열매가 있는 것이다. 그리고 기도를 통하여 하나님의 말씀에 순종하는 신자의 삶이 하나님께 드리는 예배가 된다면, 그것은 진정으로 하나님의 거룩을 이루는 경건인 것이다. 그래서 하나님께서는 우리에게 경건의 의무를 요구하신 것이다.219

기도는 경건에 이르는 은혜의 수단이다. 기도를 통하여 회개에 합당한 열매를 맺고, 말씀과 성령의 인도함을 받아 성화의 자리에 한걸음 더 가까이 다가가게 된다. 자기 십자가를 지고 자기를 부인하고 승리하신 그리스도를 본받아 살아가는 경건의 생활로 예수 그리스도를 믿는 믿음 안에서 이루어지게 되며, 하나님께 영광을 돌리며 하나님을 영원토록 즐거워하는 삶(고전 10:31; 시 74:25-26)이 이루어지게 된다. 그리고 하나님께 가까이 함을 신자의 복으로 삼으며, 주 여호와를 피난처로 삼고, 여호와께 피하는 것을 인생의 삶으로 삼으며, 주께서 하신 일들을 전파하는 삶을 감사함으로 수행하는 것이다(시 74:28).

주의할 사항들

"영성, 성경적인가?" 이 질문의 답은 "성경적이지 않다"라는 것을 여러 가지 면에서 생각해 보았다. 지금까지 살펴본 대로 현재 사용되고 있는 영성의 용어와 개념은 성경에 없는 것임을 알게 되었다. 뿐만 아니라 헬라 철학을 사용하여 성경에도 없는 사상을 만들어 인간을 신비의 세계로 끌고 가서 신비의 골방에 넣어 마술적인 초자연적 현상(occult)을 창조해 가는 노력을 기독교적인 경건의 삶이라고 잘못 생각하는 데까지 이르게 되었음을 살펴보았다. '영성'이라는 용어와 개념에 관하여 '계시 의존 사색'(신자가 하나님과 인생과 세상과 피조물에 대한 이치와 인간의 행동과 사고와 판단과 결정에 대하여 하나님의 계시인 성경의 가르침에 따라 행하기 위해 성경을 깊이 있게 살펴봄)에 의해 살펴보았으며, '영성'이라는 용어와 개념도 우리가 받을 수 없는 것이라는 결론을 얻었다. 이제 우리가 할 작업은 "영성, 성경적인가?"의 질문 아래 다시 한번 우리의 주의를 이끌어 내는 것이다. 이 질문에 성경적인 답을 얻기 위해 우리가 기준으로 삼아야 할 사항을 다시 정리하고자 한다. 그래서 종교개혁 때에 개혁자들이 우리의 생각과 삶의 방향을 성경으로 돌렸던 그것을 다시 밟아가야 할 사명을 우리 교회와 신자들이 회복하고 이루고자 하는 것이다.

① 사도성(Apostolocity)을 이어가는 교회는 서방교회나 동방교회 어느 것도 아니다. 종교개혁으로 이어진 교회로서 사도들의 고백을 갖는 교회뿐이다.

② 영성에 관한 역사의 기록은 잘못된 근거를 제공하고 있다. 맥그래스의 말을 빌리면 수도원 속에서 금욕주의와 함께 행하여졌던 영성이 20세기 중반부터 시장터(market place)로 내려왔다고 한다. 시장터에 내려온 영성은 시장터의 문화와 현상과 상황과 함께 형성되어 오고 있다고 한다. 맥그래스가 의미하는 것은 현재의 영성의 기초는 과거 헬라 철학의 문맥에서 발전되었고, 전통으로 자리잡아 왔던 동방교회의 영성이며, 현재는 후근대주의(post-modernism)의 흐름 속에서 '영성'이 표현되고 형성되고 있는 것이어야 한다는 것이다. 그 영성은 뉴에이지(New Age)의 세계관에 의해 구성되어야 하며, 최고의 가치인 인간 자아를 초월하든지 또는 인간 자아에 내재하는 사고를 영성의 방법과 근거로 받아들이는 것이어야 하며, 뉴에이지 현상의 영역 속에서 인간이 만드는 상상의 세계가 현재의 영성이어야 한다는 것이다.

계몽주의에 들어서면서 가치(value)를 추구하는 데 있어서 다양함의 성격을 갖게 되었고, 이성주의(rationalism)가 연구와 철학적 접근에 자리를 차지하게 되었다. 그 전까지 있었던 신앙 위주의 개념과 생활 양식과 판단의 가치 기준에 질문을 갖게 되면서, 임마누엘 칸트(Immanuel Kant)가 초월해 있는 절대자를 추구했던 것과 같은 생각을 가진 사람들이 인간 자신의 지능을 사용하는 자유를 추구하게 되었다. 그런데 영성주의자들은 계몽주의의 사고(thought)가 12세기에 자리를 굳혔던 영성에 대한 질문을 갖게 되었으며, 그 가치를 다시 확인하면서 영성은 약세가 되었다고 생각한다. 16세기의 루터와 칼빈의 종교개혁은 17세기를 거쳐 18세기 사상의 촉매가 되었고, 18세기 계몽주의 시기에 이성(reason)을 사용하는 성경 연구가 본격화되었으며, 성경 연구로 영성이 추구하는 개념의 영역에 대한 재평가를 하게 되었다고 생각하고 있다. 그러던 것이 후근대주의에 들어서면서 20세기 후반, 특히 1960년대에 과거의 동방교회 전통인 영성이 회복된 것이라고 주장하고 있다.

영성의 역사에 관한 이 같은 주장은 역사를 보는 객관성을 잃어버리게 한다. 교회의 역사는 성경이 말씀하시는 교회의 본질에 대한 내용들의 기록이다. 성경에는 영성에 대한 것이 없을 뿐만 아니라 영성은 성경적인 사항이 아니기 때문에 (루터도 그렇게 했지만) 칼빈은 《기독교 강요》에서 영성이라는 말을 사용하고 있지 않을 뿐만 아니라 비성경적인 면을 지적했다. 예를 들면 영성이 사용하는 '이미지'(image)에 대하여 성경적이지 않음을 단호하게 지적하였다. 플라톤(Plato) 철학이 기초가 된 동방교회의 '영성'은 성경과는 어긋나는 사상인 것은 분명하다.

③ 신플라톤주의와 성령강림운동으로 만들어진 신비주의가 교회에 들어온 것이다. 영성에 대하여는 쉐퍼 박사가 바로 지적했다. 신플라톤주의(neo-platonism)와 신성령강림운동(new-pentecostalism)[220]이 결합하면서 초근대 영성이 형성되고, 후근대주의의 신비주의는 계속 발전하고 새롭게 표현되고 있다. 이 두 사상이 교회에 들어와서 성경을 재해석하게 되었고, 신앙과 삶의 틀을 영성이라는 개념으로 바꾸었다.

④ 플라톤 철학은 범신론적 사상을 유추하게 한다. 플라톤 철학은 자연의 대상물에 신의 이데아가 있다고 생각하여 관념의 신을 창안해 내고 그것을 신으로 간주한다. 이데아(ideas)는 신의 마음에 있는 것으로 영원하다고 생각했다. 아리스토텔레스는 이데아를 질료(matter)라고 불렀다. 동방교회의 영성은 플라톤 철학의 이데아를 영성의 기초로 삼고 있다.

⑤ 자연계시로는 하나님에 대한 바른 지식을 가질 수 없다. 자연신학(Natural Theology)은 자연계시만으로 하나님을 충분히 인식할 수 있다고 생각하고, 특별계시는 자연계시의 보충적인 기능을 가지고 있다고 한다. 그러나 성경은 특별계시를 통하지 않고는 하나님을 인식할 수 없으며, 하나님에 대한 바른 지식을 가질 수 없다고 한다.

⑥ 형상(image, icon) 숭배는 우상 숭배이다. 예수의 형상이나 성인들의 형상(아이콘, icon)을 영성으로 들어가는 매개체로 사용하는 것은 십계명의 제2계명인 우상 숭배(출 20:4) 계명을 어긴 것이다.

⑦ 이미지(image)를 영성의 자료로 삼아 비유적 해석을 하는 것은 성령의 의도에서 빗나간 것이다. 이미지를 영성의 자료로 삼는 것(예: 여행, 잔치, 사막 등)은 성경 말씀을 비유적으로 해석하여 성경의 원저자인 성령의 의도에서 빗나간 것이므로 받아들일 수 없다. 심리학적인 상황을 창안하여 이미지와 일체를 삼는 것은 성경 속에 있는 진정한 하나님의 말씀을 찾아보겠다는 비신화화의 노력으로, 케리그마(Kerygma)와 함께 순수한 만남을 목표로 삼는 것이다.[221]

⑧ 교회의 전통과 성경을 동일시해서는 안 된다. 교회의 전통(tradition)을 성경과 동일시하는 것은 교회의 전통 밑에 하나님의 계시인 성경을 두려고 시도한 것이다. 이것은 하나님의 말씀의 충족성을 부인하는 결과를 갖는다. 요한계시록 22장 18절과 19절은 다음과 같이 말씀하신다. "내가 이 두루마리의 예언의 말씀을 듣는 모든 사람에게 증언하노니 만일 누구든지 이것들 외에 더하면 하나님이 이 두루마리에 기록된 재앙들을 그에게 더하실 것이요 만일 누구든지 이 두루마리의 예언의 말씀에서 제하여 버리면 하나님이 이 두루마리에 기록된 생명나무와 및 거룩한 성에 참여함을 제하여 버리시라."

⑨ 영성은 순순한 영이신 하나님께만 해당하는 것이다. 영성을 생각하는 사람들이 갖는 오류는 하나님의 '영'(Spirit)과 인간의 '영'(spirit)의 성격을 동일하게 생각하는 데서 시작한다. 첫째, 녹스 챔블린(J. Knox Chamblin)은 그의 책 《바울과 자아》(Paul & the Self)에서 "바울은 영(pneuma)을 육체 안에 갖춰진 신적인 섬광으로 보아서는 안 된다"고 했다.222 바울이 말하는 영은 혼(psyche)과 같은 의미로 사용했다.223 영은 인간의 전 자아를 가리키며 자아의 내적인 면을 말한다.224 그리고 바울은 육체를 영에 연합한 것으로 전 인간을 가리켰다.225 인간의 혼은 단순한 실재이지만 지식과 거룩과 능력을 얻기도 하며 잃기도 한다.226 그러나 하나님은 변함이 없으시다. 둘째, 파니카르(Pannikkar)는 영성이 가리키는 인간의 영은 '나'(ego)를 가리키지 않고 '당신'(thou)을 가리킨다고 한다. 이것은 예수의 영과 인간의 영을 동일시하려는 잘못된 사상에서 나온 것이다.227

⑩ 영성이 말하는 내면의 세계 또는 내면의 삶은 성경이 말하는 '속 사람'(엡 3:16)을 말하지 않는다. 이 말은 개념을 가진 단어로 캐서린 모우리 라쿠그나(Catherine Mowry LaCugna)는 '내면의 세계' 또는 내면의 삶의 교리는 전통으로 내려오는 삼위일체 교리로, 삼위 서로에게 내재하는 삼위일체(the immanent Trinity)를 말하는 것으로, '하나님의 내면의 삶'(God's inner life)을 의미한다고 한다.228 이것은 삼위의 서로의 사랑의 관계를 말하는 것으로, 이 관계의 활동은 인간 내면에서 일어난다고 한다. 이것은 성경을 범신론으로 접근하려는 표현이다.

⑪ 인간의 신격화는 인간을 하나님과 본질에 있어서 동일시하려는 시도이다. 영성은 구원에 관한 교리라고 하면서 특히 성화 안에 있는 인간의 영, 곧 그리스도의 영의 활동을 말하는 것으로 인간이 성화에 이를 수 있는 것은 신격화(deification)의 방법으로 된다고 한다.229 성경에는 어떤 이유든 인간이 신격화가 된다는 표현도 없으며 말도 없다.

⑫ '신격화'로 하나님과 연합되는 것이 아니다. '영성'에서 묵상은 신격화로 들어가는 준비이며, 영성의 마지막 단계인 관상은 신격화가 되는 것으로 '하나님과 영적 연합'이 내면 세계에서 관상으로 이뤄진다. 동방교회에서는 묵상을 위해 성경을 읽고 묵상하고 기도하고 관상하는 것은 신격화(deification)를 이루어 하나님과 연합하는 것에 목표를 두고 행함으로 하나님의 본질에 참여하는 과정이다. 현재 사용되고 있는 관상(contemplation)이라는 용어는 성경에는 없는 단어이다. 관상이라는 단어는 세 가지 의미가 있다. 첫째, 개인의 경건(devotion)의 형태로서 영적인 것에 집중하는 것 또는 하나님의 존재에 대한 신비적인 자각의 상태, 둘째, 주의를 가지고 생각하는 활동, 셋째, 끊임없이 고찰하는 활동230을 의미하는데, 이 세 가지 의미 가운데 영성에서는 첫 번째 정의인 "하나님의 존재에 대한 신비적인 자각의 상태"를 만들어 가는 것을 의미한다. 관상이란 신격화의 신비의 세계가 내면에 만들어지면서 절대자를 인간의 눈으로 보고 대화하는 것을 말한다. 개혁자들과 신학자들도 같은 단어를 사용하고 있지만, 이들의 경우 관상이라는 의미에서 사용하지 않고 하나님의 하신 일들을 깊은 주

의를 가지고 생각하는 것을 의미한다.

⑬ 내적 치유는 관상을 수단으로 하여 인간의 내면 세계를 바꾸는 작업이다. 내적 치유는 말씀에 근거한 성령이 역사하시는 전 인간적인 치료는 아니다. 내적 치유는 관상에서 고요함의 과정을 통하여 프로이드(Freud)의 정신분석학에 근거하여 무의식 세계와 과거의 사건을 연관짓는 것에서 시작된다. 또한 기억과 감정을 치료하여 마음에 상을 그림으로 치유된다고 생각한다. 이것은 하나님의 계시인 성경에 의존하여 사색한 것이 아니므로 교회는 받을 수 없다.

⑭ 관상에서 시행되는 침묵의 기도는 기독교회에서 택할 기도의 방법이 아니다. '고요함'(stillness)은 관상을 이끄는 작업이며, 고요함을 통하여 신격화를 이루어 신의 본질에 참여함을 경험하는 수단으로 인정되고, 그것을 위해 침묵이 수행되고 있다. 그리고 내적 치유를 경험하며 내면의 세계에서 하나님과 연합을 갖는 수단이 된다. 고요함은 내면 세계에서 직접적으로 신의 음성을 듣는 환경이며 수단으로 사용하고 있다. 그러나 직접적으로 신의 음성을 듣고자 하는 것은 잘못된 신앙이다. 하나님께서는 성경 66권의 말씀을 통하여 성령의 역사로 신자들에게 말씀하신다.

⑮ 현 시대의 경건(The Devotio Moderna, modern devotion)은 신비주의와 연결되어 있는 것이 특징이다. 현 시대의 경건은 이그나티우스 로욜라의 영향으로 영적 경험을 중시했으며, 상상의 세계

를 형성하는 관상을 실행하는 것이었다.231 그리고 영적 경험이란, 관상으로 그리스도의 성육신에 참여하는 영적 자유함을 말하며232 특별히 기도에 적용되었다. 경건(devotio)의 영향으로 묵상을 위한 지침서들이 출판되었고, '현 시대의 경건'(devotio moderna)은 기독교인 인본주의의 근거를 만들어 주었다.233 한 가지 덧붙일 것은 현재 시행하는 큐티(QT, Quiet Time)에서 '고요함'의 시간을 갖는 것이 '데보티오 모데르나'(devotio moderna)를 실행하여 하나님의 음성을 듣는다든지 또는 경건주의에 근거한 것이라면, 이는 성경이 가르치는 것이 아니다.

⑯ 신학의 부정적 양상(aspect)과 긍정적 양상의 원리를 가지고 성경을 고찰하는 것은 성경에 적합하지 않다. 쉐퍼 박사에 의하면, 부정적 양상이란 예수님의 죽으심을 의미하는 것으로, 신앙과 생활은 '예수님의 죽으심의 구심점'에 근거하여 시작되는 것이라고 한다. 그는 신자들의 삶의 부정적인 면을 신학의 부정적 양상으로 본다. 그러나 성경은 '예수님의 부활의 구심점'에서부터 시작하여 하나님을 믿고 경외하여 예배하는 경건을 이루어간다. 단, 동방교회가 의미하는 부정적 양상은 신과 연합되는 과정이며, 관상으로 들어가는 작업이 된다.

현재 교회들에서도 영성이라는 용어는 계속 사용되고 있다. 이 교회들 가운데 몇몇 교회들은 영성에서 신플라톤 사상이나 성령강림운동(Pentecostalism)과 같은 초영성(super-spirituality, 쉐퍼 박사의 용어임)의 특성을 제외한 것이 신자들이 택할 영성이라고 생각하고, 영성이 가르치는 보이지 않는 심리적 극적인 사건(?), 죄책감이나 분노와 같은 사건들을 만들어 내는 신비적이며 신으로부터 받은 초능력(charisma)과 같은 기능을 채택하지 않는다. 그리고 진정한 영성은 '신학에서의 부정적 양상'이라고 생각하고, 성경에서 부정적 양상을 찾아 적용하는 것을 영성이라고 한다. 또한 영성 활동 중에서 사막 교부들 가운데 특히 안토니(Antony)가 마귀와 싸웠던 싸움 같은 것을 영적 전쟁이라고 생각하고, 이것을 영성 활동에 포함시키는 경우들이 늘어나고 있다.234

⑰ 영성은 성화를 의미하는 경건의 삶과 바꾸어 사용할 수 없다. 영성을 성경이 말씀하시는 경건과 같은 의미로 사용할 수는 없다. 영성을 성경에 근거하는 성화를 의미한다고 생각하는 사람들은, 영성에서는 인간의 관상의 결과로 이루어지는 내면의 삶을 성화로 간주하며 그것을 성령의 사역이라고 생각한다.

⑱ 성경이 의미하는 경건은 16세기 후반부터 독일에서 일어난 경건주의(Pietism)를 의미하지 않는다. 경건주의는 루터교에 지배적이었으며 네덜란드를 위시하여 여러 곳에 영향을 주었다. 경건주의는 매일의 삶에서 하나님의 임재를 강조하는 마음의 종교였다. 그리고 경건운동의 근본적인 동기는 믿음의 경험적 차원의 회복을 장려하는 것이었으며, 하나님께로의 진정한 회심, 내적 변화와 정통적인 교리 선언보다 선행을 표현하는 거룩의 삶을 강조하는 것을 말한다.235 브룬너(Brunner)는 변증신학(the dialectical theology)은 경건주의에서 나왔다고 한다.236

⑲ 영성은 제한적 구속과 성경의 무오성을 받아들이지 않는다. 영성을 주창하는 이들은 현세를 후근본주의, 후복음주의 시대로 규정하고, 모든 사람들(모든 교파 또는 타종교인, 또는 비기독교인)과 공통분모가 되는 것은 동방교회의 영성뿐이라고 한다. 이들은 주장하기를, 타 종교인들을 교회로 끌어들이려면 모두와 접촉점이 있어야 하는데 그것이 영성이라고 한다. 그 접촉점은 제한적 구속과 성경의 무오성을 받아들이지 않는 곳에 만들어진다고 한다.

⑳ 영성을 어린아이들의 교육의 장에서 사용하는 것은 성경에 근거한 교육이 아니다. 현행하는 묵상이나 관상의 개념을 가지고 아이들에게 상상의 세계를 만들려는 시도를 하거나 그것을 만들도록 권면하며 가르치는 것은 계시 의존 사색에서 벗어나는 것이며 범신론을 만들어내는 위험이 있다. 이 같은 노력은 이성을 통한 성경으로의 접근이 아니라 감성을 통하여 성경의 하나님께로 나아가려는 신비사상이다. 감성이 진리 지식을 구성할 수는 없다.

㉑ 영성의 근본적인 목표는 완전함(perfection)을 이루는 데 있다. 영성주의자들은 인간은 결코 완전해지지 않는다고 주장한다. 그럼에도 불구하고 관상에서 초월이나 또는 내재의 과정을 통해 하나님과 연합됨으로 신의 성품(the divine nature)에 참여함으로 내면 세계에서 하나님과 같이 완전해지기 위해 고요함의 시간을 갖는다. 그러나 어떤 이유이든 신자들이 현세에서 죄와 관계없는 완전한 사람이 될 수 없음을 성경은 말씀하신다.

1. 그루쑤이스는 그가 쓴 책 "*Truth Decay*"를 그에게 영향을 준 두 멘토인 Francis Schaeffer와 Carl F. H. Henry에게 드린다고 했다. 이 두 멘토들에게서 진리를 사랑하는 것과 시간을 이해하는 것을 배웠다고 했다. Douglas Groothius, *Truth Decay: Defending Christianity Against the Challenges of Postmodernism*, Downers Grove: Inter Varsity Press, 2000.
2. 본 책의 저자와의 이메일에서 그루쑤이스 교수가 자신의 견해를 밝힌 내용이다.
3. Pete Scazzero는 '감정적으로 건강한 영성'(Emotionally Healthy Spirituality)이라는 기관을 운영하고 있으며 '영적인 삶 집회'(Spiritual Life Conference)를 개최하고 있다.
4. Mary Quinlan, "Madeleine Sophie Barat's Doctrine of Interior Life," *Spirituality of the Heart: Approaches to Personal Wholeness in Christian Tradition*, ed. by Annice Callahan, New York: Paulist Press, 1990, p.162.
5. Robert Faricy, "The Heart of Christ in the Writing of Teilhard de Chardin," *Spirituality of the Heart: Approaches to Personal Wholeness in Christian Tradition*, ed. by Annice Callahan, New York: Paulist Press, 1990, p. 171. "영성"에서 신플라톤 사상이나 성령강림운동(Pentecostalism)과 같은 초영성(super-spirituality, 쉐퍼 박사의 용어임)의 특성을 제외한 것이 신자들이 택할 영성이라고 생각한다.
6. See Harvey D. Egan, *Christian Mysticism: the Future of a Tradition*, Eugene, OR: Wipf and Stock Publishers, 1998, pp. 32ff. Ignatius는 신비적인 요소를 기도에 첨가시켰으며 묵상(meditation)과 관상(comtemplation)을 행함으로 양심(conscience)을 시험하게 되며, 이것은 상상(imagination) 안에서 오관을 통하여 감각(sense)을 적용할 수 있다고 한다.
7. 삼위일체 서로의 관계는 위격 사이의 사랑의 관계라는 것이 전제가 된 사상에서 나온 개념이다.
8. Margaret R. Miles, *Praticing Christianity: Critical Perspectives for an Embodied Spirituality*, New York: Crossroad, 1988, p. 142.
9. Miles, *Ibid.*, p. 144.
10. Miles, *Ibid.*, p. 139.
11. Miles, *Ibid.*, p. 134.
12. Miles, *Ibid.*, p. 126f.
13. Daniel B. Clendenin, *op.cit.*, p. 379.
14. 영성 지도(spiritual direction)란 피지도자와의 대화를 통해 피지도자가 직접 또는 간접으로 초월의 경험을 가져 완전에 이르도록 인도(mentor)하는 것을 말한다.

15. Rogers, *op.cit.*, p. 276. 인간 안에 하나님 형상의 회복의 최고 활동은 하나님의 말씀의 성육신이라고 한다(p. 281).
16. Rogers, *op.cit.*, p. 276.
17. Rogers, *op.cit.*, p. 279.
18. Rogers, *op.cit.*, p. 279.
19. Rogers, *op.cit.*, p. 288. 영성에서의 '내적 치료' (inner healing)에 관하여 Glen G. Scorgie 의 글을 읽으라. See Glen G. Scorgie, *A little Guide to Christian Spirituality: Time Dimensions of Life with God*, Grand Rapids: Zondervan, 2007.
20. Keating, *op.cit.*, 35:36.
21. Keating, *op.cit.*, 35:36.
22. 동방교회에서는 전통으로 사용되고 있는 책들을 성경과 동등하게 인정한다.
23. Keating, *op.cit.*, 35:37.
24. Keating, *op.cit.*, 35:37.
25. Rogers, *op.cit.*, p. 287.
26. Rogers, *op.cit.*, p. 286.
27. See Hodge, *op.cit.*, Vol. II., pp. 476f.
28. Daniel S. Sartor, "Psychotherapy, Contemplative Spirituality, and the Experience of Divine Mercy(Clinicians' columns)", *Journal of Psychology and Christianity* 22:252 Fall 2003.
29. 이 환난은 사람이 이 땅에서 소유나 관계를 만족시키기 위해 생긴 환난을 의미한다.
30. Sartor, 22:253.
31. Sartor, 22:253.
32. 여기서 피치료자의 믿음(faith)은 중요하다. 하나님의 임재가 자신의 내면의 삶에 있음을 믿지 않으면 치료는 이뤄지지 않는다.
33. Sartor, see *op.cit.*, p. 253.
34. Sartor, see *op.cit.*, p. 253.
35. Sartor, *op.cit.*, p. 253.
36. Sartor, *op.cit.*, p. 253.
37. Mike Flynn & Doug Gregg, *Inner Healing*, Downers Grove: Inter Varsity Press, 1993, pp. 22f.
38. Flynn, *op.cit.*, p. 22.
39. Flynn, *op.cit.*, p. 41.
40. Flynn, *op.cit.*, p. 50.
41. http://www.psychoheresy-aware.org/inner82.html.
42. PsychoHeresy Awareness Letter, January-February 2007, Vol. 15, No. 1. See http://www.psychoheresy-aware.org/psy-innerhealing1.html.

43. http://www.psychoheresy-aware.org/psy-innerhealing2.html.
44. http://www.psychoheresy-aware.org/psy-innerhealing2.html.
45. http://www.psychoheresy-aware.org/psy-innerhealing3.html.
46. Francis A. Schaeffer, *True Spirituality*, Wheaton: Tyndale House Publishers, 1972, Preface.
47. Schaeffer, cf. *True Spirituality*, p. 53.
48. Schaeffer, *op.cit.*, p. 55.
49. Schaeffer, *op.cit.*, p. 55.
50. Schaeffer, *op.cit.*, p. 70.
51. Schaeffer, *op.cit.*, p. 84.
52. Schaeffer, *op.cit.*, p. 102.
53. Schaeffer, *op.cit.*, pp. 114f.
54. Schaeffer, *op.cit.*, p. 118.
55. Schaeffer, *op.cit.*, p. 169.
56. Francis A. Schaeffer, *The New Supper-Spirituality*, Downers Grove: Inter Varsity Press, 1972, p. 12.
57. Schaeffer, *The New Supper-Spirituality*, p. 12.
58. Schaeffer, *Ibid.*, p. 13.
59. Schaeffer, *Ibid.*, pp. 13f.
60. Schaeffer, *Ibid.*, p. 14.
61. Schaeffer, *Ibid.*, p. 14.
62. Schaeffer, *Ibid.*, p. 17.
63. Schaeffer, *Ibid.*, p. 19.
64. 쉐퍼 박사는 "세상적인 지혜"를 인본주의적이며 합리주의적인 지혜라고 한다.
65. Schaeffer, *op.cit.*, p. 20.
66. Schaeffer, *op.cit.*, p. 21.
67. Schaeffer, *op.cit.*, p. 22.
68. Schaeffer, *op.cit.*, p. 24.
69. Schaeffer, *op.cit.*, p. 24.
70. Schaeffer, *op.cit.*, p. 25.
71. Cf. Book review by Groothius. Berry Hankins, Colins Duriez, *Francis Schaeffer and the shaping of evangelical America and Francis Schaeffer an authentic life*. Grand Rapids: Eerdmans, 2008. See http://www.denverseminary.edu/article/francis-schaeffer-and-the-shaping-of-evangelical-america-and-francis-schaeffer-an-authentic-life/ "Schaeffer famously credited Aquinas as opening the door to autonomous human reasoning by his distinction of nature from grace. Nature is what can be known through unaided human

reason and grace provides knowledge from a supernatural source, the Bible. Schaeffer argued(albeit very briefly) that Aquinas's way of construing these two sources of knowledge paved the way for nature to "eat up grace" -that is, autonomous human reasoning would set itself up against biblical revelation and end us secularizing our Western worldview."

72. Schaeffer, *True Spirituality*, pp. 6f.
73. Schaeffer, *Ibid.*, p. 110.
74. Schaeffer, *Ibid.*, p. 110.
75. See Herman Dooycweerd, "Cornelius Van Til and the transcendental critique of theoretical thought," *Jerusalem and Athens: Critical Discussions on the Theological and Apologetics of Cornelius Van Til*, ed. by E. R. Geehan, Phillipsburg, NewJersey: Presbyterian and Reformed Publishing Co., 1971, p. 76. Francis Schaeffer는 Herman Dooyeweerd의 영향을 받았다고 한다(see http://en.wikipedia.org/wiki/Francis-Schaeffer).
76. Schaeffer, *True Spirituality*, pp. 60-70.
77. Schaeffer, *Ibid.*, p. 61.
78. Schaeffer, *Ibid.*, pp. 61-62.
79. *Jerusalem and Athens*, p. 76.
80. *Jerusalem and Athens*, pp. 103f. Van Til의 비평을 참고하라.
81. *Jerusalem and Athens*, p. 104.
82. *Jerusalem and Athens*, See pp. 105f.
83. *Jerusalem and Athens*, p. 110. Van Til과 Schaeffer의 신학과 사상을 비교한 글을 읽으라. 특별히 《진정한 영성》(True Spirituality)에 관한 Van Til의 견해를 참고하라. William Edgar, "Two Christian Warriors: Cornelius Van Til and Fransis A. Schaeffer Compared," *Westminster Theological Journal*, 57 no 1 Spring 1995, pp. 57-80. "When Schaeffer, in the book *True Spirituality*, talks of the danger of forgetting we live in a 'supernatural' world, Schaeffer's simple point is that 'our battle is not against flesh and blood alone.' Yet Van Til turns this observation into a formal statement about the 'natural' versus the 'supernatural' part of the cosmos, with the concomitant Thomistic view of the donum superadditum." (p. 77). Van Til과 Schaeffer의 차이점은 Van Til의 편지를 보라. See "A letter from Cornelius Van Til to Fransis Schaeffer," www.opc.org/os/html/v6/4d.html. Van Til은 Schaeffer의 Evidentialism 경향이 Van Til의 Presuppositionalism과 차이가 있음을 지적하고 있다.
84. Riderbos, *Paul*, p. 117.
85. Riderbos, *Ibid.*, p. 119.
86. Riderbos, *Ibid.*, p. 119.

87. Riderbos, *Ibid.*, p. 119.
88. Riderbos, *Ibid.*, p. 119.
89. Riderbos, *Ibid.*, pp. 119f.
90. Riderbos, *Ibid.*, p. 120.
91. Internal은 단순한 내부를 가리키는데, '내재하는', '본질적인', '주관적인', 그리고 '마음(mind) 안에 존재한 것' 또는 '마음에 속해 있으며 관계된 것'을 의미한다. 그리고 또 다른 용어인 영성에서 사용하는 'inward'는 '인간의 내적 존재에 속해 있는 것', '안의 상태', '통찰력(직관력)이 있는', '인간 마음의 안 또는 중심 가까운 곳으로 향하여 운동' 하는 의미를 갖고 있다.
92. Schaeffer, *True Spirituality*, p. 62.
93. Schaeffer, *Ibid.*, p. 15 and p. 19.
94. Schaeffer, *Ibid.*, p. 15.
95. Schaeffer, *Ibid.*, p. 14.
96. Schaeffer, *Ibid.*, p. 15.
97. Schaeffer, *Ibid.*, p. 15.
98. Schaeffer, *Ibid.*, p. 15.
99. Schaeffer, *Ibid.*, p. 27.
100. Schaeffer, *Ibid.*, p. 27.
101. Schaeffer, *Ibid.*, p. 17.
102. *Jerusalem and Athens*, see by response of C. Van Til, p. 103.
103. Schaeffer, *True Spirituality*, p. 22.
104. Schaeffer, *Ibid.*, p. 22.
105. Schaeffer, see *Ibid.*, p. 24.
106. Paul Negrut, *Churchman*, 109:155f.
107. 그레고리는 "the Father is He who is True, the Son is the Truth, and the Holy Spirit the Spirit of Truth" 라고 했다.
108. Negrut, *op.cit.*, 109:158f.
109. Negrut, *op.cit.*, 109:159.
110. Negrut, *op.cit.*, 109:159.
111. Negrut, *op.cit.*, 109:160.
112. Negrut, *op.cit.*, 109:161.
113. Negrut, *op.cit.*, 109:162.
114. Negrut, *op.cit.*, 109:162.
115. Negrut, *op.cit.*, 109:162.
116. Negrut, *op.cit.*, 109:163 and see Panikkar, *op.cit.*, p. 61.
117. Negrut, *op.cit.*, 109:164.

118. Schaeffer, *True Spirituality*, see p. 70. 《진정한 영성》(*True Spirituality*)은 영성을 동방 교회의 신학으로 가르치는 Denver 신학교에서 영성을 지지하는 교재로 사용되고 있다.
119. Schaeffer, *Ibid.*, p. 70.
120. Schaeffer, *Ibid.*, see pp. 18-30.
121. 쉐퍼 박사는 초대교회에는 신학이 구체화되지는 않았다고 설명한다.
122. Schaeffer, *op.cit.*, p. 24.
123. Schaeffer, *op.cit.*, p. 27.
124. Schaeffer, *op.cit.*, p. 59.
125. Schaeffer, *op.cit.*, p. 43.
126. Schaeffer, *op.cit.*, p. 70.
127. Schaeffer, *op.cit.*, pp. 52f.
128. Schaeffer, *op.cit.*, p. 108. Margaret Miles에 의하면 '부정적 양상'은 이미 Gregory of Nyssa가 완전함(On Perfection)에 대한 이론을 전개하면서 자신의 견해를 밝혔다. '부정적 양상'(Apatheia)이라는 뜻은 '감정이 결여됨, 무감각, 감정에서 자유 또는 죄에서 자유함'(freedom from sin)인데 그레고리는 '죄에서의 자유함'을 부정적 양상을 의미하는 것을 '완전함'이라는 의미로 보았다. 특히 그레고리는 인간 내면의 인간과 외면의 인간이 서로 충돌됨이 없는 지적으로 아름다운 것이 기독교인의 삶이라고 했다. 그레고리는 플라톤의 영향을 받아 인간들의 창조주 또는 이해할 수 없는 지적인 세계 안에 있는 기원을 관상하기 위해서는 감각적 열정에 대한 관심은 감각의 대상 깊이 들어갈 수 없는데 이 열정은 개발할 삶에 적용이 된다고 보았다(See Miles, *Practicing Christianity*, p. 28).
129. Richard B. Gaffin, Jr., *The Centrality of the Resurrection: A Study in Paul's Soteriology*, Grand Rapids: Baker Book House, 1978, pp. 117-126.
130. Gaffin, *op.cit.*, p. 14.
131. Gaffin, *op.cit.*, pp. 45f. Gaffin은 신자가 죄에 대하여 죽은 것으로만 서술되는 것은 신자의 경험에 있어서 타당한 서술이 아님을 분명히 한다. 왜냐하면 이것은 부정적인 것만을 갖기 때문이다. 신자는 그리스도의 죽음과 묻히심에 그리스도와 함께 연합되었고, 또한 아버지의 영광으로 죽음에서 부활하심에 있어서도 그리스도와 연합되어 신자들은 삶의 새로움 안에서 살게 된 것임을 말한다(p. 46).
132. *Ins.* 2.16.13.
133. *Ins.* 2.16.13.
134. Gaffin, *op.cit.*, p. 116.
135. Gaffin, *op.cit.*, p. 125.
136. Gaffin, *op.cit.*, p. 125.
137. *Ins.* 3.25.7.

138. *Ins.* 3.25.7.
139. McGrath, *Spirituality*, p. 13.
140. McGrath, *Ibid.,* p. 14.
141. McGrath, *Ibid.,* p. 13.
142. McGrath, *Ibid.,* p. 13.
143. *Theological Dictionary of the New Testament*, ed. Gerhard Kittel and Gerhard Friedrich, tr. by Geoffery W. Bromiley, Vol., VII, Grand Rapids: Eerdmans, 1971, p. 179. 이사야 11장 2절, 33장 6절과 잠언 1장 7절에 사용됨.
144. 이 경우 헬라어는 $\varepsilon\dot{\upsilon}\sigma\varepsilon\beta\acute{\eta}\varsigma$ 이다.
145. *Theological Dictionary of the New Testament*(*TDNT*), Vol., VII, p. 179.
146. *TDNT*, Vol., VII, p. 181.
147. *TDNT*, Vol., VII, p. 182.
148. *TDNT*, Vol., VII, p. 182.
149. *TDNT*, Vol., VII, p. 182.
150. *TDNT*, Vol., VII, p. 183.
151. *Ins.* 1.2.1 note #1.
152. *Ins.* 1.2.1.
153. *Ins.* 1.2.1.
154. *Ins.* 1.2.1.
155. *Ins.* 1.2.1.
156. *Ins.* 1.2.1.
157. *Ins.* 1.2.1.
158. *Ins.* 1.2.2.
159. *Ins.* 2.6.4.
160. *Ins.* 1.2.2.
161. *Ins.* 1.2.2.
162. *Ins.* 1.4.4.
163. *Ins.* 1.2.2.
164. *Ins.* 1.2.2.
165. *Ins.* 1.2.2.
166. *Ins.* 3.2.23.
167. *Ins.* 2.8.17.
168. *Ins.* 2.8.17.
169. *Ins.* 1.12T.
170. *Ins.* 1.12.1.
171. *Ins.* 1.12.1.

172. *Ins.* 2.8.28.
173. *Ins.* 2.8.28.
174. Calvin은 구약의 안식일로 묘사된 참 안식은 주님의 부활로써 마치고 성취되었기 때문에 그 그림자를 끝낸 바로 그날(주일)은 그림자인 의식에 집착되어서는 안 된다고 밝힘으로써 토요일을 지키는 안식에서 일주일의 첫날인 주일을 안식일로 지키는 것으로 바뀌었다고 한다(*Ins.* 2.8.34.).
175. *Ins.* 2.8.31 and 34.
176. *Ins.* 2.8.31.
177. *Ins.* 1.9T.
178. *Ins.* 1.9.1.
179. *Ins.* 1.9.1.
180. *Ins.* 1.9.1.
181. *Ins.* 1.9.1.
182. See *Ins.* 1.9.3.
183. *Ins.* 2.8.51.
184. *Ins.* 2.8.51.
185. *Ins.* 2.8.51.
186. *Ins.* 2.8.53.
187. *Ins.* 2.8.53.
188. *Ins.* 2.8.51.
189. *The Westminster Confession of Faith*, Chapter XVI Of Good Works, i and ii.
190. *The Westminster Confession of Faith*, Chapter XIX - Of the Law of God, i and vi.
191. A discourse intended to express its author's reflections or to guide others in contemplation; and the act or process of meditating.
192. *Ins.* 3.20.13.
193. *Ins.* 3.20.13.
194. *Ins.* 2.8.1.
195. *Ins.* 2.8.1.
196. *Ins.* 3.19.16.
197. *Ins.* 3.11.1.
198. *Ins.* 3.20.11.
199. *Ins.* 3.20.27.
200. *Ins.* 3.20.27.
201. *Ins.* 3.20.44.
202. See *Ins.* 3.20.44.
203. *Ins.* 3.20.44.

204. See *Ins.* 3.20.11.
205. *Ins.* 3.20.12.
206. *Ins.* 3.20.12.
207. *Ins.* 3.20.12
208. John Owen, *The Works of John Owen*, 16 Vols., ed. by William H. Goold, Lodon and Edinburgh: Johnstone and Hunter, 1852, Vol. III, pp. 433, 539.
209. Owen, *Ibid.*, Vol. III, p. 539.
210. Sinclair B. Ferguson, *John Owen on the Christian Life*, Edinburgh: The Banner of Truth Trust, 1995, p. 71.
211. Owen, *op.cit.*, Vol. III, p. 545.
212. J. Knox Chamblin, *Paul & the Self: Apostolic Teaching for Personal Wholeness*, Grand Rapids: Baker Book House, 1993, p. 88.
213. *Ins.* 3.8T.
214. *Ins.* 3.8.3.
215. *Ins.* 3.8.3 and 4.
216. *Ins.* 3.8.4.
217. *Ins.* 3.8.1.
218. *Ins.* 3.20.13.
219. *Ins.* 3.20.27.
220. 오순절운동은 기독교 안에서 갱신의 운동으로, 방언을 증거로 삼는 성령 세례를 통하여 하나님에 대한 개인적 경험을 특별히 강조하는 것을 말한다.
221. Stanley J. Grenz & Roger E. Olson, *20th Century Theology: God & the World in a Transitional Age*, Downers Groves, Inter Varsity Press, 1992, p. 90.
222. Chamblin, *op.cit.*, p. 45.
223. Riderbos, *op.cit.*, p. 121.
224. Chamblin, *op.cit.*, p. 47.
225. Chamblin, *op.cit.*, p. 45.
226. See Hodge, *Systematic Theology*, Vol. 1, p. 379.
227. See Panikkar, *op.cit.*, pp. 66f.
228. Catherine Mowry LaCugna, "The Practical Trinity," *Exploring Christian Spiritaulity: An Ecumenical Reader*, ed. by Kenneth J. Collins, Grand Rapids: Baker Book House, 2000, p. 275.
229. LaCugna, *Ibid.*, p. 274.
230. Concentration on spiritual things as a form of private devotion; a state of mystical awareness of God's being; an act of considering with attention; and the act of regarding steadily.

231. Sheldrake, *A Brief History of Spirituality*, p. 124.
232. Sheldrake, *Ibid.*, p. 125.
233. Sheldrake, *Ibid.*, pp. 108f.
234. See Chris Armstrong, "Fighting Demons in the Desert," *Christian History and Biography*, 91:46-47 Summer 2006.
235. Sheldrake, *op.cit.*, pp. 143f.
236. Richard F. Lovelace, *Dynamics of Spiritual Life: An Evangelical Theology of Renewal*, Downers Grove: Inter Varsity Press, 1979, p. 273.

결론

사람은 영과 혼과 육으로 이루어졌기 때문에 사람을 구성하고 있는 영에 관한 문제를 다루는 것을 현재 사용되고 있는 영성이라고 생각하는 이들이 많은 것 같다. 그리고 그 근거로 창세기 2장 7절을 언급한다. 창세기 2장 7절은 하나님께서 육신을 창조하심을 말씀하시는 구절1로, 생기를 그 코에 불어 넣었다는 것은 사람에게 호흡을 주셨다는 의미이며,2 '생령'이라는 말은 '산 영혼'(a living being, NIV)을 의미하는데 살아 있는 사람을 가리키는 것이다. 곧 하나님으로부터 말미암은 살아 있는 사람(the living principle)을 말한다.3 하지(Hodge)는 더 이상의 다른 의미를 말하지 않고 있다. 그렇다면 창세기 1장과 2장의 말씀에 대하여 현재 '영성'이라는 개념을 적용하는 것은 말씀의 의미에 어울리지 않는다.

현재의 영성운동은 특별히 헬라 철학을 근거로 하고 있다. 거기다가 수도원제도와 금욕주의가 추구했던 신비사상과 성령강림 운동이 혼합된 것이 현재의 영성이다. 사도 바울은 고린도전서 1장 22-24절에서 유대인과 헬라인과 기독교인 세 무리를 비교한다. "유대인은 표적을 구하고 헬라인은 지혜를 찾으나 우리는 십자가에 못 박힌 그리스도를 전하니 유대인에게는 거리끼는 것이요 이방인에게는 미련한 것이로되 오직 부르심을 받은 자들에게는 유대인이나 헬라인이나 그리스도는 하나님의 능력이요 하나님의 지혜니라." 바울은 특별히 헬라인은 지혜를 찾는다고 말하고 있다. 이들은 하나님의 계시인 성경에 의존하여 사색하지 않고, 플라톤(Plato) 철학에 근거한 신비사상을 만들고, 그 철학을 생각과 판단의 기준으로 여겼다. 바울이 말한 대로 헬라인들은 성경이 말씀하시는 예수 그리스도의 구원의 복음을 '미련한 것'으로 여기고, 그리스도의 '성육신' 사상을 초월과 내재의 철학 개념으로 보았다. 그리고 하나님과의 연합을 인간 삶의 마지막 단계로 보고, 그 연합을 신앙과 삶의 목표로 삼아 이 연합에 참여하는 것은 인간이 '신격화' 되는 것에 있다고 생각했다. 신격화는 관상의 방법으로 이루어지는 것이며, 관상을 통하여 '내적 치료'까지 된다고 보았다. 궁극적인 목표는 완전한 인간(perfect men)이 되는 것에 있다. 이 땅에서는 완전하게 되지 않는다고 해도, 영성이 추구하는 하나님과의 연합은 완전함(perfection)을 바라는 인간의 마음에서 나온 것이다. 이 같은 근거로 볼 때 영성은 성경적이지 않음이 분명하다. 그러면 영성을 대신할 성경적인 가르침은 무엇인가? 그것은 성경이 말씀하시는 '경건'이다.

사도 바울은 우리에게 경건의 바른 길을 제시해 주고 있다. 이것은 신앙과 생활의 근거가 된다. "우리는 십자가에 못 박힌 그리스도를 전하니……오직 부르심을 입은 자들에게는 유대인이나 헬라인이나 그리스도는 하나님의 능력이요 하나님의 지혜니라." 유대인이나 헬라인이나 하나님께서 그리스도 안에서 택함받고 부르심을 받은 사람들에게 유일한 공통점은 오직 그리스도뿐이시다. 이 그리스도는 우리를 죄에서 구원하시기 위해 십자가에 못 박히시고 죽으셔서 우리의 구원을 완성하시고, 다시 부활하심으로 우리를 의롭다고 선언하셨다. 경건은 죽으시고 부활하신 그리스도를 믿는 믿음에서 나온다. 믿음은 그리스도의 말씀을 들음에서 말미암는다(롬 10:17). 그리고 이 경건은 그리스도를 자신의 구세주로 믿는 진실한 신자들의 성화의 전 삶을 내용으로 한다.

우리에게는 영성에 대한 것이 아닌 영적 유산이 있다. 그것은 성경이요, 하나님께서 말씀하신 경건과 거룩이다. 예수 그리스도를 믿는 우리의 신앙과 생활이 성령의 역사가 아닌 것이 어디에 있는가? 고린도전서 12장 3절에서는 "성령으로 아니하고는 누구든지 예수를 주시라 할 수 없느니라"고 했는데, 새로 거듭남과 신앙과 회개, 예수 그리스도를 구주로 고백하고 믿는 것, 칭의와 거룩의 삶과 영화까지 모든 것이 성령의 역사이다. 신자들이 성경을 펴서 읽고 생각하는 것과 다윗이 시편 1편에서 말씀한 '묵상'에 이르기까지, 기도하며 하나님을 예배하는 것까지, 그리고 신자들의 신앙과 생활은 성령의 역사로만 되는 것들이다. 그런데 따로 영성이라는 개념을 신앙과 생활에 주입하려는 의도는 무엇인가? 분명한 것은 거룩하신 여호와의 종교를 이방 종교와 함께 생각하는 것 자체가 하나님을 경멸하고 무시하며 모독하는 죄임이 분명하다는 것이다.

요한 사도는 요한일서 4장 1절에서 예수 그리스도를 구주로 믿는 신자들의 사명을 기록했다. "사랑하는 자들아 영을 다 믿지 말고 오직 영들이 하나님께 속하였나 분별하라 많은 거짓 선지자가 세상에 나왔음이라." 마태복음 24장 11절에 보면 "거짓 선지자가 많이 일어나 많은 사람을 미혹하겠으며"라고 했고, 또한 사도 바울은 골로새서 2장 8절에 분명히 기록하고 있다. "누가 철학과 헛된 속임수로 너희를 사로잡을까 주의하라 이것이 사람의 전통과 세상의 초등학문을 따름이요 그리스도를 따름이 아니니라." 예수 그리스도를 믿어 하나님의 백성이 된 현대를 사는 우리는 영성의 잘못된 사상과 교리에 현혹되어서는 안 된다. 후근본주의 후보수주의의 혼합주의 신학사상이 포스트모더니즘(post-modernism) 시대의 주요 사상같이 여겨지고 있는 현 시대의 경향은, 뉴에이지(New Age)의 사조를 타고 '영적인 것을 추구'하는 신비주의가 사람들의 의식을 사로잡고 있다. 이 신비주의는 범신론적인 경향으로 나타나기에 이르렀다. 그리고 현재의 교회는 후근본주의 후보수주의 우산 속에서 종교다원주의적인 경향을 갖기에 이르렀다. 교회가 모두와 대화하는 방법과 가능성은 동방교회의 전통인 영성을 통하여 영적인 것을 추구하는 것에 있다고 생각하고 있다. 그래서 플라톤 철학에 근거한 영성을 통하여 영적인 것을 얻어 완전함에 이르려고 한다. 그리고 성경이 말씀하지 않는 신비적인 것들을 창작하려고 한다. 현재 많은 교회는 신자들의 신앙과 생활이

'영성'이라는 개념의 전제를 가지고 인간의 감성을 도구로 하여 행해지도록 권하고 있다.

이 같은 현실에서 교회가 해야 할 사명은 성경으로 돌아와야 하는 것이다. '계시 의존 사색'을 회복하는 것이다. 그리고 '영을 분별하는 은사'(고전 12:10)를 구해야 한다. "영을 다 믿지 말고 오직 영들이 하나님께 속하였나 분별"(요일 4:1)해야 한다. 하나님께서 성경에 무엇이라고 말씀하셨는지 연구해 보아야 한다. 그래서 미혹하는 자들에게 유혹되지 말아야 한다.

예레미야애가 2장 14절은 그 당시 선지자들의 잘못된 가르침을 지적하신 말씀이다. "네 선지자들이 네게 대하여 헛되고 어리석은 묵시를 보았으므로 네 죄악을 드러내어서 네가 사로잡힌 것을 돌이키지 못하였도다 그들이 거짓 경고와 미혹하게 할 것만 보았도다." 말씀의 사역자들에게 주신 의무와 책임은 성경에 기록된 하나님의 말씀을 그대로 선포하여 파수꾼의 사명을 수행하는 것이다. 그래서 하나님의 백성들을 미혹된 길에서 돌아서게 해야 한다. 그리고 야고보서 5장 20절의 "너희가 알 것은 죄인을 미혹된 길에서 돌아서게 하는 자가 그의 영혼을 사망에서 구원할 것이며 허다한 죄를 덮을 것임이라"는 말씀대로, 죄인을 미혹된 길에서 돌아서게 하는 자가 되어야 한다. 하나님의 경고의 말씀은 분명하다. "그러므로 사랑하는 자들아 너희가 이것을 미리 알았은즉 무법한 자들의 미혹에 이끌려 너희가 굳센 데서 떨어질까 삼가라"(벧후 3:17).

이제 우리는 내면의 세계를 세워가는 내재의 신을 창작하고 추구하는 것에 미혹될 것이 아니라, 계시 의존 사색으로 성경이 말씀하시는 창조주이시며 구원주이신 하나님을 믿고 경외하고 예배해야 한다. 그래서 성경이 말씀하시는 믿음과 삶인 '경건'을 이루어야 한다. 이것만이 하나님의 거룩을 이뤄드리는 것이다. 이와 같은 경건은 계시 의존 사색에 의해서만 가능한 것이다.

현재는 설교에서 영성이라는 용어를 사용하는 설교가 수준 있는 설교로 되어 있으며, 영성에 관한 글과 책이 즐겨 읽히고 있다. 영성은 신앙과 삶을 파괴시키는 도구가 되고 있다. 그러므로 말씀으로 돌아와야 한다. 영성에 관하여 가르치며 영성 활동을 하는 교회와 목회자가 영적인 사람으로 인정받고 있는 현실에서 교회는 성경으로 돌아와야 한다. 교회는 성경이 말씀하시는 경건을 전하고 가르치며 경건에 참여하여 경건의 말씀을 이루어야 한다. 그리고 하나님의 백성들을 하나님의 말씀으로 인도해야 한다.

우리는 사도 바울의 탄식 소리를 들을 수 있어야 한다. "때가 이르리니 사람이 바른 교훈을 받지 아니하며 귀가 가려워서 자기의 사욕을 따를 스승을 많이 두고 또 그 귀를 진리에서 돌이켜 허탄한 이야기를 따르리라"(딤후 4:3-4). 교회는 구약시대와 신약시대의 수천 년 동안 동일한 말씀으로 주신 성경 66권의 말씀 외에 다른 희한한 것들을 말하여 하나님의 백성들을 황홀경에 빠뜨리고, 하나님의 말씀에서 떨어지게 해서는 안 된다. 그들로 희한한 이야기를 듣게 하여 복음에서 멀어지게 하는 것에서 떠나야 한다. 교회는 "구원을 받는 우리에게는 하나님의 능력"이 되는 예수 그리스도의 "십자가의 도"(고전 1:18)인 단순한 복음을 단순하게 전하는 데 힘을 쏟아야 한다. 그리고 믿음의 열매로 주시는 성경이 말씀하시는 경건을 이루는 일에 앞장서야 한다. 이것이 하나님의 말씀을 중심하여 사색하는 것이며, 하나님 말씀 의존 사색을 믿음과 삶의 근거로 삼는 것이기 때문이다.

1. Hodge, *Systematic Theology*, Vol. II, p. 48.
2. Hodge, *Ibid.*, p. 48.
3. Hodge, *Ibid.*, p. 48, 영(ruach, pneuma)도 같은 의미라고 Hodge는 말한다.

참고 도서

- Armstrong, Chris. Fighting Demons in the Desert, *Christian History and Biography*, 91:46-47 Summer 2006.
- Balmer, Randall H. "Sola Scriptura: The Protestant Reformation and the Eastern Orthodox Church," *Trinity Journal*, 3 NS(1982).
- Bauer, Walter. *A Greek-English Lexicon of the New Testament*, 2nd ed., revised and argumented by F. Wilbur Gingrich and Frederick W. Danker, Chicago: The University of Chicago Press, 1979.
- Berkhof, Louis. *The history of Christian Doctrines*, Edinburgh: The Banner of Truth Trust, 1975.
- Bowe, Barbara E. Biblical Foundations of Spirituality: *Touching a Finger to the Flame*, Lanham: Rowman & Littlefield Publishers, 2003.
- Bria, Ion. "Postmodernism: An Emerging Mission," *International Review of Mission*, Vol. LXXXVI No. 343.
- Bruce, F. F. *The Spreading Flame*, Grand Rapids: Eerdmans, 1958.
- Calvin: *Institutes of the Chrisitan Religion*, 2 Vols., ed. by John T. McNeill, tr. by and indexed by Ford Lewis Battles, Philadelphia: The Westminster Press, 1973.
- Carabine, *Deirdre*. "The Unknown God: Negative Theology in the Platonic Tradition: Plato to Eriugena," Grand Rapids: Eerdmans, 1995.
- Chamblin, J. Knox. *Paul & the Self: Apostolic Teaching for Personal Wholeness*, Grand Rapids: Baker Book House, 1993.
- Clendenin, Daniel B. "Orthodoxy on Scripture and Tradition: a Comparison with Reformed and Catholic Perspectives," *Westminster Thelogical Journal* 57:383-402 Fall 1995.
- _____. "Partakers of Divinity: the Orthodox Doctrine of Theosis," *Journal of the Evangelical Theological Society*, 37:368 no 3 1994.
- Cunningham, Lawrence S. *The Catholic Faith: An Introduction*, New York: Paulist Press, 1987.
- Donovan, Mary Ann. "Irenaeus: At the Heart of Life, Glory," *Spiritualities of the Heart: Approaches to Personal Wholeness in Christian Tradition*, ed. By Annice Callahan, New York: Paul Paulist Press, 1990.
- Dooyeweerd, Herman. "Cornelius Van Til and the Transcendental Critique of Theoretical Thought," *Jerusalem and Athens: Critical Discussions on The Theological and*

Apologetics of Cornelius Van Til, ed. by E. R. Geehan, Phillipsburg, NewJersey: Presbyterian and Reformed Publishing Co., 1971.
- Edgar, William. "Two Christian Warriors: Cornelius Van Til and Francis A. Schaeffer Compared," *Westminster Theological Journal*, 57 no 1 Spring 1995, pp. 57-80.
- Egan, Harvey D. *Christian Mysticism: The Future of a Tradition*, Eugene, OR: Wipf and Stock Publishers, 1998.
- Erickson, Millard J. *Christian Theology*, 2nd ed., Grand Rapids: Baker Book House, 1998.
- Faricy, Robert. "The Heart of Christ in the Writing of Teilhard de Chardin," *Spirituality of the Heart: Approaches to Personal Wholeness in Christian Tradition*, ed. by Annice Callahan, New York: Paulist Press, 1990.
- Farrar, Frederic W. *History of Interpretation*, Grand Rapids: Baker Book House, 1961.
- Ferguson, Sinclair B. *John Owen on the Christian Life*, Edinburgh: The Banner of Truth Trust, 1995.
- Foster, Richard J. "The Celebration of Meditative Prayer," *Christianity Today* 27:22 Oct 7 1983.
- Flynn, Mike & Gregg, Doug. *Inner Healing*, Downers Grove: Inter Varsity Press, 1993.
- Frame, John M. *Cornelius Van Til: An Analysis of is Thought*, NewJersey: Presbyterian and Reformed Publishing Company, 1995.
- Gaffin, Richard B., Jr., *The Centrality of the Resurrection: A Study in Paul's Soteriology*, Grand Rapids: Baker Book House, 1978.
- Galilea, Segundo. *The Way of Living Faith: A Spirituality of Liberation*, tr. by W. Diercksmeier, SanFracisco: Harper & Row, 1988.
- Grenz, Stanley J. & Olson, *Roger E. 20th Century Theology: God & the World in a Transitional Age*, Downers Groves, Inter Varsity Press, 1992.
- Groothius, Douglas. *Truth Decay: Defending Christianity Against the Challenges of Postmodernism*, Downers Grove: Inter Varsity Press, 2000.
- Grudem, Wayne. *Systematic Theology: An Introduction to Biblical Doctrine*, Grand Rapids: Zondervan, 1994.
- Hankins, Berry and Duriez, Colins. *Francis Schaeffer and the Shaping of Evangelical America and Francis Schaeffer an Authentic Life*. Grand Rapids: Eerdmans, 2008.
- Harris, John Glyndwr. *Christian Theology: The Spiritual Tradition*, Brighton: Sussex Academic press, 2001.
- Hendriksen, William. *The Gospel of Matthew*, Grand Rapids: Baker Book House, 1985.
- _____. *The Gospel of John*, Grand Rapids: Baker Book House, 1985.
- _____. *Philippians, Colossians and Philimon*, Grand Rapids: Baker Book House, 1982.

- Henry, *Matthew, Matthew Henry's Commentary on the Whole Bible*, 6 Vols., McLean, Virginia: MacDonald Publishing Co., n.d.
- Hodge, Charles. *Systematic Theololgy*, 3 Vols., Grand Rapids: Eerdmans, 1977.
- Kärkänen, Veli-Matti. *One with God: Salvation as Deification and Justification*, Collegeville, Minnesota: Liturgical Press, 2004.
- Keating, Thomas and Berger, Rose Marie. "Be Still & Know," *Sojourners Magazine*, 35 Dec 2006.
- Keil, C. F. and Delitzsch, F. "Isaiah" in Commentary on the *Old Testament in Ten Volumes*, tr. by James Martin, vol. vii, Grand Rapids: Eerdmands, 1986.
- Kistemaker, Simon J. *Esposition of the Epistle of James and the Epistle of John*, Grand Rapids: Baker Book House, 1986.
- _____. *Peter and Jude*, Grand Rapids: Baker Book House, 1987.
- Klein, William W., Blomberg, Craig L. and Hubbard, Robert L. Jr., *Introduction to Biblical interpretation*, Dallas: Word Publishing, 1993.
- Kostas, John. "Windows into Heaven: The Role of Icons in the Greek Orthodox Church," *Word & World*, Volume 28, Number 4 Fall 2008.
- LaCugna, Catherine Mowry. "The Practical Trinity," *Exploring Christian Spiritaulity: An Ecumenical Reader*, ed. by Kenneth J. Collins, Grand Rapids: Baker Book House, 2000.
- Lindberg, Carter. *The Third Reformation: Charismatic Movements and the Lutheran tradition*, Macon, Geotgia: Mercer University Press, 1983.
- Lovelace, Richard F. *Dynamics of Spiritual Life: An Evangelical Theology of Renewal*, Downers Grove: Inter Varsity Press, 1979.
- Machen, J. Gresham. *Christianity and Liberalism*, Grand Rapids: Eerdmans, 1974.
- Marshall, I. Howard. *The Epistles of John*, Grand Rapids: Eerdmans, 1978,
- McDonald, Larry S. *The Merging of Theology and Spirituality: An Examination of the Life and Work of Alister E. McGrath*, Lanham: University Press of America, 2006.
- McGrath, E. Alister. *Spirituality Introduction*, Oxford, Uk: Blakwell, 2001.
- _____. *Theology*: The Basics, Oxford, UK: Blackwell, 2008.
- Miles, Margaret R. *Praticing Christianity: Critical Perspectives for an Embodied Spirituality*, New York: Crossroad, 1988.
- Morris, Leon. *The Gospel According to John*, Grand Rapids: Eerdmans, 1971.
- Murray, John. "Select Lectures in Systematic Theology," *Collected Writings of John Murray*, Vol. 2, Edinburgh, Great Britain: The Banner of Truth Trust, 1977.
- _____. *Redemption Accomplished and Appilied*, Grand Rapids: Eerdmans, 1970
- Negrut, Paul. "Orthodox soteriology: theosis," *Churchman* 109 no. 2 1995.

- Olson, Roger E. *Reformed and Always Reforming: The Postconservative Approach to Evangelical Theology*, Grand Rapids: Baker Academic, 2007.
- Owen, John. *The Works of John Owen*, 16 Vols., ed. by William H. Goold, Lodon and Edinburgh: Johnstone and Hunter, 1852, Vol. III.
- Panikkar, Raimundo. *The Trinity and the Religious Experience of Man*, New York: Orbis Books, 1973.
- *PsychoHeresy Awareness Letter*, January-February 2007, Vol. 15, No. 1.
- Qualben, Lars P. *A History of the Christian Church*, New York: Thomas Nesson and Sons, 1933.
- Quinlan, Mary. "Madeleine Sophie Barat's Doctrine of Interior Life," *Spirituality of the Heart: Approaches to Personal Wholeness in Christian Tradition*, ed. by Annice Callahan, New York: Paulist Press, 1990.
- Rogers, F. Gregory. *Spiritual Direction in the Orthodox Christian Tradition*, Journal of Psychology and Theology, 2002, Vol. 30, No. 4.
- Ridderbos, Herman. *Paul: An outline of His Theology*, tr. by John Richard De Witt, Grand Rapids: Eerdmans, 1975.
- Sartor, Daniel S. "Psychotherapy, Contemplative Spirituality, and the Experience of Divine Mercy(Clinicians' columns), *Journal of Psychology and Christianity* 22:252 Fall 2003.
- Schaeffer, Francis A. *The New Supper-Spirituality*, Downers Grove: InterVarsity Press, 1972.
- _____. *True Spirituality*, Wheaton: Tyndale House Publishers, 1972.
- Schaff, Philip. *History of the Christian Church*, March 1988, 8 Vols., Grand Rapids: Eerdmans, 1910, Reprinted, Vol. 1 and 2.
- Schmidt, Richard H. *God Seekers: Twenty Centuries of Christian Spiritualities*, Grand Rapids: Eerdmans, 2008.
- Scorgie, Glen G. *A little Guide to Christian Spirituality: Time Dimensions of Life with God*, Grand Rapids: Zondervan, 2007.
- Sheldrake, Philip. *A Brief History of Spirituality*, Malden, MA: Blackwell Publishing, 2007.
- _____. "What is Spirituality," *Exploring Christian Spirituality: An Ecumenical Reader*, ed. by Kenneth J. Collins, Grand Rapids: Baker Book House, 2000.
- Sterk, Andrea. "Mystical Theology of the Easter Church: Prayer on the Wirtings of St. Symean the New Theologian," *Evangelical Review of Theology* 16:169 Apr 1992.
- *The International Standard Bible Encyclopedia*, Vol. III, ed. by James Orr, Grand Rapids:

Eerdmans, 1980.
- *The Westminster Confession of Faith.*
- *Theological Dictionary of the New Testament*, ed. Gerhard Kittel and Gerhard Friedrich, tr. by Geoffery W. Bromiley, Vol., VII, Grand Rapids: Eerdmans, 1971.
- *Theological Wordbook of the Old Testament*, 2 Vols., ed. by R. Laird Harris, Gleason L. Archer, Jr. and Bruce K Waltke, Chicago: Moody Press, 1981.
- Van Til, Cornelius. *Common Grace and The Gospel*, Nutley, NewJersey: Presbyterian and Reformed Publishng Co., 1977.
- _____. *The Defense of the Faith*, Philadelphia, The Presbyterian and Reformed Publishing Co., 1976.
- Vegh, J. "Two Worlds: Eastern and Western Christianity," *Westminster Theological Journal*, tr. by Ali Knudsen, 58(1996) 12.
- Vine, W. E. *Vine's Expository Dictory of Old and New Testament Words*, ed., by F. F. Bruce, Iowa Falls, Iowa; World Bible Publishers, 1981.
- Vine, W. E., Unger, Merrill F. and White, William Jr., *An Expository Dictionary of Biblical Words*, Nashville: Thomas Nelson Publishers, 1985.
- Young, Edward J. *Thy Word id Truth*, Carlisle: The Banner of Truth Trust, 1980.
- *A letter from Cornelius Van Til to Fransis Schaeffer*, www. opc.org/os/html/v6/4d.html
- www.olivetree.com/learningcenter/articles/meditatingongodsword.php
- www.orthodoxinfo.com/general/gen_histdoc.aspx
- www.scborromeo.org/images/fig1.jpg
- http://en.wikipedia.org/wiki/Eastern_Orthodox_Church
- http://en.wikipedia.org/wiki/Francis_Schaeffer
- http://logosresourcepages.org/Believers/guyon.htm
- http://www.psychoheresy-aware.org/inner82.html
- http://www.psychoheresy-aware.org/psy-innerhealing1.html
- http://www.psychoheresy-aware.org/psy-innerhealing2.html
- http://www.psychoheresy-aware.org/psy-innerhealing2.html
- http://www.psychoheresy-aware.org/psy-innerhealing3.html
- http://www.denverseminary.edu/article/francis-schaeffer-and-the-shaping-of-evangelical-america-and-francis-schaeffer-an-authentic-life/
- 라은성,《한국교회 영성신학비판: 관상신학을 중심으로》 http://kr.blog.yahoo.com/yoonhtec/4129

부록

영성의 철학적인 근거

'영성'(Spirituality)의 철학적인 근거는 무엇인가라는 질문의 답은 플라톤(Plato, BC 427-347)의 철학과 아리스토텔레스(Aristotle, BC 384-322) 철학에 있다.

1. 동방교회

동방교회의 철학의 기초를 놓은 사람은 플라톤이다. 플라톤은 소크라테스적인 절대적 선과 미의 이론과 신(the Deity) 자신이 인간에게 계시되고 있다는 것을 자신의 철학의 시작점으로 삼는다. 그리고 영원한 것이 존재 안으로 들어온다(flux)고 하는 헤라클리투스(Heraclitus, BC 500년경)적인 교리와, 유일한 존재(only Being)와 일반적인 존재의 영원 불변을 이야기하는 엘레아파 사람(the

Eleatic one)의 사상과, 아낙사고라스(Anaxagoras)의 세상을 다스리는 영이 인간에게 유용하다는 교리와, 피타고라스(Pythagoras, BC 6C)의 영성화된 형태(a spiritualized form) 안에 살아 있는 지적 총체로서의 우주에 대한 견해를 종합했다.[1]

1) 이데아(Idea)

플라톤 철학은 이데아(Idea)로 형태와 존재와 감각과 미와 선을 정의한다. 이데아는 단지 사고(thoughts)만을 말하는 것이 아니다. 현상적인 진정한 실체를 가리킬 뿐만 아니라 표상(representations)과 투영(shadows)을 느낄 수 있는 것을 말한다. 플라톤에게서 이데아란, 우주에서 영구적인 현상들을 찾는 통찰력 또는 실체의 지성적인 형태를 가리킨다. 그에게 이데아는 통찰력과 이성(reason)을 결합한 것이다. 그는 직관을 통한 지식을 얻고자 시도했다. 플라톤의 이데아는 불변적이고 영원한 것이며, 또한 모든 현상의 존재들이 계속 존재하는 참된 존재와 본질을 말한다. 그러므로 이데아는 인간에 대해서는 사고와 지식의 대상이 된다.

존재하는 실체에 대하여 이데아는 지성의 영역에서 서로 교류한다. 그리고 이들 이데아는 이데아 자체 안에서 영구적이며 불변한 것으로 존재해 있다. 그러나 이데아는 모든 물체와 개별적인 것과는 분리된다. 그러므로 지적인 존재들, 신들, 마귀와 인간들의 다른 질서를 개별화하는 정신(nous) 또는 우주적 지성을 인정한다. 감각에 의해 지각하는 것은 오래가지 않는다. 시간과 공간이 독립적이라는 것은 인간의 지성의 작용으로 얻는 개념이다. 그리고 이데아들은 우리 자신의 세계에 속해 있는 것이며, 다른 영역의 것으로 초절해 있는 감각의식에 속해 있는 것이다. 이들 이데아들은 신에 대한 생각의 대상이 될 뿐 하나님에 대한 생각을 말하지 않는다. 그리고 이데아에 따라 신은 물질 안에서 세계를 만들었다. 이데아들과 하나님은 실제로 있는 존재이다. 그러므로 땅에 있는 것들은 존재의 투영이며, 이데아들 안에 확실하게 참여된 것에서 나온 것이다.2

플라톤은 하나님에 대해서도 이데아의 관계로 정의한다. 사람들마다 플라톤을 보는 견해가 다르지만, 한 가지 견해는 이데아는 하나님의 사고(thoughts)는 아니지만 하나님의 사고의 대상이 된다고 생각한다. 이데아들은 하나님 안에 발견되며, 하나님은 모든 것을 포함하는 이데아이다. 그리고 이데아는 단일체 안에서 모든 부분적인 원형(archetypes)들을 포용하는 것이다. 이 원형은 하나님은 실제적인 존재(Being)라고 생각한다.3 플라톤은 이데아들에게 실제적인 존재를 주고 있다. 뿐만 아니라 플라톤에게 이데아는 존재하는 실체(substance)이다. 하나님은 형태를 가진 아버지(Father)로 아들과 같은 외아들을 가지고 있으며, 이 외아들은 영원한 신들(gods)의 형상으로서의 독자이며 이데아인 것이다. 그 이데아는 본질과 교류하는 것으로 출산한 것이다.

하지(Hodge)는 이 같은 사상에 근거한 플라톤의 신은 순수한 범신론(pantheism)이라고 평가하고 있다.4 플라톤은 영원하고 불변하는 이데아를 만들었으며, 이 이데아는 하나님의 이데아를 포함하고 있는 것이다. 플라톤에게 진실로 있는 실체는 현상적인 것이며, 실체의 그림자인 감각의 존재를 생각하도록 영향을 끼쳤다.[5] 플라톤은 유일신론자(theist)는 아니며, 칼빈이 말한 대로 플라톤은 성경의 하나님을 찾으려다 결국 찾지 못하고 방황하고 말았다.

2) 필로의 로고스 사상

플라톤의 사상을 이어받고 영성에 영향을 끼친 것이 필로(Philo, 20 BC-50 AD)의 로고스(Logos) 사상이다. 로고스란 '말씀'이라는 뜻인데, 로고스에 대한 사상이 발전하게 된 것은 신비주의에 있었다. 신비주의란 중재자가 없이 하나님과 대면하면 하나님을 알 수 있다는 것을 믿는 사상을 가리킨다. 신비주의는 하나님과 인간 영혼의 관계가 일체됨(identity)과 무한한 존재에 대한 인간의 직관에 대하여 인간이 생각하고 묵상함에서 그리고 그것을 가르친 사람들에게서 전달된 것이다. 신플라톤 교리에서는 로고스를 하나님의 비인격적 이성이라고 말한다. 하나님의 비인격적 이성(reason)이 하나님에게서 내려와 인간에 도달한 것이라고 한다. 하나님에게서 내려온 이성은 인간의 지식과는 구별된 것이며 반대되는 이성이다. 우주에 대한 지식이며, 인간들이 순종해야 할 필요한 진리라고 한다. 이 이성은 인간에게는 알지 못하는 세계에 대한 지식을 가져다 주는 것이며, 이데아를 보여주는 것이다. 또한 이성을 통하여 이데아인 하나님을 알게 되는 것은 "이성은 계시"(Reason is a revelation)라는 사실에 근거한다.[6] 이 계시는 우주적인 계시를 말하는데, 이데아로서 모든 사람을 비추는 계시로 이 세상에

오는 계시이다.

  분명한 것은 이성은 계시라고 하는 계시는 성경의 계시가 아니라는 것이다. 플라톤이 생각하는 계시는 이성이며, 이성은 곧 로고스이다. 이 로고스는 하나님의 비인격적인 이성을 말하며, 인간 안에 있는 이성이라고 한다. '비인격적' 이라는 것은 감정이 없다는 뜻인데, 클레멘스 알렉산드리누스(Clemens Alexandrinus)는 "로고스는 모든 인간에게 공통적인 빛"이라고 했다. 최고의 권위는 진리 추구에 원인을 두는 것으로, 진리는 이데아로서 "우리 안에 계신 하나님"을 말한다.7

  로고스 사상의 시작은 피타고라스와 플라톤에게 있다. 말씀(the Word)이 육신이 되었다는 것의 '말씀'은 하나님의 해석자이고 그와 동시에 인간의 교사로 신이며 인간이 된다. 로고스는 성경이 말씀하시는 하나님은 아니다. 바로 여기에 신비적인 것을 생각하게 되며 신비주의가 생기게 되는 것이다. 플라톤의 사상을 철학과 신학에 적용하고 발전시켰던 사람들은 그리스도의 성육신을 신비적인 것으로 로고스의 교리와 연결시켜 생각했던 것이다. 그리고 이 로고스 사상을 발전시킨 사람이 필로이다.

  요한복음 1장 1절에서 요한 사도는 "태초에 말씀이 계시니라"고 시작하고 있다. 여기의 '말씀'은 헬라어로 '로고스'($\lambda \acute{o} \gamma o s$)인데, 요한 사도는 예수 그리스도께서는 언제나 하나님 아버지의 계시자라는 의미에서 이 명칭을 사용했다. 그리스도의 계시하시는 사역을 말하기 위해 그리스도를 가리켜 로고스라고 한 것이다. 그러나 필로는 로고스는 인격이라는 것을 분명히 하지 않고 있다. 필로에게 로고스는 이성(reason)이기 때문이다. 필로가 가르친 로고스는 하나님의 재능(faculty)이고, 정신(nous) 또는 이해이며, 하나님의 힘이다. 하나님의 재능과 힘이 연합하여 사고(thought)와 힘(power)이 되었다. 또한 필로에게 로고스는 하나님의 활동(the activity)이다. 로고스는 사고와 창조하는 것의 힘인 동시에 생각하고 창조하는 것 안에 있는 하나님의 활동이다. 그래서 필로는 하나님이 생각하셔서 먼저 관념의 세상을 만드시고 후에 실제의 세상을 조성하셨다고 한다. 또한 로고스는 관념의 세상을 형성하는 원리라고 생각한다. 그리고 로고스는 실제적인 세상의 지능(intelligence)과 생명과 실체(reality)인 관념의 세상을 구성하는 이데아의 완전함이라고 한다. 필로는 로고스가 물질과 이데아의 연합으로 된 것이라고 생각한다. 그가 내린 결론은, 로고스는 하나님과 동일하며 한편으로는 생명과 실체를 내면에 가진 세상과 동일하다고 했다.8

이 같은 사상을 이어받은 사람 가운데 오리겐(Origen)을 들 수 있다. 오리겐은 로고스가 영원히 아버지의 아들의 인격이라는 생각을 갖게 되었다. 또한 클레멘스 알렉산드리누스에 의하면, 로고스는 하나님 안에 영원토록 있는 그의 지혜이므로 비인격이라고 했다. 그러나 세상에 대하여 연합한 로고스는 인격이 되었다고 했다. 이 사상이 그리스도의 사역과 인격으로 생각되는 교리로 발전하게 된 것이다. 이 그리스도가 인간의 구속의 희생 제물이 되고 속죄 제물이 되었다고 가르쳤다. 그리고 성육신을 통하여 죄의 힘으로부터 회복이 보장되고, 하나님과 교제가 이루어지고, 하나님의 형상이 회복되었다고 한다. 그러므로 로고스는 하나님의 영원한 아들이라고 한다. 그리고 로고스는 중보자이며, 하나님과 인간 사이의 중보라고 한다. 그러나 엄밀히 말해서 필로의 사상으로 보면 하나님과 인격으로 간주될 수 있는 이데아인 세상 사이의 중보인 것이다.9

지금까지 알아본 대로 필로의 로고스는 요한복음에서 말씀하시는 예수님이 결코 아니며, 범신론적인 체계 안에 있는 이데아, 곧 이성(reason)의 하나님에 지나지 않는다. 로고스는 이데아의 하나님과 이데아의 세상의 연합인 것이다. 그리고 거기에 성경에 있는 예수 그리스도와 그의 성육신과 구속 사역의 개념들을 적용해 놓은 것이다. 로고스의 사상은 신비주의의 개념에서 나왔을 뿐 아니라 신비주의 안으로 사람들을 끌고 들어가 계속 신비주의를 생산해 놓은 결과만을 가지고 온다. 영성이란, 일상 생활 속에서 초월하며 또한 내재하고 있는 하나님을 생각하고 하나님과 생각으로 연합함으로 신비를 만들어 가는 인간 활동을 가리킨다. 이같이 볼 때 영성에 몰두한다든지 또는 호기심을 갖는 것은 하나님의 말씀에 어긋나는 것이다. 서방교회와 동방교회는 플라톤 철학의 영향을 받아 서방교회는 예배의 의식적인 것에 강조점을 가지고 발전하였고, 동방교회는 하나님을 인간 내면의 활동으로 추구하여 '형상'(icons)을 통한 예배를 발전시켰다.

2. 서방교회

서방교회에서 영성 형성의 기초를 둔 사람은 토마스 아퀴나스(Thomas Aquinas, 1223-1274)이다. 아퀴나스는 플라톤의 철학보다 아리스토텔레스(Aristotle, BC 384-322)의 영향을 받았다. 플라톤은 이데아의 세계를 지식의 대상으로 삼아 형태(form)를 구성하는 철학이었지만, 아리스토텔레스는 이데아와 지각된 자료를 설명할 수 있는 개념적 지식인 현상과의 관계를 지식의 대상으로 삼았다. 데모크리투스(Democritus)의 과학적 이성론(rationalism)과 플라톤의 가치론적인 이성론을 결합한 것이다. 플라톤의 사상은 관념적 물질론인 것이다.

1) 아리스토텔레스

아리스토텔레스(Aristotle)는 물질(matter)과 형태(form) 모두 영원하게 된 세계인 것을 믿었다. 그는 인간 안에 있는 정신(mind)의 존재를 인정했으며, 그 존재가 가지고 있는 '무한한 지능'(infinite intelligence)을 받아들였고, 인간 안에 있는 이성(reason)에 '무한 지능'이 나타난 것이다. '무한한 지능'(infinite intelligence)은 하나님(God)으로 불리는데, 이것은 순수 지능이고, 의지와 힘의 결여이며, 창조자가 아니며, 세상의 틀을 만드는 사람도 아니다. 세상과 하나님은 영원히 공존하며, 감각(sense) 안에서 하나님은 세상의 원인이다. 혼(soul)은 인간의 형식(forma)이다. 그리고 혼은 형태와 운동(motion)과 몸에 대한 발달의 원리이다. 존재 안에 들어

온 혼(soul) 안에 진정한 인간이 있다고 생각했다. 그리고 신적인 이성은 불멸한 것이다. 또한 기억은 감각적인 혼에 속해 있으며, 개별적인 사고(thought)는 이해하는 것, 또는 수동적인 정신(nous)에 의존하는 것이다.

이 같은 아리스토텔레스의 혼에 대한 교리는 플라톤과 같이 실패하고 말았다. 그것은 그의 인격에 대한 이데아의 개념이 완전하지 못했기 때문일 것이다. 아리스토텔레스도 플라톤과 같이 범신론의 개념에서 벗어나지 못했다. 그의 하나님은 불완전한 인격이었기 때문이다. 정신 또는 이성은 개별적인 존재 안에 있는 신적인 정신이며, 인간의 이해의 어둠을 밝혀주는 정신인 것이다. 또한 이 정신은 인간의 의지와 사고와 아는 것을 추리할 수 있는 인간의 원동력(the prime mover, the unmoved mover)인 것이다. 그리고 하나님, 곧 원동력은 순수 형태를 초월하는 것이다. 또한 물질과 형태가 '실체'(substance)를 구성한다. 실체는 속성 또는 형이상학적 실체(universals), 보편적 실재를 갖는다. 아리스토텔레스는 범신론적인 사고로 인해 세상 안에 있는 지능(intelligence)을 하나님의 지능으로, 그리고 하나님 행동의 모든 지능적인 행동의 양태(modes)로 만들었다.10

마음(mind)인 혼은 생명을 부여한 자연적인 몸이 우선하는 실체이며, 인간의 눈(eye)에 대한 시각과 관계가 있는 것이다. 또한 마음은 이성적인 존재로서의 몸을 위한 것이며, 인간의 자아 실현(self-realization)을 하도록 몸을 움직이는 것이다. 그리고 순수 이성(pure reason) 또는 활동적인 이성의 실습으로 자아 실현의 행동이 일어나는 것에 최고의 선이 존재하게 된다.

2) 토마스 아퀴나스

지금까지 논한 아리스토텔레스의 철학에 영향받은 토마스 아퀴나스(Thomas Aquinas)는 존재하지 않는 것에는 지능이 없다는 생각을 했다. 또한 그는 아리스토텔레스의 철학을 변경하여 로마 가톨릭교회의 신학을 구축했다. 토마스는 신앙에 관한 인식으로 특별한 신적인 계시가 없이도 많은 일을 알 수 있는 자연적인 능력을 인간이 가지고 있다고 믿었다. 인간이 신적인 도움을 필요로 하는 진리 지식에 대한 지성(the intellect)의 작용은 하나님에 의해 된다고 믿었다. 그리고 진리는 이성(자연적 계시, natural revelation)과 믿음(초자연적 계시, supernatural revelation)을 통하여 알려진다. 초자연적 계시는 성령의 영감 안에 기원을 두는 것으로, 선지자들의 가르침을 통하여 가능하다. 이것을 요약하여 성경이라고 하며, 이 성경은 '전통'(Tradition)이라고 불리는 가톨릭의 교권(Magisterium)에 의해 전승된다.

자연적 계시는 인간의 본성을 통하여 모든 인간에게 가능한 진리를 말한다. 모든 사람들에게 특정한 진리는 바른 인간 추리(reasoning)를 통하여 얻어질 수 있다. 예를 들면 인간은 합리적인 증명으로 하나님의 존재를 알게 된다. 아퀴나스의 견해로는, 계시는 예수 그리스도 안에 있는 하나님의 계시와 동일시되며, 삼위일체와 성육신이 그의 신학의 주요한 요소를 이루고 있다. 그리고 특별계시와 자연계시는 모순되는 것이 아니라 진리라고 하는 하나의 연합된 결과를 얻게 된다.

아퀴나스의 신학은 쓰여진 성경과 가톨릭교회의 전통이 기본적인 자료가 된다. 이들 자료는 역사를 통해 개인과 단체에게 하나님의 자아 계시에 의해 제공된 것으로 생각한다. 그에게는 신앙과 이성(faith and reason)은 구별되지만 관계를 가지고 있는 신학의 자료로서 기본적인 도구로 생각했다. 하나님의 진정한 지식을 얻기 위해서는 이 두 가지 요소는 함께 합류함이 필요한 것이다. 아퀴나스는 헬라 철학과 기독교 교리를 혼합하여 합리적인 사색(rational thinking)과 자연에 대한 연구를 제안하고 있다. 아퀴나스는 자연(nature)을 특별계시(revelation)와 같다고 보았다. 합리적인 사색과 자연에 대한 연구는 하나님에 대한 진리를 얻는 것을 알게 하는 길이 된다고 생각했던 것이다. 아퀴나스에 의하면, 하나님은 자연을 통하여 자신을 계시하신다. 그래서 자연을 연구하는 것은 하나님을 연구하는 것이라고 한다. 그는 하나님에 관한 진리를 얻기 위해서는 이성(reason)을 사용하고, 진리를 통하여 구원을 경험하는 것이 신학의 절대 목표라고 한다.[11]

앞에서 밝힌 대로 아퀴나스의 신학은 삼위일체에 관한 교리와 성육신에 관한 교리가 중심을 이루고 있다. 아퀴나스는 세 인격인 아버지와 아들과 성령, 이 셋은 완전하게 연합되어 있으며, 하나님의 본질 안에서 관계가 구성되었다고 생각한다. 또한 아버지는 자아 인식(self-awareness)을 통하여 아들을 발생하신다고 말한다. 이 영원한 발생은 '영원한 영'(an eternal Spirit)을 생산하는데, 그가 말하는 영원한 영이란 하나님의 사랑으로서의 신적 본질을 즐기는 영이며, '말씀'(Word, Logos)을 위한 아버지의 사랑을 가리킨다. 삼위일체는 세상과 독립해서 존재하며, 창조된 세상을 초월해 있지만, 인간 존재에 대한 하나님의 선함과 하나님 자신(self)을 전달하는 것을 결정한다고 생각했다. 또한 삼위일체는 예수 그리스도의 인성 안에서 말씀의 성육신을 통하여 그리고 성령(삼위일체 자체의 본질)을 통하여 하나님에 의해 구원을 경험하는 사람들 안에 자리를 차지한다.

인간 존재의 목표에 대해 토마스 아퀴나스의 사상은 영성이 추구하고 있는 하나님과의 연합의 근거를 이루고 있다. 그는 생각하기를 하나님과 연합되고 하나님과 영원한 교제를 갖는 것이 인간 존재의 목표라고 한다. 특별히 인간이 가져야 하는 이 목표는 지복직관(the beatific vision)[12]을 통하여 얻을 수 있는데, 이 지복직관은 하나님의 본질을 보는 것(seeing)에 의해 끝나지 않으며, 완전한 행복을 경험하는 인간 안에 있는 사건인 것이다. 그러나 죽음 후에 있는 지복직관은 이 땅에 사는 동안 그리스도를 통하여 구원과 구속을 받은 사람들에게 하나님께서 선물로 주시는 것이다. 이 궁극적인 목표는 이 땅에서의 현재의 삶을 포함하는 것이다. 그러므로 아퀴나스는 인간들은 자신의 개별적인 의지(will)로 옳은 일들을 하도록 명령을 받았다고 한다. 예를 든다면 자선과 평화와 거룩이다. 그리고 이것들을 행함이 행복에 이르는 길이라고 한다. 행복의 관념(the idea)이 인간의 도덕 생활을 하도록 명령한다. 의지와 목표 사이의 관계는 자연 안에 선재에 있다. 왜냐하면 자신의 의지를 올바르게 하는 것은 마지막 목표인 지복직관에 들어가도록 하는 것이기 때문이다.

서방교회는 동방교회와 달리 아퀴나스에 의해 인간 이성 중심의 사고를 근거로 하여 하나님의 창조물 안에서 이성으로 형성되는 신앙을 찾으려고 노력하였다. 이성의 활동이 강조됨에 따라 자연 안에서 합리적인 사고를, 신과 관계를 갖는 최선의 방법으로 생각하게 되었다. 합리적인 사고라는 것은 인성을 하나님과 독립해 있는 것으로 생각하는 것이다. 이 생각은 아퀴나스의 성육신 교리에도 반영되었다. 중세기에는 구속의 교리와 함께 죄와 은혜의 문제에 대하여 많은 질문을 갖게 되었다. 아퀴나스는 이 문제를 그리스도에 관한 교리로 풀어 갔다. 그것이 그리스도의 성육신에 관한 교리이다. 아퀴나스는 로고스의 인격은 성육신에서 연합된 후에 합성된 것이라고 생각했다. 그리고 이 연합은 인성을 독립적인 인격에 이르지 못하도록 했다는 것을 말한다.13 '연합의 은혜'와 '타고난 은혜'는 로고스와 '연합의 덕'(virtue) 안에 그리스도의 인간 본성에 참여되었다. 연합의 은혜란, 인간 본성이 신에 연합되었다는 것을 가리킨다. 그래서 예배의 대상이 되었다는 것이다. 타고난 은혜란, 성화의 은혜가 인간인 그리스도에게 주어졌음을 말한다. 그래서 인간의 본질을 가지고 하나님과 관계를 가졌다는 것이다.14

그런데 그리스도께서 가지신 지식이란 주입된 지식으로 계시를 통하여 아는 지식이기 때문에 한계를 가진 지식이다. 또한 그리스도는 자신의 지능적인 기관을 통하여 알 수 있다고 생각하여 그리스도의 본질과 추상(abstract) 사이에 연락이 있을 수 없다. 그리스도의 인간적인 본질은 전능하지 않은 것이며, 그러나 인간으로서의 애정은 가지고 있었다. 그러므로 인간의 의지는 신에게 복종해야 한다고 생각한 것이다.15 아퀴나스가 생각한 그리스도는 하나님과 동일하지 않음을 벌코프(Berkhof)는 말하고 있다. 이 같은 아퀴나스의 신학은 당연히 하나님과의 연합을 중심에 두었다. 반틸(Van Til)은 아퀴나스가 아리스토텔레스의 철학을 따라 생각한 존재(Being)는 순수 추상(a pure abstraction)으로서의 존재라고 말하고 있다.16

영성과 자연신학

자연신학(natural theology)이란 이성(reason)과 일상적인 경험에 기초를 둔 신학 연구를 말한다. 자연신학은 성경인 특별계시와 구별되는 것으로서, 특별계시의 방편을 통하지 않는 종교적인 경험에 근거한 것으로 하나님의 본질을 묘사하며 하나님의 존재에 관해 탐구하는 철학적인 접근을 가리킨다. 자연신학에 관한 내용은 플라톤이 처음으로 그의 글에 적었으며, 아리스토텔레스는 하나님으로서의 원동력(unmoved mover)의 존재에 관하여 토론하였다. 그리고 토마스 아퀴나스(Thomas Aquinas)가 자연신학의 틀을 만들었다. 자연신학이란 하나님에 관한 진리는 오직 이성을 사용하여 창조된 것들-자연, 인간 그리고 세상-로부터 배울 수 있다는 것이다. 이 사상은 1870년 첫 번째 바티칸 회의에서 로마 가톨릭의 교리로 자리를 굳히게 되었다. 자연신학은 '하나님께서 세상을 창조하신 후에 창조자께서 피조물들을 유지하고 계신다. 그러므로 특별계시뿐만 아니라 일반계시(피조물)를 통해서도 하나님을 완전하게 알 수 있다'고 한다. 성경이 가르치는 '창조'에 관한 내용을 헬라 철학으로 이해하여 이것을 신학으로 제안한 사람이 토마스 아퀴나스이다. 그는 헬라 철학과 복음을 종합했다. 이성이라는 도구를 사용하여, 그리고 이성의 창으로 성경이 말씀하시는 피조물을 관찰했던 것이다. 이성을 통하여 일반계시를 관찰하여 하나님의 존재를 알고 진리를 인식하는 것을 특별계시를 통하는 것의 또 다른 방법으로 생각한 것이다. 이 같은 활동의 근거를 로마서 1장 20-21절에 두었다. 이성을 통하여 하나님의 존재를 알고자 하는 것에서 궁극적인 원인(an ultimate cause)을 찾고 증명하는 것이 시작된다고 생각했다. 그리고 예수 안에 있는 하나님의 성육신과 신성 안에 있는 삼위일체 위격으로서의 초자연적으로 계시된 진리가 일반계시의 보충적인 계시가 된다. 또한 자연신학은 일반계시를 이성으로 관찰함으로 하나님의 존재를 탐구하고자 하는 것을 하나님의 은혜로 생각하고 있으며, 이로써 하나님의 은혜를 받는다고 한다.

그러나 이성을 사용하여 일반계시에서 하나님을 알게 해달라는 은혜를 요청하는 것은 성경의 가르침을 벗어난 행위이다. 반틸(Van Til)이 지적한 대로 자연뿐 아니라 자연을 보는 인간 자신은 타락으로 말미암아 손상을 당했다.[17]

하나님의 피조물인 자연이 창조주 하나님을 충분히 나타내고 있다 하더라도 이성을 사용하여 일반계시를 통하여 하나님을 찾고자 하는 인간은 완전히 타락되었기 때문에, 특별계시 곧 하나님의 특별 은혜를 통하지 않고서는 하나님을 알 길이 없는 것이다. 아담과 하와가 불순종함으로 타락한 후에 땅이 가시덤불과 엉겅퀴를 낸 이유는 무엇인가?(창 3:18) 인간이 땀을 흘려야만 식물을 얻게 된 이유는 무엇이며, 인간이 다시 흙으로 돌아가야 할 이유는 무엇인가?(창 3:19) 바울이 로마서 3장 10-11절에서 "의인은 없나니 하나도 없으며 깨닫는 자도 없고 하나님을 찾는 자도 없다"고 하신 이유는 무엇인가? 우리가 인간 이성을 사용하여 하나님의 피조물-자연, 인간, 세상-을 탐구함으로 하나님을 알 수 있을 만한 능력은 타락한 인간에게는 없다. 다만 우리가 일반은총, 곧 일반계시를 통하여 하나님의 존재를 알게 되는 것은 오직 특별계시인 성경을 통하여 하나님의 구원받은 백성이 된 하나님의 자녀들에게만 열려 있는 은혜인 것이다. 그러므로 예수 그리스도의 복음으로만 이 은혜를 누릴 수 있다. 아퀴나스가 말하는 특별계시가 일반계시의 보충이 된다는 의미로 보면 일반계시로 하나님을 충분히 알 수 있지만 하나님께서 하나님의 아들 독생자 그리스도를 보내신 것은 일반계시의 보충이라는 의미가 된다. 그러나 성경은 특별계시는 일반계시의 보충이 아니며 일반계시로는 특별계시를 알 수 없다고 말씀하신다. 예수님의 성육신은 인간을 죄에서 구원하시기 위한 하나님의 사랑인 것이다.

결론적으로 자연신학의 사상을 가지고 자연 속에서 절대자를 알고자 하는 영성 활동이 성경적이지 않은 것은 분명하다. 지금까지 논한 대로 플라톤과 아리스토텔레스와 필로와 아퀴나스의 철학과 신플라톤 사상을 가지고 있는 플로티누스(Plotinus, 205-269)의 신비주의 철학[18]은 영성을 구성하는 주요 사상이다. 이들 사상은 삼위일체와 성육신의 교리를 구성하게 되었다. 특별히 서방교회의 영성에 관한 사상은 하나님에게서 자연으로, 자연은 인간으로 연결되고, 인간은 그리스도의 성육신에서 동질로 인정하여 인간은 그리스도에게로 연결되고, 그리스도는 성찬에서 떡과 잔이 직접 그리스도의 살과 피로 화하는 화체설에 근거하여 자연으로 복귀하고, 자연은 인간을 통하여 하나님께로 복귀하는 형태를 구상하고 있다. 영성이란 신비스러운 일을 생각하고 만드는 과정들과 거기서 만들어지는 결과를 부르는 명칭이다. 그리고 그것을 성령의 역사라고 한다. 서방교회에서는 성찬 예식으로 그리스도의 살과 피에 직접 참여한다는 신비사상을 영성으로 여기고 있다.

각주
(Notes)

1. See Hodge, *op.cit.*, Vol., 1, pp. 322f.
2. See Hodge, *op.cit.*, Vol., 1, pp. 323f.
3. 플라톤이 사용한 '존재' 란 성경이 말씀하시는 자존하시고 전지전능하시며 무소부재하시는 하나님을 가리키지 않는다.
4. Hodge, *op.cit.*, Vol., 1, p. 325.
5. Hodge, *op.cit.*, Vol., 1, p. 325.
6. Hodge, *op.cit.*, Vol., 1, p. 62.
7. Hodge, *op.cit.*, Vol., 1, p. 62.
8. See Hodge, *op.cit.*, Vol., 2, pp. 582ff.
9. See Hodge, *op.cit.*, Vol., 2, pp. 583f.
10. See Hodge, *op.cit.*, Vol. 1, pp. 326f.
11. See http://en.wikioedia.org/wiki/Thomas-Aquinas.
12. 지복직관(beatific vision)이란 가톨릭 신학에서 천상에 있는 이들이 하나님을 영원하고 직접적인 시각으로 인식하는 것으로, 최고의 행복 또는 복에 참여하는 것을 말하는데, 이것은 본질적인 천상의 행복을 가리킨다. 이것은 하나님과의 연합으로 가능한 것이며, 플라톤이 형태(forms)의 세상 안에 있는 아름다움을 인간이 소유하고 있다는 사상을 토마스 아퀴나스는 인간이 죽은 후에 천상에서 경험하는 최고의 것으로 생각하였다.
13. Louis Berkhof, *The History of Christian doctrines*. Edinburgh: The Banner of Truth Trust, 1975, p. 114.
14. Berkhof, *Ibid.*, p. 114.
15. Berkhof, *Ibid.*, pp. 114f.
16. Cornelius Van Til, *In Defense of the Faith: An Introduction to Systematic Theology*, Vol. V, Phillipsburg, NewJersey, 1978, p. 116.
17. Van Til, *Ibid.*, p. 86.
18. John Glyndwr Harris, *Christian Theology: The Spiritual Tradition*, Brighton, Portland: Sussex Academic Press, 2001, p. 70.

```
판 권
소 유
```

경건과 영성에 대한 변증적 연구
경건과 영성(Godliness and Spirituality)

2011년   8월 20일 인쇄
2011년   8월 25일 발행

지은이 | 이동희
발행인 | 이형규
발행처 | 쿰란출판사

주소 | 서울특별시 종로구 이화동 184-3
TEL | 02-745-1007, 745-1301~2, 747-1212, 743-1300
영업부 | 02-747-1004, FAX / 02-745-8490
본사평생전화번호 | 0502-756-1004
홈페이지 | http://www.qumran.co.kr
E-mail | qumran@hitel.net
E-mail | qumran@paran.com
한글인터넷주소 | 쿰란, 쿰란출판사

등록 | 제1-670호(1988.2.27)

책임교열 | 김윤이 · 이가정

값 13,000원

ISBN 978-89-6562-169-0 93230

* 이 출판물은 저작권법에 의해 보호를 받는 저작물이므로 무단 복제할 수 없습니다.
  잘못된 책은 교환해 드립니다.